의미점화

의미 점화

기억과 단어 인식의 관점으로 본 인지심리학

Perspectives from Memory and Word Recognition

티모시 P. 맥너마라 | 남기춘 옮김

SEMANTIC PRIMING

KU PRESS
고려대학교
출판문화원

Semantic Priming: Perspectives from Memory and Word Recognition
by Timothy P. McNamara

나의 심리학 이력을 "점화"시켜 주신 나의 부모님,

해럴드 조지프 맥너마라와 콜레타 로즈 에크 맥너마라에게

원고를 두 번이나 검수해 주신 짐 닐리(Jim Neely)에게 큰 감사를 드립니다. 짐은 제가 생각지 못했던 이슈들을 확인해 주고, 제가 간과하고 넘어간 글의 여러 군데를 다듬어 주었습니다. 그의 조언은 이 책을 쓰는 데 굉장히 큰 도움이 됐습니다. 이 책의 원고를 읽거나 새로운 연구 논문을 추천해 주신 데릭 벤서(Derek Benser), 크리스틴 키어렐로(Chritine Chiarello), 도로시 크빌라(Dorothy Chwilla), 대니얼 홀렌더(Daniel Holender), 데이비드 후버(David Huber), 마이클 카하나(Michael Kahana), 미카 코이비스토(Mika Koivisto), 데이비드 노엘(David Noelle), 리처드 패스토어(Richard Pastore), 데이비드 플라우트(David Plaut)에게도 감사를 표합니다. 제가 대학원 1학년생이었을 때 의미점화 실험에 참여하도록 도와 주신 앨리스 힐리(Alice Healy) 선생님께도 감사드립니다. 항상 응원해 주신 제 담당 편집자, 폴 듀크스(Paul Dukes) 씨와 〈저자 찾아 보기〉를 만드는 데 많은 도움을 준 제 두 딸, 알렉산드라 호블리첼(Alexandra Hoblitzelle), 캐런 맥너마라(Karen Mcnamara)에게도 감사를 표합니다. 마지막으로, 저를 지지하고 기다려 준 가족들에게 무한한 감사를 표합니다.

차례

일러두기

1. 원서에서 표기된 의미점화 단어들은 영문의 원형이 중요한 몇몇 예를 제외하고 '국문(영문)' 표기를 기본으로 하였으며 관련된 의미쌍은 '국문(영문)'-'국문(영문)'으로 묶었다. 단, 이들 괄호 표기가 본문의 괄호 '( )' 안에 들어가는 경우 대괄호 '[ ]'로 표기하였다.
2. SOA(자극제시시차), NR(비단어 비율) 등 원서에서 사용한 전문 용어의 약어는 독자의 이해를 돕기 위하여 영문과 국문을 병용하였으며 필요한 경우 병기하였다.
3. '시스템', '프로덕션' 등의 외래어는 사용된 상황에 따라 각각 '체계', '생산'과 같이 국문을 병용하였다.

Section I

의미점화 소개

1 의미점화는 무엇이고 왜 중요한가?

1971년, 마이어와 슈바네벨트(David E. Meyer & Roger W. Schvaneveldt)는 실험심리학 저널에 〈단어쌍 재인에서의 촉진—회상 작용 사이의 의존성에 대한 증거(Facilitation in Recognizing Pairs of Words: Evidence of a Dependence Between Retrieval Operations)〉를 발표했다. 이 논문은 인지심리학 계열에서 출간된 가장 영향력 있는 논문이 되었다. 첫 번째 실험에서 12명의 고등학생들은 동시에 나타나는 문자열이 둘 다 단어인지(table-grass) 아닌지(marb-bread) 결정하는 과제를 수행했다. 전체 '단어-단어' 쌍 중 절반은 서로 의미가 연결되어 있고(doctor-nurse), 나머지는 서로 의미가 연결되어 있지 않았다(bread-door). 평균적으로, 피험자들은 의미가 연관된 단어쌍을 판단할 때 그렇지 않은 단어쌍을 판단하는 속도보다 85ms 더 빠르게 반응했다. 이 현상은 '의미점화(semantic priming)'로 불리게 된다. 2004년 11월을 기준으로, 닐리(James Neely)의 학위 논문(Neely, 1977)과 리뷰 논문(Neely, 1991)이 2,500번 이상의 인용 횟수를 기록한 것을 고려해 보면 의미점화의 큰 영향력을 알 수 있다.

점화(priming)는 지각적 혹은 인지적 과제에서, 맥락이나 이전의 경험으로 인해 적정한 기저조건(baseline)보다 수행이 향상되는 현상을 의미한다. 의미점화는 의미적으로 연관되지 않은 자극(table-dog)에 대한 반응에 비해 의미적으로 연관된 단어나 그림 같은 자극(dog-cat)에 대해 반응하는 속도나 정확성의 향상을 뜻한다. 반응을 보여야 하는 자극(dog)은 목표자극(target stimulus)이며, 목표자극 전에 제시되는 자극(cat 또는 table)은 점화자극(prime stimulus)이라 한다. 어휘판단과제(lexical decision task, LDT)는 의미점화를 조사하기 위해 사용된 고전적인 과제다. 자극들은 올바른 단어와 의미 없는 문자열인 '블릿(blit)'과 같은 비단어(blit)로 구성되어 있다. 실험의 매 시행마다 컴퓨터 화면에 점화자극과 목표자극이 나타난다. 참가자들은 짧게 제시되는 점화자극을 본 다음 목표자극이 단어인지 비단어인지 결정해야 한다. 일반적으로, 점화자극과 목표자극이 의미적으로 연관되어 있을 때, 단어 판단의 반응이 더 빠르고 정확하다. 의미점화과제로 사용되는 다른 과제로는 단어명명과제(naming or pronunciation task)가 있다. 단어명명과제에서 참가자들은 목표단어(target word)를 최대한 빠르게 소리 내어 읽는다(일반적으로 비단어는 제시되지 않는다). 여기서도 의미가 연관된 점화단어(prime word)를 본 다음에 목표단어의 이름을 더 빠르게 발화할 수 있다는 것을 발견했다.

의미점화에서 '의미'는 개념들 사이에 존재하는 관계로 인해 점화가 발생된다는 것을 암시한다. 예를 들어 '개(dog)'와 '염소(goat)' 두 개념은 둘 다 동물이고, 가축이며, 털을 가지고 있다는 의미적 연관성이 있다. 한편, 의미점화라는 용어는 전형적으로 의미관련성(semantic relation)과 연합적 관계(associative relation)의 상호작용으로 인해 발생하는 점화를 뜻한다. 예를 들어, '개(dog)'와 '고양이(cat)'는 의미적으로 연관되며 '개(dog)'를 듣고 떠올리는 단어를 적으라고 할 때 '고양이(cat)'는 가장 먼저 떠오르는 단어에 해당한다(반대의 상황도 마찬가지다). 이와 반대로, '염소(goat)'는 '개(dog)'와 잘 연합되지 않는다. 이 책에서는 용어의 일관성을 유지하기 위해, '의미점화'라는 용어를 의미만 연결된 경우와 연합적으로 연결된 경우 2개를 모두 포함해서 사용할 것이다. 순수하게 의미가 연관된 점화(priming caused by purely semantic relations)와 연합적 관계도 포함된 점화(priming caused by semantic and associative relations)의 차이점은 10장에서 더 깊이 의논할 것이다.

왜 의미점화는 여러 세대의 인지과학자들(cognitive scientists)로부터 관심을 받았을까? 심리학 역사가는 아니지만 몇 가지 추측을 해 보았다. 첫 번째로, 의미점화는 어휘판단과제, 단어명명과제, 의미범주화과제(semantic categorization task) 등 다양한 인지과제에서 발생한다. 의미점화가 여러 과제에서 나타나는 이유는 의미점화가 기억을 회상하는 데 사용되는 근본적인 기제로 작용하기 때문이다.

또한, 의미점화는 단어재인(word recognition), 문장이나 담화의 이해, 표상지식 등 지각과 인지의 다른 측면을 조사할 수 있는 도구로 사용된다. 이 유형과 관련된 실험에 대한 리뷰는 15장과 17장에서 다룰 것이다. 또 다른 예로, 스위니(Swinny, 1979)는 2개 이상의 뜻을 지닌 단어(multiple meaning word. 예: bank-은행, 강가)의 의미를 인출(retrieval)하는 데 문장 문맥의 영향력을 조사하기 위해 의미점화를 사용했다. 참가자들은 헤드폰으로 다음과 같은 문장을 들었다:

> 검사하는 사람들이 다녀간 이후에 몇 주 동안 그들은 아파트에서 bug(벌레 혹은 도청장치)를 찾지 못했다.
>
> For several weeks after the exterminator's visit they did not find a single **bug** in the apartment.

이렇게, 다의어(multiple meaning word)(bugs[벌레, 도청장치])가 포함된 문장을 들려준 직후 혹은 간격을 둔 다음, 목표자극이 시각적으로 제시되어 참가자들이 주어진 자극이 단어인지 아닌지 그 여부를 판단한다. 목표자극은 문맥적으로 어울리는 의미를 지닌 단어('insect'), 문맥과 어울리지 않는 의미를 지닌 단어('spy'), 그리고 의미와 전혀 관련 없는 단어('sew')로 구성되었다. 흥미로운 점은, 다의어(multiple meaning word)를 들려준 직후에 목표자극이 제시될 경우 해당 다의어(multiple meaning word)와 관련이 있는 자극('insect','spy')을 봤을 때, 그렇지 않은 자극('sew')을 봤을 때보다 더 빠르게 반응한다는 것이다. 하지만 간격을 둔 다음 목표자극을 제시할 경우, 문맥적으로 연관성 있는 자극('insect')에 대해서만 더 빠르게 반응을 했으며, 문맥적 의미가 다른 자극('spy')과 다의어(multiple meaning word)와 전혀 관련이 없는 자극('sew')의 반응에는 차이가 없었다. 이 결과는 초기 단어 의미의 회상은 문장의 문맥과 상관이 없지만, 시간이 지나 문장의 의미에 대한 내적 표상(mental representation)이 형성된 이후에는 문맥적으로 관련이 있는 의미만이 적용된다는 것을 시사한다.

의미점화를 사용하는 세 번째 이유는 의미점화 실험을 할 때, 참가자들이 의미점화가 발생하고 있다는 것을 알아채지 못한다는 것이다. 점화자극이 아주 잠깐 제시되었을 때 참가자가 점화자극을 본 적이 없다는 반응을 보이는 것을 통해 이러한 사실을 알 수 있다(14장에서 자세히 다룬다). 심지어 연륜 있는 실험심리학자도 의식(consciousness)의 영역 밖에서 일어난 사건의 영향을 받아 나타난 자신의 행동 변화를 알아채지 못할 수 있다.

이 책은 과학의 영역에서 수준이 높은 독자를 대상으로 쓰였다. 인지과학과 신경과학계에서 학부 연구자, 대학원생, 그리고 뛰어난 학부생들에게 애용될 것이다. 내 목표는 이론적이고 경험적인 측면에서 의미점화에 대한 과학적인 이해를 도모하는 것이다. 닐리(Neely, 1991)는 이 분야에서 뛰어난 리뷰 논문을 제공했다. 이 책은 닐리의 리뷰를 기반으로, 그 리뷰 이후 나타난 이론적이고 경험적인 발전에 집중했다. 추가적으로, 의미점화모델을 검증한 중요한 경험적 이슈와 결과에 집중했다.

이 책은 4개의 섹션으로 구성되어 있다. 이 장(chapter)을 포함한 첫 번째 섹션은 도입부다.

두 번째 섹션은 의미점화모델들을 검토한다. 6개 장을 포함하고 있으며, 활성화확산모델(2장), 베커의 검증모델(Becker's Verification Model, 3장), 혼합-단서모델(Compound-Cue Model, 4장), 분산네트워크모델(Distributed Network Model, 5장), 다단계활성화모델(Multistage Activation Model, 6장), 그리고 그 외 다른 모델들(7장)을 설명한다.

11개의 장을 포함한 세 번째 섹션은 의미점화 연구에서 발생한 주요 이슈와 결과를 다룬다. 8장은 의미점화 실험의 중요한 방법론적 이슈를 살펴본다. 9장은 자동적으로 발생하는 점화와 전략적인 점화처리를 비교한다. 10장은 점화가 순수한 의미관계'(염소'-'개')에서만 발생하는지, 연합관계('고양이'-'개')도 필요로 하는지 검증한다. 11장은 매개점화(mediated priming, 직접적으로 관련성은 없지만 공통점을 공유한 단어들 사이의 점화)의 작동을 검증한다(예: '사자'-'줄무늬', 매개체는 '호랑이'. 12장은 관련 없는 항목의 개입이 있는 점화 연구를 살펴본다(예: '사자', '탁자', '호랑이'). 13장은 점화자극에서 목표자극으로의 연합관계는 약하지만 목표자극에서 점화자극으로의 연합관계가 강한 역방향 점화(backward priming)를 검토한다. 14장은 전의식점화(subliminal priming)를 조사하여, 무의식적 처리가 이루어질 때 의미점화가 일어나는가를 검증한다. 15장은 점화과제효과를 다룬다. 점화과제효과란, 점화가 어떻게 진행되는지에 따라 의미점화의 발생 여부가 달라지는 현상을 의미한다. 16장은 전반적인 맥락에 따라 단어쌍의 의미점화의 양상이 달라진 연구를 살핀다. 17장은 의미맥락(semantic context), 단어빈도(word frequency), 자극품질(stimulus quality), 그리고 자극반복(stimulus repetition) 사이의 상호작용을 살펴본다. 이 복잡한 결과들은 점화와 단어재인모델에 강력한 제약을 제공하기 때문에 중요하다. 18장은 전기생리학적 측정(electrophysiological measure)을 비롯한 기능적 자기공명영상(functional neuroimaging investigations, 이하 fMRI)으로 발견한 의미점화에서의 좌우반구 비대칭성(hemispheric asymmetry)까지를 리뷰한다.

이 책의 마지막 섹션은 전 단원들에 나왔던 결과들을 요약하고 의미점화 연구의 차후 방향을 제시한다.

의미점화라는 분야에서 선별된 주제를 바탕으로 이 책을 기고하여, 인지 및 임상 신경심리학(cognitive and clinical neuropsychology)에서의 의미점화 등 몇몇 중요한 연구 영역들은 여기에서 다루지 않았다. 대신, 단일 점화단어 연구 등 적은 수의 단어로 정의된 의미맥락에서 진행된 의미점화 연구를 검토하는 데 집중했다. 이로 인해 뜻이 모호한 어휘의 처리(lexical ambiguity resolution)에 관련한 중요한 연구들은 다루지 못하였다. 또한, 의미점화의 한 유형으로 볼 수 있는 스트룹 효과(Stroop effect)는 관련 연구의 양이 책 전체를 차지할 만큼 방대하여 다루지 않았다. 마지막으로, 단어명명과제를 의미점화를 파악하는 데 좋은 도구로 생각하지 않기 때문에 다른 저자들과 달리 과제들(어휘판단과제, 단어명명과제 등)의 차이점을 구체적으로 다루지 않았다. 의미점화에 대한 리뷰 결과, 이 두 과제들은 매우 비슷한 수행패턴을 만들어 내며, 그렇지 않을 경우에는 의미점화기제에 따른 근본적 차이가 아닌 과제 난이도(task difficulty)에 따라 차이가 발생한다. 이러한 한계점들과 특징에도 불구하고, 이 책이 의미점화모델과 특징에 대해 더 알고 싶은 사람들에게 유용하게 쓰이길 바란다.

Section II

의미점화 설명 모델들

2 활성화확산모델

활성화확산(spreading activation)은 의미활성화의 고전적 모델이라고 여길 수 있다. 퀼리언(Quillian, 1967)에 의해 기억모델에 반영되었고, 콜린스와 로프터스(Collins & Loftus, 1975)에 의해 구체화되었다. 이 모델은 앤더슨(Anderson, 1976, 1983a, 1993)에 의해서도 제시되었고, 포즈너와 스나이더(Posner & Snyder, 1975a)에 의해 활성화되는 메커니즘이 논의되었다. 각 모델은 조금의 차이가 있지만, 공통적으로 3가지 사안을 가정한다. A) 기억에서 항목을 인출하는 것은 내적 표상을 활성화(activation)하는 것이다. B) 활성화는 연관된 개념으로 퍼지며, C) 누적된 활성화는 개념의 재인을 촉진한다. 예를 들어, 우리가 '사자(lion)'라는 단어를 시각적으로 재인할 때, 사자에 대한 내적 표상이 활성화된다. 이 활성화는 '호랑이(tiger)'와 같은 관련 개념으로 퍼지고, 이 두 항목이 짧은 자극제시시차(Stimulus Onset Asynchrony, 이하 SOA)를 두고 제시되면 '호랑이(tiger)'의 표상이 부분적으로 이미 활성화되어 있기에 더욱 빨리 처리된다.

활성화확산 과정(spreading activation process)은 기억네트워크에서 중요한 역할을 한다. 이러한 네트워크를 구축하는 데는 다양한 방법이 있을 수 있지만(Anderson, 1976; Collins & Loftus, 1975; Norman & Rumelhart,), 노드(node)가 연결선(link)으로 연결된 연결망으로 기억이 조직되어 있다는 것은 공통적이다. 노드와 연결선 각각은 개념(concept)과 관계(relation)에 대응한다. 의미연결망(semantic network)은 〈그림 2.1〉과 같다. 이 연결망에서 타원들은 개념을 표상하는 노드이며, 노드에 연결된 선은 개념들 간의 관계를 표상하는 연결

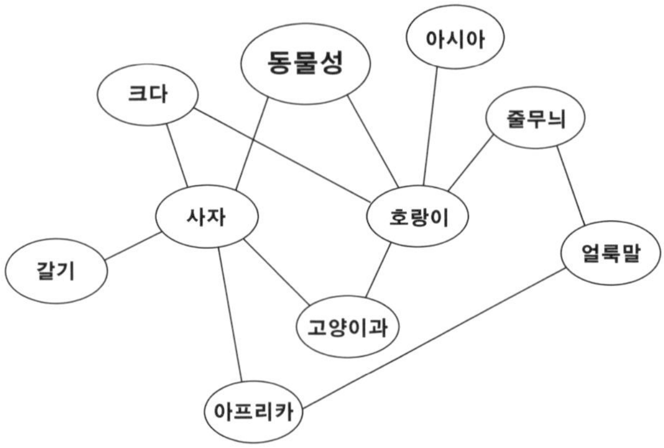

그림 2.1. 의미연결망의 예. 개념은 노드(node)로, 개념 간 연결은 노드 사이의 연결선(line)으로 표현되었다.

선이다.

이러한 네트워크모델은 개념과 관련된 사실들(예: '사자'는 크고, '아프리카'에 살고, '호랑이'는 '아시아'에 살고, '고양잇과'이며, '줄무늬'가 있는 등)을 표상한다.[1] 이 네트워크가 말소리 이해, 범주화, 문제 해결 등의 인지적 활동을 설명하기 위해 연결선은 노드 간의 다양한 관련성을 표현해야 한다. 현재 단계에서는 대략적 설명으로 충분하다. 개념네트워크를 실에 꿰인 구슬로 비유할 수 있다. 구슬과 실은 무한한 방법으로 연결될 수 있고, 실이 끊기지 않는 이상 구조는 바뀌지 않는다.

■ 콜린스와 로프터스의 모델

콜린스와 로프터스의(Collins & Loftus, 1975) 의미처리모델(semantic processing model)은 개념의 의미에 대한 지식과, 개념의 이름에 대한 지식을 구별한다.

위의 〈그림 2.1〉은 의미유사성(semantic similarity)에 따른 의미연결망(semantic network)을 표현하고 있는데, 개념의 이름들은 음운유사성(phonemic similarity)에 따라 어휘 연결망(lexical network)을 구축하기도 한다. 예를 들어,

어휘 연결망에서 모두 'ar'이라는 공통점이 있는 'car(자동차)' 노드와 'bar(막대기)' 노드 사이에는 연결선들이 존재하지만, 이름에서 공통점이 없는 'car(자동차)'와 'bus(버스)' 사이에서는 존재하지 않는다. 어휘 연결망에 있는 노드는 개념적 연결망 안의 노드와 적어도 하나 이상의 연결선으로 연결되어 있다.

확산 처리 과정에는 다음의 가정들이 있다.

1. 활성화는 개념이 처리될 때 일정한 속도로 하나의 노드에서 일어난다. 그 개념을 계속 생각하면 활성화는 유지된다(하지만, 그 개념이 더 이상 주의를 받지 못하고, 처리되지 않으면 해당 노드의 활성화는 멈추게 된다).[2] '개념을 처리한다'는 것은 그 개념을 나타내는 단어를 읽고 있거나, 발화된 형태를 이해하는 것, 혹은 단순히 그 개념에 대해 생각하는 것 등이 있을 수 있다(물론, 이 외의 방식도 있을 수 있다).
2. 한 번에 하나의 개념만이 처리되지만, 한 개념이 활성화되고 나면 연결망에서 연결선을 통해 다른 여러 노드로 활성화가 동시에 확산된다. 〈그림 2.1〉을 활용하여 생각해 보자. 만약 '사자(lion)'에 대해 생각하기 시작한다면, '사자(lion)' 노드가 활성하되고 이 활성하는 '사자(lion)'와 연결선으로 연결된 모든 노드들(예: '갈기[mane]', '큰[large]', '육식동물[carnivore]', '아프리카[Africa]', '고양이과[feline]')로 동시에 퍼지고, 또 이들 '갈기(mane)' 등의 노드에서 다시 다른 노드들로 확산되는, 이런 과정이 계속 반복될 것이다. 몇 개의 노드가 동시에 활성화될지는 주의 용량(executive control of attention)에 의해 결정된다. 주의 용량은 제한적이고 계열적(serial)이라는 콜린스와 로프터스의 가정을 따른다.
3. 다양한 지점으로부터 시작된 활성화는 목표로 하는 노드에서 합쳐진다. 예를 들어, 만약 '사자(lion)'를 생각한 뒤 '얼룩말(zebra)'에 대해 생각하기 시작한다면, 두 노드에서 시작된 활성화는 연결망을 통해 확산

되고 이는 목표로 하고 있는 '호랑이(tiger)' 노드에 합쳐진다. '호랑이(tiger)' 노드는 '사자(lion)'로부터만 활성화 신호를 받았을 때보다 '얼룩말(zebra)'과 '사자(lion)' 모두로부터 활성화 신호를 받을 때 더 큰 활성화 수준을 보인다.

4. 활성화 신호는 더 먼 거리로 퍼질수록, 즉 더 많은 연결선을 거칠수록 확산에 더 많은 시간이 걸린다. 〈그림 2.1〉로 돌아와서, '갈기(mane)'에서 '아시아(Asia)'까지 활성화되는 데 2개의 연결선을 거쳐야 하지만, '갈기(mane)'에서 '사자(lion)'까지 활성화되는 데는 1개의 연결선만을 거치기 때문에 '아시아(Asia)'보다 '사자(lion)'가 더 빨리 활성화된다.
5. 활성화 신호는 거리에 비례해 약해지며, 소멸(decay) 속도는 연결선의 강도에 의해 영향을 받는다. 시발점에서 노드까지의 거리가 멀수록, 연결선의 강도가 약할수록 더 약한 활성화 신호가 도착한다.[3] 예를 들어, 〈그림 2.1〉에서 만약 모든 연결선이 같은 강도를 가지고 있고 '갈기(mane)'가 활성화의 시발점이라면, '아시아(Asia)'보다 '사자(lion)'에 더 많은 활성화 신호가 도착한다. 추가적으로, 만약 '사자(lion)'에서 '육식동물(carnivore)'까지의 연결선이 '사자(lion)'에서 '아프리카(Africa)'까지의 연결선보다 강하면, '아프리카(Africa)'보다 '육식동물(carnivore)'에 더 많은 활성화 신호가 도달한다.
6. 활성화는 시간의 흐름이나 내적 활동(mental activities)의 개입으로 인해 약해진다. 이 가정은 결국 다른 일을 하거나 해당 개념을 더 이상 생각하지 않으면 활성화가 멈춘다는 것을 의미한다.

의미점화가 일정 시간 동안 지속되는 현상을 설명하고 있는 콜린스와 로프터스 모델으로 의미점화가 일어나는 이유를 쉽게 설명할 수 있다. 각 시행마다 점화단어와 목표단어가 화면에 나타나는 어휘판단과제(lexical decision task, LDT)를 생각해 보라. 참가자(영어 화자로 가정한다)들은 짧게 제시되는 점화자극을 본 다음 목표단어가 정확한 영어 단어인지 결정해야 한다. '탁자(table)'-'호랑이(tiger)'처럼 점화단어와 목표단어가 의미적으로 관련이 없는 시행을 할 때, '탁자(table)'를 읽으면 '탁자(table)'개념이 활성화되어 관련된 노드들로 퍼지고, 다시 다른 노드들로 확산된다. 그 결과, '의자(chair)'에 대응하는 노드는 활성화되지만, '탁자(table)'와 멀리 떨어진 '호랑이(tiger)'까지는 활성화가 도달하지 못한다. 이 상황에서 '호랑이(tiger)'가 제시되면, '호랑이(tiger)'의 활성화 수준은 단독으로 '호랑이(tiger)'를 제시했을 때의 활성화 수준과 비슷할 것이다. 즉, 단어인지 아닌지 판단하는 시간은 컴퓨터 화면에 나타난 문자열이 정확한 영어 단어로 여겨지는지 결정하는 데 필요한 일반적인 지각적, 인지적 처리 시간에 의해 결정된다. 이제 '사자(lion)-호랑이(tiger)'처럼 의미적으로 관련된 점화-목표 시행을 생각해 보자. '사자(lion)'에서 시작된 활성화는 연결망에서 상대적으로 가깝고 여러 연결선으로 연결되어 있는 '호랑이(tiger)'로 퍼진다. '호랑이(tiger)'가 화면에 나타날 때, '호랑이(tiger)' 노드는 점화 없이 '호랑이(tiger)'가 나타났을 때보다 더욱 활성화될 것이다. '사자(lion)'와 합쳐진 '호랑이(tiger)' 노드의 활성화 수준은 글자 식별, 단어 뜻 인출, 그리고 차후 결정 처리를 포함한 여러 인지 처리를 촉진한다. 요점은 점화자극으로 '탁자(table)'가 제시될 때보다 '사자(lion)'가 제시될 때, '호랑이(tiger)' 노드에서 더 높은 활성화 수준을 가지게 되고, '호랑이(tiger)' 개념에 대한 정보 처리가 더 빠르게 이루어진다는 것이다.

콜린스와 로프터스 모델이 설명하지 못하는 두 종류의 현상이 보고되었다. 하나는 랫클리프와 매쿤(Ratcliff & McKoon, 1981)의 실험에서 보고된 것으로, 항목재인에서 점화자극과 목표자극 사이의 자극제시시차(SOA)가 50ms일 때에는 점화효과가 없었지만 자극제시시차가 100ms일 때 점화효과가 있었다는 것이다. 이 결과는 활성화 신호가 매우 빠르게 확산된다는 것을 보여 준다. 또한, 자극제시시차 100ms에서 점화효과의 크기는 연결망 거리가 짧은 경우와 먼 경우 모두 동일했다. 연결망거리효과는 100ms

보다 더 긴 자극제시시차 조건에서 나타났다. 즉, 자극제시시차가 100ms보다 긴 경우에, 연결망의 거리가 짧은 경우에서의 점화효과가 거리가 긴 경우에서보다 컸다. 로치(Lorch, 1982)는 어휘판단과제가 아닌 단어명명과제에서도 비슷한 결과를 얻어 자극제시시차(SOA)에 따른 의미점화효과(semantic priming effect)의 변화가 일반적으로 나타난다는 것을 보고하였다. 다른 연구에서, 랫클리프와 매쿤(Ratcliff & McKoon, 1988-실험2)은 특정 환경에서 점화가 500ms 이내로 매우 빠르게 사라질 수 있음을 보였다. 이 결과들은 노드들 간의 거리가 아닌 시간에 따라 점화의 크기가 변한다는 점에서 콜린스와 로프터스 모델의 기본 가정과 배치되지만(앤더슨의 1976년 모델도 그러함), 이후에 살펴볼 앤더슨(Anderson, 1983)의 ACT*의 가정에는 위배되지 않는다.

■ ACT*

앤더슨의 모델(Anderson, 1976, 1983a, 1993)에서 활성화확산 메커니즘은 여러 단계를 거쳐 발전했다. 나는 ACT* 모델에 집중하고자 한다. 가장 초기의 버전(ACT, Anderson, 1976)은 경험적으로 검증되지 않았고, 더 최근의 버전(ACT-R, Anderson, 1993)은 개념 간의 직접적인 연합관계만이 행동과 관련이 있다는 점에서 혼합-단서모델(Compound-Cue Model)과 유사하기 때문이다. 혼합-단서모델은 제4장에서 다룬다. ACT*는 활성화확산(spreading activation)을 함수식으로 명쾌하게 설명하고 있으며 이에 필수적인 가정들은 다음과 같다.

1. 활성화는 한 근원으로부터 시작하여, 의미적 네트워크 도처로 퍼져 나간다. 어떤 노드가 표상하는 자극이 외부에서 들어와서 지각되고 있거나, 그 노드가 내적인 인지 행위의 목표면, 그 노드는 활성화의 근원이 될 수 있다.

2. 어떤 노드로부터 발생한 활성화는, 그 이웃들 간의 상대적인 연결 강도에 따라서, 여러 이웃들 사이로 분산된다. 예를 들어, 〈그림 2.1〉에서 '사자(lion)'가 근원이 되고, '사자(lion)'에 직접적으로 연결된 5개의 노드가 동등한 강도로 연결되어 있다면, 각 노드가 받는 활성화 신호는 1/5로 줄어든다. 노드 간의 연결 강도는 노드의 강도라는 관점에서 정의되고, 연결선의 강도는 이 모델에서는 정의되지 않는다.
3. 활성화는 굉장히 빠르게 퍼져 나간다. 확산의 속도는 이 모델의 핵심 변수에 해당한다. 연결선당 1ms의 수치가 통상적으로 사용된다. 연결망거리 효과(network distance effect)는 활성화의 수치가 점근적인 형식(최대치로 올라갔다가 다시 0으로 내려가는)으로 발생하는 활성화 수준 간의 차이 때문에 발생한다. 예를 들어, 〈그림 2.1〉에서 점화자극인 '사자(lion)'로부터 확산된 활성화 신호는 몇 ms 안에 '육식동물(carnivore)'과 '줄무늬(stripe)'라는 노드에 도달할 것이다. 이때, '육식동물(carnivore)'은 '사자(lion)'로부터 신호를 직접 받는 동시에 '호랑이(tiger)'를 거쳐 돌아오는 활성화 신호를 받는 반면, '줄무늬(stripe)'는 '육식동물(carnivore)'과 '호랑이(tiger)'를 거쳐서 활성화 신호를 받기 때문에 상대적으로 더 적은 활성화 신호를 받을 수밖에 없다.
4. 연결망에 있는 노드들은 점근적인 활성화 수준에 굉장히 빠르게 도달한다. 이 처리 속도는 해당 모델의 변수에 따라 달라진다. 통상적인 변수의 수치는 전체 연결망이 50ms 이전에 점근적인 활성화에 도달하도록 한다.
5. 활성화는 이동한 거리에 비례해서 약해진다. 이웃 노드로 확산될 때까지 유지되는 활성화 신호의 비율은 해당 모델의 변수 수치에 해당한다. 통상적으로 0.8의 수치가 사용된다.
6. 주의가 가지 않은 상황(노드가 표상한 자극이 지각되지 않거나 노드가 과제의 목표가 아닌 상황)에서 노드가 활성화의 근원으로 남아 있는 기간은 이

모델의 변수 수치로 볼 수 있다. 활성화가 남아 있는 시간은 주로 400-500ms다. 활성화가 사라지는 속도는 빠르기 때문에, 한번 모든 활성화의 근원이 사라지면, 네트워크의 활성화는 몇 백 ms이내로 기본 활성화 수준으로 떨어질 것이다.

네트워크상의 노드들은 점근적인 활성화 수준에 매우 빨리 도달하기 때문에, 대부분의 점화현상들은 점근선에 놓여 있는 네트워크의 속성을 조사하는 것으로 모델화할 수 있다. 점근적 활성화를 구하는 공식은 다음과 같다:

$$a_i = c_i + m\sum_k s_{ik}\, a_k$$

이 공식에서 a_i는 노드(i)의 활성화 수준을 의미하고 c_i는 i가 활성화의 근원일 경우, 노드(i)가 지니는 강도의 비율을 의미한다. 만약 i가 근원이 아니라면 c_i값은 0이다. m은 보정상수에 해당한다. s_{ik}는 k부터 i로 이어지는 연합의 강도를 의미하며, k에 연결된 모든 노드들이 지닌 강도의 총합으로 나눈 노드(i)의 강도로 정의할 수 있다. a_k는 노드(k)의 활성화 값이다. m이 1.0 이하이고 s_{ik}가 상술했던 대로 정의된 경우, 위의 함수처럼 N개의 변수가 있으면 N에 따른 활성화의 양이 결정되는 등식이 만들어진다.

그 예로, 〈그림 2.1〉의 연결망에서 모든 노드의 강도가 1.0이며, m=0.8이라고 가정하고 '호랑이(tiger)'라는 노드를 유일한 활성화의 근원으로 설정해 보자. 이 경우는 연결망에서 점화자극이 굉장히 멀리 떨어져 있는 무관련점화자극조건에 해당한다. 이 조건에서의 '호랑이(tiger)'의 활성화 값은 1.89이다. 그에 비해, '사자(lion)'의 활성화 값은 0.65이며 '갈기(mane)'의 활성화 값은 0.10밖에 되지 않는다. 반면에 관련점화자극조건은 '사자(lion)'와 '호랑이(tiger)'를 모두 활성화의 근원으로 설정하는 상황에 해당한다. 이럴 경우, '호랑이(tiger)'의 활성화 값은 2.54로 상승한다. 1.89와 2.54의 차이를 의미점화효과로 볼 수 있다.

ACT*에서 의미점화효과를 설명하는 방법은 콜린스와 로프터스 모델과는 상당히 다르다. 콜린스와 로프터스 모델에서는 점화자극이 목표자극을 향해 활성화 신호를 보낸다. 그리고 점화자극이 더 이상 처리되지 않는 상황에서도, 목표자극은 미리 활성화될 수 있다. 하지만 ACT*에서 목표자극의 처리가 촉진되기 위해서는 점화자극과 목표자극이 모두 활성화의 근원이 되어야 한다. 즉, 목표자극의 활성화 수준을 높여 주는 두 자극 간의 연합을 형성하려면, 둘 다 주의의 대상이 되어 끊임없이 활성화 수준을 유지해야 한다는 것이다. 따라서, ACT* 모델에서의 점화효과는 목표자극이 나타났을 때, 여전히 점화자극이 주의를 받으면서 활성화의 근원으로서 그 수준을 유지하고 있기 때문에 발생한다.

단어재인 논문에서의 인용이 거의 없는 것으로 보아, 대부분의 연구자들이 앤더슨이 프로덕션 시스템(production system, 프로그램 언어 중 하나)을 활용한 어휘결정모델을 제안했다는 점을 모르고 있는 것 같다. 이 모델은 단어명명과제에도 적용할 수 있다. 선언지식(declarative knowledge)과 절차지식(procedural knowledge)간의 구별은 ACT* 모델에서 가장 근본적인 부분이다. 간단하게 말하면 선언지식은 구술할 수 있고 시각화할 수 있으며 여러 방식으로 표현할 수 있다. 그에 비해, 절차지식은 기술과 인지적 구동 과정, 무언가를 할 수 있는 지식으로 구성되어 있다. ACT* 모델에서 선언지식은 명제, 이미지, 시간적 흐름에 대한 연결망으로 모델화되어 있다. 절차지식(procedural knowledge)은 프로덕션 시스템에 의해 모델화되어 있다. 여기서, 어떤 행동의 프로덕션은 조건-행동 규칙(condition-action)에 의해서 실행된다. 조건(if)은 작업 기억에 반드시 저장되어야 하는 정보의 패턴을 명시하며 만약 그 패턴이 존재한다면, 프로덕션(production)이 적용되고 행동(then)이 수행된다. 행동은 작업 기억에 정보를 더하거나 외부 행동으로 실행하거나, 혹은 그 둘 모두로 구성되어 있다.

앤더슨의 어휘판단과제모델은 3종류의 프로덕션 시스템으로 수행된다. 그중 하나는 글자 자극을 자동적으로 단어로 이름을 붙이는 것이다. 숙련된 독자는 어휘집에 있는 각 단어에 해당되는 프로덕션 시스템을 가지고 있다고 가정한다. 예를 들면, '사자(lion)'라는 단어에 대한 프로덕션은 다음과 같은 방식으로 나타난다.

> 만약(if) 자극이 L-I-O-N이면
> 그렇다면(then) 그 자극은 '사자(lion)'일 가능성이 높다.

첫 번째로 이루어지는 조건을 비교하는 패턴 매칭 절차(pattern matching process)는 불완전하기 때문에, '사자(lion)'는 철자적으로 유사한 'lian'으로 착각될 수도 있다. 그래서 첫 번째 패턴 매칭 절차로 이루어진 결과에 근거하여 어휘판단을 할 수 없다. 이런 이유로, 목표자극과 철자적으로 유사한 단어에 대한 시각 검토 과정이 필요하다. 명명과제에서는 철자 확인 과정 없이 유사한 단어를 식별하는 과정과 단어를 명명하는 데 필요한 생성만을 사용할 것이다.

두 번째 종류의 프로덕션 시스템(production system)은 어떤 단어가 나타날 것으로 예측되지 않는 경우에 철자검색을 하는 것이다. 이런 종류의 프로덕션은 유사한 단어와 제시된 자극이 일치하지 않으면 비단어로 판단하고, 일치하면 단어로 판단한다. 이러한 프로덕션은 어휘집에서 유사한 단어가 식별되지 않으면 사용되지 않는다. 이런 가정에 따르면 일반적인 생각과는 다르게, 참가자들이 어휘집에 있는 일부 단어와 각 비단어들을 일일이 비교하는 과정을 통해서 비단어를 식별한다는 것이다. 아마도 'xzqpyt'처럼 발음할 수 없는 비단어는 다른 처리 과정을 거칠 수도 있다.

세 번째 종류의 프로덕션은 특정 단어가 나타날 것이라고 예상할 때, 철자 확인을 수행하는 것이다. 이러한 프로덕션은 유사 단어의 철자검색을 하지 않는다. 대신, 자극은 예상한 단어들과 비교된다. 만약 자극과 예상 단어가 일치하면, 즉각적으로 '단어' 반응이 만들어질 것이다. 하지만 예상된 단어와 제시된 자극이 일치하지 않는다고 해서 '비단어'라고 바로 결정할 수 있는 근거가 되지는 않는다. 예를 들어, 참가자는 점화자극을 보고 목표자극으로 '호랑이(tiger)'라는 단어를 기대했지만 실제로는 '탁자(table)'라는 단어가 제시된 경우를 생각해 볼 수 있다. 만약 자극과 예상한 단어 간에 매치가 이루어지지 않는다면, 처리 과정은 이전에 서술했던 두 번째 과정의 철자검색 프로덕션 시스템으로 되돌아간다. 세 번째 종류의 프로덕션이 실행되는 동안, 첫 번째 종류의 프로덕션에 의해 유사한 단어가 식별된다.

기본적인(basic) 의미점화효과는 다음과 같이 설명할 수 있다. 점화자극이 제시되면 철자속성(orthographic feature)을 포함하여 의미연결망 안에서 관련된 자극들이 활성화된다. 이러한 활성화는 제시된 자극의 철자와 유사 단어의 철자를 비교하는 과정을 촉진할 것이다. 만약 목표자극이 점화자극과 무관하다면 이런 다양한 프로덕션들은 일반적인 속도로 진행될 것이다. 따라서 이 모델은 참가자들이 특정 단어에 대한 기대치가 없는 패러다임에서는 촉진효과를 예측할 수는 있어도 억제효과를 설명할 수는 없다.

점화에 의한 기대(expectation)는 두 가지 측면에서 처리를 빠르게 할 수 있다. 첫 번째 경우는 어떤 단어를 시각 자극과 유사하다고 판별하는 프로덕션을 생략하는 것으로 촉진을 일으킬 수 있다. 두 번째 경우는, 기대한 단어의 표상이 활성화되고 이 활성화가 그 단어의 표상과 시각적 자극의 비교를 촉진시키는 것이다. 만약 예상한 단어가 목표자극으로 나타나지 않는다면 시각 자극과 유사 단어가 매치가 되는지를 결정하는 것으로 목표를 전환하는데 이때 추가적인 인지적 비용이 들어가게 된다. 따라서 ACT* 모델은 참가자가 기대치를 가지고 있는 상황에서 촉진과 억제효과를 모두 설명할 수 있다.

몇 가지 점화자극과 목표자극간의 관련성과 예측에 따른 가능성을 생각해 보자. 만약 참가자가 특정한 목표자극이 점화자극 뒤에 나타날 것이라고 예상을 한다면 예상한 단어들의 표상이 활성화될 것이다(여기서는 1개의 목표자극이 활성화되는 경우를 다루고 2개 이상의 목표자극이 나타나는 상황은 9장에서 다루겠다). 첫 번째 가능성으로, 예상한 단어가 목표자극으로 나타났고 그것은 의미적으로 점화자극과 연관되어 있다면(참가자는 '호랑이[tiger]'가 '사자[lion]' 다음에 나올 것이라 예측하고 실제로 그랬다), 예측과 유사단어의 식별 과정의 생략, 의미 네트워크를 통한 활성화의 확산으로부터 나온 이득을 볼 수 있다. 두 번째 예상되는 경우는, 예상한 단어가 목표자극이 아니지만 목표자극이 점화자극과 의미적으로 연관된 경우에(피험자가 '울새[robin]'가 '사자[lion]' 뒤에 나올 것이라고 예상했지만 '호랑이[tiger]'가 대신 나온 경우), 예상이 깨진 것에 대한 비용과 의미관련성으로 인한 자동 확산의 촉진이 혼재하게 된다. 마지막으로 생각해 볼 수 있는 경우는, 예상했던 단어가 목표자극이 아니고 의미적으로 점화자극과 관련되어 있지 않다면('호랑이[tiger]'가 '사자[lion]' 뒤에 나올 것이라 예측했지만 '의자[chair]'가 나온 경우), 예상을 벗어난 것에 대한 비용만 발생할 것이다. 이러한 예측에 대한 데이터는 9장에서 논의할 것이다.

3 베커의 검증모델

베커(Becker)의 단어재인검증모델(Verification Model, Becker, 1976, 1979, 1980, 1985; Becker & Killion, 1977; Paap, Newsome, McDonald, & Schvaneveldt, 1982)은 오로지 전략적 처리(strategic process) 관점에서 의미점화를 설명한 것으로 알려져 있다(McNamara & Holbrook, 2003; Neely, 1991). 일단 모델의 명칭이며, 모델에 순차적 비교 절차를 도입한 것부터가 그런 오해를 사기 십상이다. 또한 주의(attention)를 전략(strategy) 및 의식(consciousness)과 동일시하던 시기에, 베커 본인이 단어재인에서 주의가 하는 역할에 대해 다양한 논의를 내놓았던 것도 이런 오해를 굳히는 데 한몫을 했을 터이다. 의미점화(semantic priming)에서 주의가 하는 역할 그리고 주의와 의식적 전략이 서로 독립된 과정임을 주장하는 연구들의 관점에서 볼 때(9, 15, 17장 참고), 베커의 모델은 기존과는 다른 새로운 시사점을 지닌다.

베커의 모델에 따르면, 시각적으로 표상된 단어는 시각감각기억(visual sensory memory)에 저장된다. 감각기억 내의 표상으로부터 '일차적(primitive)' 시각 특징들이 추출되고, 이러한 정보들은 심성어휘집(mental lexicon)의 단어 탐지기(word detector)로 보내진다. 이렇게 일차적으로 추출된 시각 특징들은 예를 들면 선, 곡선, 각 등으로 구성되어 있다. 그렇지만 단어를 명확하게 재인하는 데에는 특징들 간의 '관계성 정보(relational features)'도 필요한데 이 모델에서는 관계성 정보를 포함하고 있지 않다. 가령 글자 'R'의 일차적 특징은 선 2개와 호 1개로 이루어진 반면, 관계성 정보는 호의 종점이 수직선의 꼭대기에 붙어 있다거나 315도로 기울어진 선이 호의 하단에 붙어 있다는 정보로 구성된다. 심성어휘집에 있는 많은 단어들이 동일한 일차적 특징을 공유하기 때문에, 초기에는 여러 개의 단어탐지기가 활성화된다. 이 처리단계의 목적은 차후 분석적 탐색(analytical search)을 위한 후보를 걸러 내는 데 있다. 이렇게 활성화된 단어탐지기들은 감각속성세트(sensory-feature defined set, 이하 감각세트)*로 정의된다.

단어식별은 검증절차(verification process)를 통해 비로소 완성된다. 검증절차를 통해 감각세트로부터 단어 하나를 선별하고, 저장된 일차적·관계적 특징들을 활용하여 단어의 시각적 표상이 완성된다. 이러한 표상은 시각기억 속의 표상과 비교된다. 만약 이들 표상이 시각기억 속의 표상과 충분히 유사해서 일정한 역치(threshold)를 넘게 되면, 자극은 해당 후보단어로 식별된다. 반면에 이들 표상이 시각기억 속의 표상과 충분히 유사하지 않으면, 감각세트로부터 다른 후보들을 가져오며 검증절차가 반복된다. 따라서 단어검증과정은 선별, 구성, 비교 작업을 통해 대응되는 단어를 찾을 때까지 혹은 감각세트의 후보군이 소진될 때까지 계속된다. 의미점화는 다음과 같이 진행된다. 점화자극이 재인되는 즉시 의미 정보를 활용할 수 있게 되며, 점화자극과의 의미적 유사성에 따라 어휘기억 속 단어탐지기(word detectors in lexical memory)들이 활성화된다. 활성화수준이 역치를 넘게 되면, 점화단어와 의미적 연관성이 있는 단어들이 의미-속성세트(semantic-feature set, 이하 의미세트)에 추가된다. 의미세트에서 단어를 식별하는 과정도 감각세트에서 외부자극단어를 검증해서 결정하는 것과 유사한 과정이 진행된다. 외부에서 제시된 점화자극이 재인되자마자 의미세트는 거의 동시적으로 구성이 되며 이러한 과정은 일반적으로 목표자극이 제시되기 이전에 완료된다. 따라서 점화단어에 의해 활성화된 목표단어가 의미세트에 추가됨에 따라 이후에 제시되는 목표단어는 의미세트에 이미 생성되어 있기 때문에 검증절차가 빨

* (옮긴이) 외부에서 들어오거나 내적 인지행위로 인해 주의를 준 감각정보와 관련된 정보들의 집합.

라진다. 목표단어에 대한 감각세트에서의 검증 과정이 진행되는 동안 의미세트에서도 동시에 목표단어를 검증하는 과정이 일어난다. 만약 목표단어가 의미적으로 점화단어와 연관이 있으면, 목표단어를 의미세트에서 가져온 단어와 바로 대응시키며 검증절차가 성공적으로 신속하게 마무리된다. 그러나 목표단어가 의미적으로 점화단어와 연관되어 있지 않은 경우에, 목표단어는 의미세트에 존재하지 않을 것이고 의미세트에서 일치하는 단어를 찾지 못할 것이다. 이런 경우에는 점화단어 없이 제시되었을 때처럼 감각세트의 단어들을 검증하는 과정으로 넘어가게 된다. 이 때문에 평균적으로 의미적으로 관련된 점화단어가 제시된 경우, 의미적으로 관련이 없는 점화단어가 제시된 경우보다 목표단어를 더 빠르게 재인한다. 검증모델에 따르면 의미점화는 특징분석 절차를 생략하면서 누리게 되는 이득인 셈이다.

베커는 의미세트를 기대세트(expectancy set)로 정의하고 단어재인에 대한 다양한 전략(가령, 특수 예상전략, 일반 기대전략)에 대해 다루었지만, 검증모델에 대한 논의에 따르면 의미세트의 생성이 반드시 의식적으로 또는 느리게 이루어지는 것은 아니다. 사실, 의미세트 활성화는 매우 빠르게 일어날 수 있고(Becker, 1979, p. 253 참고) 검증 절차는 최소한 감각세트에서는 굉장히 빠르다. 왜냐하면 맥락이 없어서 감각 특징만을 이용하여 단어를 인식하는 과정이 매우 빠르기 때문이다.

베커의 검증모델은 앤더슨이 제안한 어휘판단에서의 의미점화모델과 많은 유사점을 지닌다. 베커의 모델에서는 여러 후보가 감각세트에서 생성된다. 이런 측면이 앤더슨의 모델과 다르고 이후의 유사한 단어를 검증해서 확인하는 과정은 앤더슨의 모델과 유사하다. 또한 두 모델 모두 후보군이 시각자극과 비교되는 검증절차를 수반한다. 베커와 앤더슨 모델의 주된 차이점은 의미점화의 촉진효과를 설명하는 방식에 있다. 베커의 모델에서는 시각자극이 의미세트의 후보와 일치할 때 감각세트의 생성과 탐색 절차가 생략됨에 따라 의미점화가 발생한다. 이러한 절차들은 앤더슨의 모델에서 일컫는 기대에 기반한 점화와 유사하다. 하지만 앤더슨의 모델은 베커의 모델과 달리 의미연결망을 통한 활성화확산에 기반한 점화기제도 아우른다는 차이점도 있다.

4 복합-단서모델

점화의 복합-단서모델(Compound-Cue Model)은 랫클리프와 매쿤(Ratcliff & McKoon, 1988), 그리고 도셔와 로즈데일(Dosher& Rosedale, 1989)에 의해 독자적으로 제안된 모델이다. 복합-단서모델은 순전히 인출단서(retrieval cue)의 내용이 무엇이냐에 대한 것이다. 기억 인출단서가 목표 항목과 주변 맥락 요소를 담고 있다는 게 주요 골자다. 가령 어휘판단과제에서 단서는 점화자극이나 점화자극 이전에 등장한 단어 등을 포함할 수도 있다.

복합-단서모델은 단서의 역할만 설명해 주기 때문에 특정 과제 수행에 대한 예측을 하기 위해서는 반드시 특정 기억모델이 같이 상정되어야 한다. 복합-단서모델에서 자주 차용된 모델로 연상기억검색(Search of Associative Memory, 이하 SAM[Gillund & Shiffrin, 1984]), 분산연상기억이론(Theory of Distributed Associative Memory, 이하 TODAM[Murdock, 1982]), 그리고 미네르바 2(MINERVA 2[Hintzman, 1986])가 있다. 위 모델에서 연관된 두 단어로 이루어진 단서의 친숙도(familiarity)는, 연관되지 않은 두 단어로 이루어진 단서의 친숙도보다 높다. 만약 단서가 목표자극과 점화자극 모두를 포함한다면, 어휘판단과제에서 점화자극과 관련된 목표자극의 친숙도가 점화자극과 연관되지 않은 목표자극의 친숙도보다 높다('사자'-'호랑이'[관련된 쌍] vs '식탁'-'호랑이'[무관련된 쌍]). 친숙도와 반응 시간의 부적 상관관계(negative correlation)를 통해 이들의 의미점화효과를 설명할 수 있다(Balota & Chumbley, 1984; Ratcliff & McKoon, 1988.)

보다 명료한 설명을 위해 SAM을 기억모델로 상정하여 사례를 차근차근

짚어 보도록 하겠다. SAM은 재인(recogntion)과 회상(recall)에 관한 모델이다. SAM에서는 장기기억(long-term memory)의 구성 요소들을 이미지(image)라는 특징 집합의 단위로 만든다. 일화기억과제(episodic memory task)에서의 이미지는 그 대상의 이름 같은 항목, 그 대상이 나타난 맥락(예를 들면, 목록 A, 목록 B), 그리고 다른 항목들에 대한 연상 작용을 포함한다. 인출 과정 동안 단서는 단기저장매체(short-term store) 혹은 탐색자극세트(probe set)에 모이게 되고, 이렇게 모인 단서를 통해 장기기억에 있는 연관된 정보가 활성화된다. 재인은 탐색자극세트에서 발생한 전체적인 활성화수준에 근거해 이루어진다. 회상은 활성화된 장기기억 이미지의 집합에서 이미지를 하나씩 추출하고, 이들을 관련된 일화기억의 맥락(context)과 항목(item) 정보에 기초해 판단하는 과정을 통해 이루어진다.

SAM에서는 장기기억의 정보를 단서(cues)와 이미지(images)의 연합강도(associative strength)로 나타낸 행렬(matrix)로 형식화하였다. 단서와 장기기억의 기억항목 이미지와의 연합강도를 단순한 행렬로 표현한 것이 〈그림 4.1〉이다. 단서와 장기기억 이미지와의 연합강도가 강할수록 인출강도(retrieval strength)가 강하다. 〈그림 4.1〉은 3개의 단서연합-사슬(cue associative-chain), 즉 A－B－C－D－E－F, G－H－I, J－K－L로 연합된 단서 집합을 가정한 경우에, 각 단서와 12개의 장기기억 이미지가 어떤 형태의 연합강도를 가지는지를 표현하고 있다. 여기서 단서 N은 장기기억에 표상되어 있지 않은 항목으로, 비단어(nonword) 등이 이에 속한다. SAM은 모든 단서들이 모든 이미지와 일정 정도의 연합관계를 가진다고 가정하기에, 한 번도 본 적 없는 비단어라도 장기기억에 저장되어 있는 몇몇과는 어떤 관련성을 가지고 있을 수 있다. 이 예시에서, 단서가 기억 속에 해당하는 이미지를 가지고 있다면, 그 연합강도가 강하고(B－B′의 경우에 1.0), 바로 주변에 있는 항목들과의 연합강도는 그보다는 덜 강하며(B－A′의 경우에는 0.7), 다른 연쇄에 속하는 이미지의 경우에는 이 둘보다 더 약하다(B－H′의 경우에는 0.2). (B－A′)의 경

인출단서	장기기억 이미지											
	A'	B'	C'	D'	E'	F'	G'	H'	I'	J'	K'	L'
A	1.0	.7	.2	.2	.2	.2	.2	.2	.2	.2	.2	.2
B	.7	1.0	.7	.2	.2	.2	.2	.2	.2	.2	.2	.2
C	.2	.7	1.0	.7	.2	.2	.2	.2	.2	.2	.2	.2
D	.2	.2	.7	1.0	.7	.2	.2	.2	.2	.2	.2	.2
E	.2	.2	.2	.7	1.0	.7	.2	.2	.2	.2	.2	.2
F	.2	.2	.2	.2	.7	1.0	.7	.2	.2	.2	.2	.2
G	.2	.2	.2	.2	.2	.7	1.0	.7	.2	.2	.2	.2
H	.2	.2	.2	.2	.2	.2	.7	1.0	.7	.2	.2	.2
I	.2	.2	.2	.2	.2	.2	.2	.7	1.0	.7	.2	.2
J	.2	.2	.2	.2	.2	.2	.2	.2	.7	1.0	.7	.2
K	.2	.2	.2	.2	.2	.2	.2	.2	.2	.7	1.0	.7
L	.2	.2	.2	.2	.2	.2	.2	.2	.2	.2	.7	1.0
N	.1	.1	.1	.1	.1	.1	.1	.1	.1	.1	.1	.1

그림 4.1. SAM에서 사용한 인출단서와 장기기억 이미지와의 연합강도를 나타내는 매트릭스

우에는 0.7로 강하고 (B − H′)의 경우에는 0.2로 약한 이유는 (A-B)는 위의 연합 사슬 예에서 바로 연결되어 있는 항목들이고 (B-H)는 동일 연합 사슬 속에 있지 않기 때문이다. 단서 N과 기억 속의 여러 이미지와의 연합강도가 가장 약하여 모두 0.1의 연합강도를 가지고 있다.

단서집합의 친숙도(familiarity of a set of cues)는 단서에 대한 장기기억 전체의 활성화로 정의된다. 수학적으로 친숙도는 단서의 각 요소들과 기억 속의 이미지 간의 연상 강도의 곱을 구하고, 이 값을 모두 더함으로써 계산된다.

$$F(\{Q_1, Q_2, \ldots, Q_M\}) = \sum_{k=1}^{N} \prod_{j=1}^{M} S(Q_j, I_k)^{\omega j}$$

친숙도는, $Q_1, Q_2, \ldots, Q_M$이 단서의 요소일 때, $S(Q_j, I_k)$는 단서 j와 이미지 k의 연합강도고, 각각의 연합강도에 대응하는 가중치 승의 함수로 계산된다. SAM을 적용하는 데 있어서, 일반적인 가정은 제한된 용량을 가진 주의 기제가 여러 단서들에 고루 할당된다는 것이다. 이는 가중치의 합이 1.0이 되게 함으로써 실현된다. 단서의 다른 자극보다 목표자극에 가중치를 더 많이 부여하는 것이 보통인데, 이는 가중치가 판단의 기준이 되기 때문이다.

예로, C, D와 같이 직접적으로 연합된 목표자극과 점화를 포함한 단서의 친숙성을 다음과 같이 계산할 수 있다.

$$F(\{C,D\}) = (0.2^{0.3})(0.2^{0.7}) + (0.7^{0.3})(0.2^{0.7}) + (1.0^{0.3})(0.7^{0.7}) + (0.7^{0.3})(1.0^{0.7}) + \ldots + (0.2^{0.3})(0.2^{0.7})$$

$$F(\{C,D\}) = 4.05.$$

점화자극 가중치는 0.3, 목표자극 가중치는 0.7이라고 가정하고 계산해 보자. 단서 C와 장기기억 속의 A′ 이미지와의 연합강도 0.2이고, 단서 D와 장기기억 속의 A′ 이미지와의 연합강도 0.2이다. 그다음에는 각 연합강도에 가중치 0.3과 0.7 승을 한다. 그 후에 가중치 승을 적용한 C와 D의 연합강도를 곱한다. 그리고 이런 계산을 장기기억의 마지막 이미지인 L′까지 반복한 후에 모든 12개의 값을 합하면, 단서집합의 친숙도(familiarity of a set of cues) $F(\{C, D\})$는 4.05가 된다. 아래의 수식을 지금 설명한 내용과 비교하면서 살펴보면 쉽게 이해할 수 있다.

그에 비해, 각기 다른 연합사슬에 속하는 목표자극과 점화자극를 포함한 단서, 예를 들어 $\{H, D\}$의 경우 친숙성은 $F(\{H, D\})$=3.69로 더 작게 나온다. 이러한 친숙성 간의 차이(4.05 VS 3.69)가 곧 점화효과의 크기이다. 친숙성의 증폭을 위해, SAM에서는 점화자극과 목표자극이 직접적으로 연합되어야 하는 것은 아니다. 연합관계를 공유하기만 하면 된다. 예를 들어, 예시 〈그림 4.1〉의 행렬을 활용하여 단서들의 친숙성을 계산해 보면 다음과 같다. $\{D, E\}$는 연합 사슬에서 한 단계 떨어져 있고, $\{C, E\}$는 두 단계 떨어져 있고, $\{B, E\}$는 세 단계 떨어져 있다.

$$F(\{D,E\}) = 4.05,$$

$$F(\{C,E\}) = 3.81,$$

$$F(\{B,E\}) = 3.69.$$

여기서 주목해야 할 점은 $\{B,E\}$의 친숙성 값이 각기 다른 연합관계에 속한 점화자극과 목표자극 단서가 주어졌을 때(예: {*H,D*})와 크게 다르지 않다는 점이다. 따라서 SAM은 연합관계도에서의 거리가 두 단계 이하인 경우에만 점화를 예측할 수 있다. 다른 모델들의 예측은 이 SAM 모델과는 상이하다. TODAM(분산 연합 기억 이론)의 경우, 직접적 연합관계에 있는 점화효과는 설명할 수 있지만, 연합 사슬에서 한 단계 이상 떨어져 있는 항목 간의 점화효과는 설명할 수 없다(McNamara, 1992b). 이에 대한 데이터는 11장에서 다룰 것이다.

〈그림 4.1〉의 행렬은 단순히 설명을 위한 사례이기 때문에 몇 가지 부분은 현실에 부합하지 않는다. 예로, 이 행렬에서는 모든 연합의 강도에 변산성(variability)이 없다. 이는 기억에 존재하는 항목들이 그렇지 않은 항목들과 완벽하게 구별될 수 있으며, 연합관계에 있는 항목과 그렇지 않은 항목들이 명확하게 구별될 수 있다는 것을 의미한다. 더 현실적인 행렬이라면 변산이 있는 연합강도를 상정하여 (H-B′)와 같은 잔존하는 연합이 (C-B′) 같은 직접 연합관계의 강도를 능가하는 경우를 보여 줬을 것이다(Gillund & Shiffrin, 1984).

복합-단서모델이 설명할 수 없는 부분이 존재한다. 예를 들어, 이러한 모델들은 어휘접속 후(post-lexical access) 점화모델로 분류되는데, 이는 해당 모델들이 어휘접속(lexical access)이후에 발생하는 점화만 설명할 수 있다는 것을 의미한다. 또한 복합-단서모델은 단어명명과제에서의 의미점화효과를 설명하지 못한다(Neely, 1991).

복합-단서모델을 구체적으로 특정 상황에 적용해 보면, 복합-단서모델의 어느 부분이 수정되거나 상세화되어야 하는지를 알 수 있다. 예를 들어, 어휘판단과제 같은 표준적인 의미점화 패러다임에서 SAM을 이용할 시, 단서와 이미지를 어떻게 해석할 것인가에 대한 불확실성이 있다. 예를 들면, 단서는 단어의 초기 정보 처리 성분인 시각 표상이며, 이미지는 단어의 의미를 나타내는가? 만약 그렇다면, 사자(lion)라는 단어의 시각 표상을 호랑이(tiger)의 의미와 연관시키는 것이 가능한가? 이런 경우에 점화자극은 시각 표상이고 목표자극은 의미인데 이런 경우에도 의미점화가 나타날 수 있는가? 시각 표상의 점화자극과 의미의 목표자극이 직접적으로 연합되어 의미점화를 일으킨다고 상상이 되질 않는다. 다른 경우를 생각해 보자. 대안으로, 단서들은 단어의 의미표상이고, 인출 행렬은 단어들 간의 의미의 연합관계에 대응한다고 가정해 보자. 이런 경우에도 문제가 발생한다. 이 경우에는 점화자극과 목표자극의 의미가 완전히 처리되어야 의미점화가 일어날 수 있다. 그런데 의미처리는 어휘접근보다도 상위 정보 처리이기 때문에, 의미처리가 일어났다는 것은 이미 전에 목표자극이 어휘인지에 대한 평가가 이루어졌다는 것을 의미한다. 이미 어휘판단이 이루어진 목표자극에 대해 또 한 번의 어휘판단과제를 수행한다는 것이 매우 이상하게 보인다.

복합-단서모델에 의하면, 기억인출은 오랜 시간에 걸쳐서 진행되며, 수많은 하위 처리 과정을 수반하는 절차이다(Ratcliff, 1978). 복합-단서의 형성, 이와 기억의 상호작용은 매우 역동적이다. 단서는 감각적 특징부터 고차적 의미적 특징까지 다양한 종류들이며, 시간에 따라 변하는 특징들의 집합이며, 이미지는 단어의 형태적, 형태소적, 의미적, 문법적 측면을 아우르는 특징들의 묶음으로 생각할 수 있다. 인출 행렬에서 연합강도는 특징 유형과 처리 시간을 아우르는, 단서와 이미지의 합치(match) 수준이다. 합치 정도를 결정하는 데에 여러 종류의 특징 유형이 관여한다. 각각의 특징 유형의 상대적 기여도는 과제, 자극, 얼마나 오래 처리가 진행되었는지 등에 따라 달라진다. 예를 들어, 한 번에 하나의 항목이 화면에 나타나고, 이 항목에 대해 어휘판단을 해야 하는 과제(sequential lexical decision task)를 생각해 보자. 이 과제에서는 제시되는 모든 자극에 대해 어휘판단을 하는 것이기 때문에, 점화자극과 목표자극에 해당되는 자극 모두에 대해서 어휘판단을 시행한다. 이런 과제의 경우에, 단서는 점화자극의 속성들이고, 목표자극은 장기기억 속의 이미지이다. 단서는 점화자극의 의미속성(semantic feature)을 포함해 거의 모든 정보를 모두 가지게 될 것이다. 왜냐하면 점화단어에 대한 재인 단계까지 모두 이루어질 것이기 때문이다. 다른 과제의 예시를 살펴보자. 점화자극에 대해 아무런 반응을 하지 않고 목표자극에 대해서만 어휘판단하는 과제를 생각해 보자. 이 과제에서는, 점화자극에 대한 초기처리 과정에서는 의미 특징보다는 낮은 단계(low level)의 시각적 특징을 먼저 처리하게 될 것이다. 그래서 처음에는 단서가 단지 목표자극의 시각적 특징만을 가지고 장기기억 속의 이미지를 접속한다. 인출 처리가 진행될수록, 낮은 단계와 높은 단계의 특징들의 적용되는 비율이 달라지게 될 것이다. 인출 초기에는 단서에 들어 있는 점화자극표상의 모든 시각 특징이 기억상에 존재하는 이미지와 비교되고, 의미와 같은 높은 단계의 특징들은 인출 후기에 이용될 것이다. 인출이 진전될수록, 사용할 수 있는 목표자극의 높은 단계의 특징들이 많아지고, 목표자극의 표상, 점화자극의 이미지, 연관된 이미지들 사이에 비교하는 수준과 양이 증가할 것이다. 이처럼 단서의 어떤 특징들이 얼마나 중요한 역할을 담당할지 여부는 과제의 종류와 인출 시간의 흐름에 따라 변화할 수 있다.

보통은 어떤 추상적인 이론을 실제 상황으로 적용해 보면, 그 이론이 지니고 있는 여러 종류의 문제점을 발견하게 된다. 일반적으로 복합-단서모델은 의미점화 현상을 설명하기 위해 SAM과 TODAM 같은 일화기억모델(models of episodic memory)들을 사용한다. 그러나 일화기억과 관련된 재인(recognition) 및 회상(recall)모델들은 단어명명과제에 적용하려면 좀 어색하다. 하지만, 더 넓은 관점에서 본다면, 단어명명과제에서의 의미점화를 복합-단서모델로 어떻게 설명할 수 있는지를 알 수 있다. 단어명명과제에서도 의미점화가 나타난다는 사실은 단어명명과제도 글로 적힌 단어를 보고 의미를 연결하는 과정(mapping)을 수반한다는 것을 의미한다(Plaut, 1995). 글자에서 음소로, 음소에서 의미로 연결하는 과정(mapping)을 계산하는 과정은 복합-단서가 구성한 문맥에 따라 철자, 음운, 의미 등으로부터 인출 시간이 지남에 따라 다른 정도로 영향을 받게 된다(Plaut, McClelland, Seidenberg, & Patterson, 1996; Seidenberg & McClelland, 1989).

어휘판단과제나 단어명명과제에 복합-단서모델을 구체적으로 적용하기 위해서는 아직 밝혀내야 할 것이 많다. 그럼에도 불구하고, 복합-단서모델은 의미점화 현상을 이해하는 데 도움이 되는 틀을 제공한다. 특히 복합-단서모델은 다양한 점화 현상을 일반적인 기억 이론의 영역에서 설명한 것에 큰 의의가 있다.

5 분산네트워크모델

분산네트워크모델(distributed network model)의 역사는 길지만(Hebb, 1949; Rosenblatt, 1962), 인지심리학에서는 1980년대 중반 전까지는 영향력 있는 모델이 아니었다(McClelland & Rumelhart, 1986; Rumelhart & McClelland, 1986). 의미점화(semantic priming)의 분산네트워크모델에 대한 배경지식을 위해, 먼저 지식표상(knowledge representation) 방법과 관련하여, 분산네트워크모델의 특징에 대해 간략히 살펴보도록 하겠다. 분산네트워크모델은 지금 굉장히 거대한 분야이기 때문에, 그 개발 과정과 탐구의 역사를 모두 여기에서 이야기하기는 힘들고, 의미점화의 모델에 대한 독자의 이해를 돕는 수준에서 분산네트워크모델의 가장 중요한 특징 몇 가지를 요약하려고 한다.

분산네트워크모델에서는 개별 유닛(unit)들이 촘촘히 상호 연결된 네트워크의 활성화패턴(activation pattern)으로 특정 개념(concept)을 정의한다. 비슷한 개념이라면, 활성화패턴이 비슷할 것이다. 개별 유닛들은 나타내는 대상이나 사건의 특정 측면 일부분을 표상한다고도 볼 수도 있겠지만, 그렇다고 개별 유닛이 어떤 의미 있는 대상을 나타낸다고 말할 수는 없다. 또한 사람들이 '의자'와 같은 사물을 묘사할 때 사용할 법한 의미속성(semantic feature), '다리가 있다'와 같은 것을 표상하는 것도 아니다. 개별 유닛 하나는 인간이 보통 명명할 수 있는 의미 있는 사물이나 자질을 나타내지 않고, 대신에 수많은 상호 연결된 유닛 집합의 활성화패턴이 이런 의미 있는 사물이나 자질을 나타낸다. 사실 '새는 날개를 가지고 있다'와 같은 그간 많이 사용되었던 '새'를 나타내는 자질도 실제로는 여러 유닛이 모여 만들어 내는 활성화패턴으로 표상된다.

유닛은 대개 모듈(module)이라는 유닛의 집합으로 조직화되는데, 이때 모듈이란 특정한 정보(청각 vs 시각)를 나타내거나, 혹은 특정한 정보 처리 목표(입력 받기 vs 산출하기)를 달성하기 위해 설계된 유닛의 집합이다. 가령 파라와 맥클럴랜드(Farah & McClelland, 1991)의 의미기억손상모델(semantic memory impairment model)은 청각입력, 시각입력, 의미기억에 대응하는 3개의 모듈을 상정하고 있다. 또한 이 모델에서 의미기억에 해당하는 모듈은 다시 시각 모양과 기능을 표상하는 유닛 집합으로 더 잘게 분리된다. 모듈 속의 개별 유닛들은 서로 빽빽이 촘촘하게 상호 연결되어 있고, 다른 모듈의 개별 유닛들과는 연결이 될 수도 있고 그렇지 않을 수도 있다. 예를 들어, 파라와 맥클럴랜드의 모델에서는 시각입력모듈(visual input module)의 유닛들과 청각입력모듈(auditory input module)의 유닛들은 의미기억모듈의 유닛들과는 연결되어 있지만, 시각입력모듈과 청각입력모듈의 유닛들이 서로 연결되어 있지는 않다.

이런 네트워크에 자극을 주면, 여러 활성화유닛이 활성화되며, 최초의 활성화패턴을 만들게 되는데, 이때 더 활발하게 활성화된 유닛도 있을 것이고 그렇지 않은 유닛도 있을 것이다. 이때 각 유닛들이 자신과 연결된 다른 유닛에서의 활성화정보를 받게 됨에 따라 전체적인 패턴의 모양도 바뀌게 될 것이다. 궁극적으로는 모든 유닛들에서 가장 안정화된 활성화패턴이 나타나게 될 것이다. 물체를 보거나 단어를 들음으로써 발생한 여러 유닛 집합에서의 특정 패턴은 개별 유닛들 간의 연결에 할당된 가중치(weight)에 의해 결정되게 된다. 그러므로 지식(knowledge)이란 이 가중치들에 부호화되어 있는 것이고, 이것이 바로 네트워크에서 장기기억이 형성되는 원리다.

분산네트워크모델이 이토록 지속적으로 영향력을 갖게 해 준 가장 큰 특징은 이 분산네트워크모델은 학습이 가능하고 이를 통해 모델이 계속 진화한다는 것이다. 특정한 입력에 대해 특정한 결과값을 산출하도록 네트워크를 훈련시킬 수도 있다. 단어의 철자법적 패턴에 따라 단어의 의미를 출력하도록 하는 것도 가능하다. 훈련에서는 유닛들 간의 가중치의 증감을 통해 산출패턴을 조정하게 된다. 이때 가중치는 입력에 알맞은 산출을 내도록 개선되게끔 조정한다.

분산네트워크모델의 다른 중요한 특징은 네트워크 자체에 손상이 가해져도 네트워크의 수행능력이 완전히 사라지지 않고 대신에 완만하게 줄어든다는 점이다. 네트워크 전체의 여러 가중치에 지식을 분산한 셈이기에 이런 현상이 일어난다. 예를 들어, 시각 의미기억을 담당하는 유닛의 40%가 파괴되어도, 파라와 맥클럴랜드의 모델은 85%에 해당하는 입력에 대해 이름과 그림을 정확히 연관지었다.

최근에 의미점화에 대한 여러 분산네트워크모델이 제시되었다. 이러한 모델들은 2개의 큰 범주로 나뉜다.

첫 번째 범주는 내가 '근접성모델(proximity model)'이라고 부르는 모델로, 점화자극과 목표자극이 연관되었을 때, 점화가 일어나는 이유는 고차원으로 표현된 의미 공간에서의 점화자극에 의한 활성화패턴과 목표자극에 의한 활성화패턴이 서로 연관 없는 점화자극-목표자극 쌍에서의 활성화패턴보다 가깝기 때문이라는 입장이다(Cree, McRae, & McNorgan, 1999; Masson, 1991, 1995; McRae, de Sa, & Seidenberg, 1997; Plaut, 1995; Plaut & Booth, 2000). 이런 모델들에서의 가장 근원적인 가정은 서로 연결된 유닛이 대량으로 모여 만들어 내는 활동패턴에 의해 개념이 형성된다는 것이다. 서로 관련이 있는 개념들은 비슷한 활동패턴을 가지고 있다. 의미점화는 점화단어와 목표단어의 활성화패턴이 유사하기 때문에 나타난다. 네트워크에서 이미 점화단어에 의해 목표단어를 처리할 때와 유사한 활성화패턴이 있었고, 이런 유사한 활성화패턴은 목표단어의 정보 처리를 쉽게 진행되도록 돕고 이런 이유로 의미점화가 나타난다. 점화자극이 목표자극과 유사하다면 그렇지 않은 경우보다 서로 더 유사한 활성화패턴이 만들어진다. 그 결과로 목표자극이 점화자극과 연관되어 있다면, 네트워크는 목표자극을 처리함에 있어서 일종의 디딤돌을 밟고 시작하는 셈이라서 그렇지 않은 경우보다 훨씬 수월하게 작동하게 된다. 플라우트의 모델(Plaut, 1995; Plaut and Booth, 2000)은 의미점화가 의미속성(semantic feature)이 겹쳐서 발생한다고 설명한다. 이런 이유로 플라우트의 모델은 의미점화(semantic priming)와 연합점화(associative priming)를 구분한다. 이 모델에서 연합점화는 네트워크가 훈련 과정에서 공기관계(cooccurance), 즉 자주 함께 나타나는 점화자극과 목표자극 사이의 연결이 강화되어 전환을 효율적으로 수행하도록 학습하기 때문에 나타난다고 설명한다.

분산네트워크모델의 다른 범주에는 '학습모델(learning model)'이 있다. 학습모델은 의미점화를 단어가 재인되거나 그 단어가 어떤 결정의 대상일 때 발생하는 학습의 결과로 분석한다(Becker, Moscovitch, Behrmann, & Joordens, 1997; Joordens & Becker, 1997). 이 모델은 다른 모델들처럼 개념이 유닛의 네트워크에서 발생하는 활성화패턴에 의해 표상되며, 의미가 비슷한 개념들은 비슷한 활성화패턴을 가지고 있다고 가정한다. 하지만, 의미점화는 학습량의 증가로 인해 발생한다고 말하는 점에서 차이점을 보인다. 같은 입력에 대해 같은 반응을 보이기 위해, 단어의 표상이 제시되면, 네트워크의 모든 접점(connection)이 재인에 참여한다. 이러한 학습은 같은 단어가 다시 제시되었을 때는 물론이고, 의미적으로 연관된 단어 등 비슷한 표상을 가진 단어가 나타났을 때에도 처리(processing) 속도를 향상시킨다. 학습속도(learning speed)는 학습이 진행될수록 매우 천천히 감소한다. 즉, 초기 학습에서는 네트워크의 큰 변화가 있지만 학습 후기로 가면 네트워크의 변화는 많이 일어나지 않는다. 그렇지만, 한 번 학습한 내용은 추가적인 학습으로 기억된 것에 변화를 주지 않는 이상 영구적으로 지속된다. 다른 점화모델들과 달리, 학습모델은 의미점화가 점화자극과 목표자극 간의 긴 시간 간격이 존재하는 경우에도 발생한다고 본다. 일종의 일화기억상에서의 의미점화와 유사한데, 관련된 연구를 12장에서 자세하게 논의할 것이다. 학습모델은 표준적인 짧은 간격에서의 점화를 근접성(proximity), 즉 점화자극과 목표자극의 활성화패턴 유사성으로 설명한다.

댈림플-앨퍼드와 마머릭(Dalrymple-Alford & Marmurek, 1999a; 1999b)은, 단어명명과제(word naming task)에서 발견되는 의미점화효과를 적용하는 과정에서, 근접성모델의 한 종류인 전체-순환모델(fully recurrent model)로 단어명명에서의 의미점화를 설명하는 데 한계점이 있다는 사실을 보고하였다(Masson, 1991; 1995). 이 범주에 해당하는 모델들은 홉필드 망(Hopfield Net, Hopfield, 1982; Hopfield & Tank, 1986)을 포함하며, 근접성모델(proximity model)의 표본이기도 하다. 전체-순환모델에서 각 처리유닛(processing unit)은 다른 모든 유닛들과 연결되어 있으며, 유닛의 활성화는 네트워크 전체가 안정상태에 도달할 때까지 바뀐다. 전체-순환모델에서 가장 중요한 응용은 일부 패턴으로 전체 패턴을 완성하는 것이다. 이 모델에서는 하위 집단에 있는 몇몇 유닛들을 적절한 수치에 도달하도록 조절하면, 전체 유닛을 조절하지 않고서도 모든 유닛에 거쳐 발생하는 활성화의 전체 패턴을 만들어 낼 수 있다.

단어재인을 모델하하려면, 철자(orthography), 음운(phonology), 의미(semantics) 특징에 대응하는 유닛들의 집단인 모듈을 구축해야 한다(Masson, 1995). 단어재인은 이런 네트워크를 훈련(training)시켜서 네트워크가 안정화(settling)될 때 일어난다. 여기에서 사용된 '안정화(settling)'는 네트워크에서 입력에 대한 처리가 완료되어 네트워크의 상태가 더 이상 변하지 않는 것을 의미한다. 안정화가 되면 네트워크는 입력된 정보를 최종적으로 해석하고, 그에 상응하는 고정된 결과를 산출한다. 네트워크가 안정화에 도달할 때까지 철자유닛에서 음운유닛, 의미유닛에로 순차적으로 적절한 값(value)을 할당하는 조절 과정을 통해 훈련된다. 단어의 의미는 의미유닛에 적절한 값이 배정되어 안정화될 때 표상된 것으로 여겨진다. 이런 절차를 이용하여 의미점화를 설명할 수 있다. 이전에 학습하여 안정화된 네트워크에, 의미로 목표단어와 관련된 점화단어를 네트워크에 제시하면, 이 점화자극은 철자유닛을 거쳐서 음운과 의미유닛을 활성화시킬 것이다. 이 중에서 의미유닛모듈은 의미적으로 관련된 점화단어와 목표단어가 많은 의미속성을 공유하고 있어서, 사전에 점화단어를 제시하면, 이런 공통된 의미속성유닛들에 할당된 값이 먼저 활성화되고, 이 활성화패턴은 목표단어의 것과 유사하고, 이런 유사성의 중복은 목표단어의 의미처리를 안정화시키는 데 도움을 준다. 점화단어의 이런 도움이 목표단어를 정보 처리를 빠르게 하여 의미점화가 나타난다. 이런 설명을 제공하는 모델은 어휘판단과제처럼 단어의 의미를 다루는 과제에서 발생하는 의미점화를 설명할 수 있다(Dalrymple-Alford & Marmurek, 1999b; Masson, 1991).

단어명명(word naming)은 단어의 음운정보에 접속하는 과정을 필요로 하는데, 위에서 설명한 모델에서 이런 음운정보 접속을 달성하려면, 철자유닛과 음운유닛의 연결 값들을 조정하는 훈련을 통해 음운유닛이 안정화 상태에 도달해 있어야 한다. 마송(Masson, 1995)은 음운유닛이 철자유닛과 의미유닛 모두로부터 영향을 받고, 그리고 이 중에 목표단어와 관련된 점화단어의 의미유닛으로부터 영향을 받은 목표단어의 음운유닛이 더 빠르게 활성화되고 안정화에 도달하기 때문에 단어명명과제에서 의미점화가 일어난다고 생각했다. 마송(Masson, 1995)은 이 효과가 그의 모델에서 발생한다는 것을 제시하였다. 하지만, 댈림플과 마머릭(Dalrymple & Marmurek, 1999b)은 이 관련성효과가 관련점화자극에 의한 촉진(facilitation)효과 때문이 아니라 무관련 점화자극에 의한 간섭(interference)효과 때문에 발생했다는 증거를 제시했다. 일련의 시뮬레이션 결과에 근거하여, 댈림플과 마머릭은 근접성모델의 한 종류인 전체-순환모델(fully recurrent model)을 단어명명에서의 의미점화에 적용하는 경우에, 촉진효과는 오직 '의미-의미', '음운-음운'과 같은 직접 연결된 경우에만 발생하고, 간접적으로 의미에서 음운으로 연결된 경우에는 발생하지 않는다고 지적하고 비판했다.

마송(Masson,1999)은 음운유닛의 안정화(settling)가 의미상 관련된 단어의 사전 제시에 의해 촉진되는, 즉 의미점화가 유도되는 특별한 조건을 찾았다. 예를 들어, 점화자극의 의미유닛패턴과 부분적으로 일치하도록 네트워크의 의미유닛 가중치를 설정하고, 확률적 업데이트(stochastic updating)를 사용하면, 목표단어의 음운유닛이 목표단어만 있는 기저조건(base-line condition)에서보다 관련된 점화자극이 있는 조건에서 더 빨리 안정화되었다. 그렇지만 이런 결과는 매우 예외적인 것이다. 마송(Masson, 1995)의 원래 모델을 포함하여, 대부분의 전체-순환모델의 시뮬레이션에서는, 이러한 종류의 촉진은 대부분 발생하지 않는다. 위에서 보았던 것처럼 전체-순환모델에서는 의미유닛은 의미유닛끼리 혹은 음운유닛은 음운유닛끼리 직접적으로 연결되지 않으면, 점화자극과 목표자극 간의 패턴 활성화 중첩에 따른 촉진은 나타나지 않는다. 따라서 단어명명과제(word naming task)에서의 의미점화를 전체-순환모델을 이용해서 성공적으로 시뮬레이션 하려면, 단어명명이 음운유닛의 안정화에 의해서만 이루어지면 안 되고 직접적으로 의미유닛의 안정화에 의해 구현될 수 있도록 전체-순환모델이 구체화되어야 한다.

플라우트의 근접성모델(Plaut, 1995; Plaut & Booth, 2000)이 여러 장에서 중요하게 다루어지기 때문에, 나는 여기서 플라우트의 근접성모델을 자세하게 살펴보고자 한다. 이 네트워크는 문자로 표기된 단어와 그 단어의 의미를 연합하는 방법을 학습한다. 각 단어가 쓰여진 형태는 철자유닛에서의 활성화패턴으로 저장되고, 각 단어의 의미는 의미유닛에서의 활성화패턴으로 저장된다. 이 모델은 두 개념 간 연합작용이 없는 '순수한' 의미관련성(pure semantic relatedness, 예를 들면, '개[dog]'와 '염소[goat]')과 연합에 의한 연합관련성(associative relatedness, 예를 들면, '개[dog]'과 '고양이[cat]') 모두를 구현할 수 있다. 현재까지 시뮬레이션이 가능한 정도로 구체화된 의미관련성모델은 범주관련성(categorical relatedness)에 기초한 것이다. 여기서 사용된 '범주'

는 '개와 염소는 둘 다 포유류다'에서의 '포유류' 같은 범주이다. 순수 의미관련성의 한 종류인, 두 단어 사이의 범주관련성은 두 단어의 의미 표상에서의 자질(semantic feature)들의 겹치는 정도에 따라 결정된다. 같은 범주 내에서 단어들 간의 차이는 그 단어가 얼마나 해당되는 범주의 전형적 구성원(typical member)이냐에 달려 있다. 전형적인 구성원이라면 해당 범주의 원형(prototype)과 많은 의미속성을 공유할 것이고, 비전형 구성원(atypical member)은 원형과 의미속성을 덜 공유할 것이다('개' 범주에서 '콜리' vs '닥스훈트'처럼). 연합관련성은 학습 과정 중에 어떤 단어 다음에 어떤 단어가 연달아 나왔는지, 즉, 공기빈도(cooccurance frequency)에 의해 결정된다. 연합관련성은 두 단어가 연달아서 얼마나 여러 번 학습되었는지에 의해서 결정된다. 물론, 이들 단어 하나하나를 단독으로 볼 때에도, 학습되는 빈도를 조정하여, 여러 단어 간의 출현한 빈도 차이를 조정할 수도 있다.

이 모델의 구조는 〈그림 5.1〉과 같다. 철자모듈의 유닛은 은닉모듈의 유닛(hidden units)과 빽빽이 촘촘하게 상호 연결되어 있는데(fully-connected), 이 과정이 철자유닛과 의미유닛을 매핑(mapping)하는 방법을 잘 학습하게끔 돕는다. 은닉유닛은 의미유닛과 빽빽이 상호 연결되어 있고 그 반대의 경우도

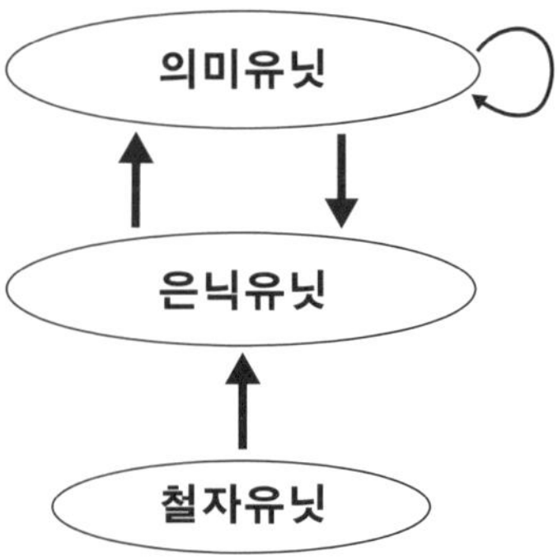

그림 5.1. 플라우트가 의미점화를 설명하기 위해 제안한 분산네트워크모델(근접성모델)의 구조. 타원은 특정한 정보 처리를 담당하는 유닛들의 집단을 표현한 것이다. 화살표는 유닛 집단들 간의 연결을 나타내며 또한 각 집단의 모든 유닛이 연결된 것을 나타내고 있다. 예를 들어 각각의 철자유닛은 모든 은닉유닛과 연결되어 있다.

마찬가지다. 또 의미유닛들은 서로서로도 완벽하게 상호 연결되어 있다. 학습 전에 이 네트워크에서 철자 표상은 의미 표상에 무선적으로 할당되어 있는데, 이렇게 하는 이유는 철자 형태가 유사하다고 해서 의미도 유사하다고 예측하지 못하게끔 하기 위함이다. 어떤 시점에서 각 유닛의 활성화는 그 유닛의 현재 활성화와 그것이 연결된 모든 다른 유닛들로부터 받고 있는 입력의 가중 평균이다.[4]

네트워크를 훈련시키는 과정은 한 단어를 네트워크에 입력함으로써 시작된다. 단어를 낱자 단위로 분리하고, 다시 낱자는 수평선, 수직선 혹은 원과 같은 시각 속성으로 쪼개서 입력한다. 단어를 이루고 있는 낱자는 이들 시각 속성을 가지고 있으면 1로 표시되고, 그 속성이 없으면 -1로 표시된다. 이런 식으로 단어를 낱자로 그리고 낱자를 다시 특정 시각 속성이 있는지 없는지로 표시하면, 단어에 특정 시각 속성이 있는 경우 1로, 그리고 없는 경우 -1로 표시된 매트릭스로 나타낼 수 있다. 네트워크는 이런 1과 -1로 구성된 매트릭스를 입력받게 된다. 매번 입력을 받을 때마다, 이상적인 유닛의 활성화 값과 현재의 활성화 값을 비교하여, 그 차이가 적어지도록 유닛들 간의 연결 가중치를 조절한다. 즉, 입력된 철자유닛으로 인해 발생된 의미유닛의 활성화 값과 이상적인 의미유닛의 활성화 값의 차이가 적어지도록 매번 학습할 때마다 각 유닛을 연결하고 있는 연결 가중치를 조정한다. 그리고 이런 조정 작업을 계속하여, 네트워크가 더 이상 변화가 일어나지 않는 안정화에 도달할 때까지 이런 연결 가중치 조정, 즉 훈련을 지속한다.

한 단어에 대한 네트워크의 가중치 수정이 끝나고, 훈련할 다음 단어를 선택하는 방법은 무선적일 수도 있고, 단어빈도나 연합적 관련성 등과 같은 변수에 의해 결정될 수도 있다. 예를 들어, 플라우트(Plaut, 1995)가 제안한 방법처럼, 훈련 전에, 각 단어를 의미적으로 연관되지 않은 연합단어 하나와 함께 할당하는 방법도 있다. 이때 연합의 방향은 일방향적(unidirectional)이어서 어떤 두 단어도 서로의 연합단어가 아니었다. 훈련에서, 다음 단어의 20%가 방금 훈련된 단어의 연합단어였다. 나머지 시행에서는 각 단어의 빈도에 기반해 학습단어를 선정했는데, 이때 고빈도단어가 저빈도단어보다 2배 이상 높은 확률로 선택되었다. 플라우트와 부스(Plaut & Booth, 2000)는 의미적으로 연관된 단어쌍이 연합적으로도 연관되게끔 하여 훈련을 시행하였다. 훈련의 다음 단어가 방금 훈련된 단어와 같은 범주에 속할 확률이 그렇지 않을 확률보다 2배가 높도록 설정하였다. 또한, 다음 훈련 단어로 고빈도단어가 저빈도단어보다 2배 높은 확률로 선택되었다. 단어가 서로 연달아 나오는 과정을 어떤 빈도로 반복하여 네트워크를 훈련시키면, 연속되는 두 단어의 의미속성 중첩과는 무관하게, 네트워크는 첫 단어의 의미에서 두 번째 단어의 의미로 전환하는 효율성을 조절할 수 있다. 이처럼 플라우트(Plaut, 1995)는 두 단어의 순수 의미관련성은 의미속성의 중첩 정도로 정의하고, 연합관련성은 두 단어가 연달아서 나타나는 공기 확률로 연합관련성을 정의하였다.

훈련된 네트워크의 타당성을 검증하기 위해, 여러 점화자극-목표자극 쌍을 입력으로 제시해 보고 그 결과값을 살핀다. 점화자극의 철자 표상은 철자유닛에 대한 입력으로 사용되며, 활성화수준이 자극제시시차(stimulus onset asynchrony, SOA)에 대응하여 일정한 기간 동안 갱신된다. 그 다음엔 목표단어의 철자 표상이 점화자극의 철자 표상을 대체하고, 의미유닛의 활성화 정도가 최소로 변화해서 안정화될 때까지 활성화수준이 갱신된다. 이 안정화 시점에서 네트워크가 반응하였다고 간주할 수 있고, 목표단어가 제시된 이후로부터 안정화 시점까지 경과한 시간을 반응 시간이라고 해석하면 된다.

어휘판단(lexical decision)은 의미패턴의 친숙성(familiarity)에 기초해 이뤄질 수도 있는데, 이러한 친숙성 정도를 의미스트레스(semantic stress)라고 한다(Plaut, 1997). 의미스트레스는 의미활성화를 이진판단(binary decision)으로 내리는데 사용되는 측정치이다. 의미스트레스의 크기가 어느 이상이면 단어이고 그 미만이면 비단어라고 판단하는 것처럼 이진판단을 한다. 개별 유닛에 대한 의미스트레스는 의미활성화가 0.5일 때 0이고, 의미활성화가 0이나 1에 근접할수록 1에 가까워진다. 단어에 대응하여 네트워크가 산출하는 의미스트레스는 평균적으로 1.0에 가깝게 된다. 반면 비단어는 친숙하지 않은 것이기 때문에 단어처럼 강력하게 의미유닛을 추동하지 않는다. 그 결과로 비단어에 대한 평균적인 의미스트레스는 단어에 대한 의미스트레스보다 낮게 된다. 단어와 비단어를 나눌 의미스트레스의 기준치를 잘 설정하기만 한다면, 단어와 비단어를 구분할 수 있을 것이다. 기준치 이하의 의미스트레스를 산출하는 단어와 기준치 이상의 의미스트레스를 산출하는 비단어가 있다면, 이는 네트워크의 분류 오류, 즉 오류율(error rate)이라고 간주할 수 있을 것이다. 안정화 시점까지 경과한 시간은 반응 시간으로, 그리고 네트워크의 분류 오류는 오류율로 계산하면, 어떤 변수의 효과를 행동 반응 시간 측정치로 분석하는 것처럼 네트워크에서도 유사한 분석을 진행할 수 있다. 따라서 이 모델은 반응 시간과 오류율 모두를 예측할 수 있는 장점을 가지고 있다.

개별 경험에서 일반적인 지식을 습득하는 과정(McClelland & Rumelhart, 1985), 단어명명과 어휘판단(Kawamoto, Farrar, & Kello, 1994; Seidenberg & McClelland, 1989), 읽기 기능에서의 손상과 뇌 손상 이후의 의미 사용(Farah & McClelland, 1991; Hinton & Shallice, 1991; Plaut, McClelland, Seidenberg, & Patterson, 1996) 그리고 의미점화 등 전통적으로 의미기억(semantic memory)에 표상되어 있다고 여겨지는 정보를 사용하는 수많은 인간 행동에 대해 그간 여러 분산네트워크모델이 적용되어 왔다. 이런 모델들에 대해 비판적 시각도 존재하지만(Besner, Twilley, McCann, & Seergobin, 1990; Fodor & Pylyshyn, 1988), 기억과 단어재인을 연구하는 과학 분야에서 분산네트워크모델의 영향력은 지금까지도 그래 왔고 앞으로도 계속 어마어마할 것이라고 판단된다.

6 다단계활성화모델

다단계활성화모델(multistage activation model)의 종류는 모턴(Morton, 1969)이 최초로 제안한 단어재인에서의 로고겐 모델(Logogen model)에서부터 메클랠랜드와 루멜하트(McClelland & Rumelhart, 1981; Rumelhart & McClelland, 1982)가 제시한 철자재인의 상호활성화모델(interactive activation model, IA)에 이르기까지 폭 넓게 펼쳐져 있다. 다단계활성화모델은 종류마다 차이점도 있지만, 다음과 같은 3가지 공통점을 지니고 있다. 1) 어휘-의미 표상에는 시각 속성, 철자, 단어, 의미 표상 등의 여러 단계가 존재한다. 2) 연속된 단계들 사이에 피드백(feedback)과 피드포워드(feedforward) 연결이 존재한다. 3) 각 단계의 정보 표상은 그 단계의 정보 처리와 상호 연동되어 관련되어 있다. 다단계활성화모델의 이런 특징들은 15장과 17장 등에서 설명하고 있는 매우 복잡한 의미점화관련 연구 결과들을 설명하는 데 필요하다.

■ 로고겐 기반모델

존 모턴(John Morton, 1969)의 단어재인모델에 따르면, 단어는 로고겐(Logogen)이라고 불리는 속성카운터(feature counter)로 표상되어 있다. 어떤 단어의 지각은 지각 속성 정보를 그 단어의 로고겐에 누적시킨다. 지각한 단어와 유사한 지각 속성을 지닌 단어들의 로고겐에도 마찬가지로 동일한 지각 속성 정보들이 누적된다. 단어재인은 단어마다의 로고겐에 누적된 정보의 양이 재인 역치를 넘을 때, 해당되는 단어로 재인된다. 지금 지각하고 있는 단어의 로고겐은 유사한 지각 속성을 공유하고 있는 단어들의 로고젠보다 더 많은 지각 속성 정보를 누적한다. 로고젠에 더 많이 누적된 정보는 그 단어의 재인 역치를 넘어서게 되고 그래서 해당되는 단어가 재인되게 된다. 마이어와 슈바네펠트(Meyer & Schvaneveldt, 1976)에 따르면, 로고젠 모델에서의 의미점화는 한 단어가 다른 단어로 의미를 전달(feed)하기 때문에 발생한다고 설명한다. 이때 의미맥락효과(semantic context effect)는 점화단어와 같은 맥락과 의미적 속성을 공유하는 다른 단어들의 로고젠들의 휴지 수준(resting level) 이상으로 그 로고젠들을 활성화시키는 것을 말한다. 따라서 의미적으로 연관이 있는 점화단어 제시의 맥락에서는, 의미적으로 관련이 없는 점화단어 제시 맥락에서보다 더 많은 의미속성을 목표단어의 로고젠으로 전달한다. 이 같은 의미속성 전달은 목표단어 로고젠의 속성카운터를 높여서 목표단어의 재인에 필요한 역치를 쉽게 넘어서게 하고 단어재인을 촉진시킨다.

베스너와 스미스의 연구(Besner & Smith, 1992)와 와일딩(Wilding, 1986)의 연구에 의해 초기에 제안된 로고젠 모델에는 많은 한계가 있다는 것이 밝혀졌다. 예를 들어, 이 모델은 의미맥락(semantic context)과 단어빈도(word frequency) 그리고 자극품질(stimulus quality)의 합산된 효과를 설명하지 못한다. 의미맥락과 단어빈도가 로고젠의 역치나 휴지 수준에 영향을 미친다면, 이 변수들은 자극품질과 상호작용하거나 가산효과(additive effect)*를 보여야 하기 때문이다(예: Besner & Smith, 1992). 하지만 의미맥락은 자극품질과는 상호작용하지만, 단어빈도와 자극품질은 가산효과를 보인다. 즉, 의미맥락의 변화에 따라 자극품질의 효과도 변화하지만(상호작용효과), 단어빈도의 변화에 따라서는 자극품질의 효과가 변하지 않고 일정한 수준을 그대로 유지한다(가산효과). 이와 관련된 자세한 논의는 17장을 참고하면 좋겠다.

이와 관련된 현상을 설명하기 위해 베스너와 그의 동료들은 수정된 로

* (옮긴이) 상호작용은 동일한 단계(stage) 내 처리를 의미하고 가산효과(additive effect)는 상이한 단계에서의 처리를 의미함.

고겐 모델을 제안했다(예: Besner & Smith, 1992; Borowsky & Besner, 1993; Stolz & Neely, 1995). 이 모델은 철자 입력 어휘집(orthographic input lexicon), 의미시스템(semantic system), 음운출력시스템(phonological output system), 철자-소리 대응 규칙(spelling-sound correspondence rule)과 같은 하위 시스템을 포함하며, 이 중 철자 입력 어휘집과 의미시스템이 주된 요소이다(〈그림 6.1〉 참고). 시각적으로 제시된 단어의 재인은 철자 입력 어휘집 내에서 단어의 표상이 활성화되는 것으로 시작된다. 표상의 활성화는 경로 A를 통해 의미시스템으로 피드포워드(feedforward)된다. 단어의 의미 표상 활성화는 관련 개념들의 표상을 활성화시키며, 이러한 활성화는 경로 B를 통해 철자 입력 어휘집으로 피드백(feedback)된다. 의미점화는 두 단계(의미시스템, 철자 입력 어휘집) 모두에서 일어난다. 점화단어 제시는 철자 입력 어휘집과 의미시스템 내 표상을 활성화한다. 이러한 활성화는 의미시스템에서 연관된 개념들로 확산(feedforward)되며, 이러한 활성화는 다시 철자 입력 어휘집으로 전달된다(feedback). 목표단어(target)가 제시되는 상황에서는 목표단어의 표상이 철자 입력 어휘집과 의미시스템에서 부분적으로 활성화되어 있기 때문에 보다 효율적으로 처리된다(예: 철자의 일부만을 보고 전체 단어를 보다 빠르게 인식하는 것).

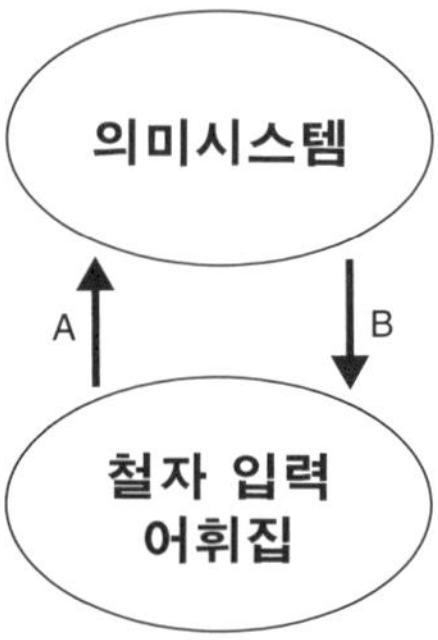

그림 6.1. 베스너와 스미스의 모델(1992)의 단어재인모델의 단순화된 버전. 경로 A는 철자 입력 어휘집의 활성화를 의미시스템으로 전달하고, 경로 B는 의미시스템의 활성화를 철자 입력 어휘집으로 전달함.

이 모델의 설명에 대한 나의 해석은 다음과 같다(특히, Borowsky & Besner, 1993). 각 단계에서의 활성화는 로고겐처럼 작동하기 때문에, 역치에 도달할 때까지 정보가 누적되며, 이 시점에서 활성화는 다음 단계로 전달된다. 이 모델에서의 의미점화 설명은 점화단어로 인한 의미 수준에서의 부분적 활성화는 의미적으로 관련된 철자 어휘집의 목표단어를 일부 활성화시키고, 이 활성화 때문에 목표단어의 재인이 쉬워진다는 것이다. 따라서 이 모델은 의미점화의 분리된 과정과 연속된 과정의 특성을 모두 설명하는 것으로 보인다.

■ 상호활성화모델

상호활성화모델(interactive-activation, IA)은 글자지각(letter perception)에서 맥락의 효과를, 즉, 단어 속에 포함된 글자를 더 정확하게 지각하는 단어우월성효과(word superiority effect)를 설명하기 위해 매클랠랜드와 루멜하트에 의해 제시되었다(McClelland & Rumelhart, 1981; Rumelhart & McClelland, 1982). 최근 파생된 IA 모델과 유사한 것은 이중경로모델(dual route cascaded model)과 다중판독모델(multiple read-out model) 등이다. IA 모델은 의미점화를 설명하기 위해 제시된 모델은 아니기 때문에, 구조상 의미점화효과를 설명하기에는 한계가 있다. 왜냐하면 이 모델은 시스템 내의 같은 단계에서는 억제적 연결(inhibitory connection)만 존재한다고 가정하기 때문이다. 만약 의미시스템 내의 모든 노드(node)들이 억제적으로 연결되어 있다면, 의미적으로 연관된 단어로 인해 발생하는 촉진(facilitation)효과를 설명할 수 없게 된다.

스톨츠와 베스너는 IA 모델의 일반화를 통해 의미점화효과를 설명한 바 있다(Stolz & Besner, 1996; Stolz & Besner, 1998). 그들의 논의는 낱자 수준(letter level), 어휘 수준(lexical level) 그리고 의미 수준(semantic level)에 한정되었지만, 글자, 어휘, 의미 수준에서의 표상과 처리를 구분하여 의미점화에 대한 설명을 시도하였다(〈그림 6.2〉 참고).

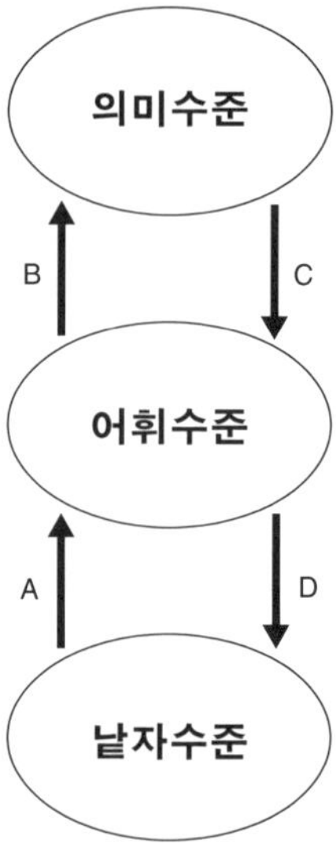

그림 6.2. 의미점화모델인 상호활성화모델에서 표상 수준과 처리 경로에 대한 시스템 그림. 경로 A와 B는 낮은 수준에서 높은 수준으로 활성화를 전달함. 경로 C와 D는 높은 수준에서 낮은 수준으로 활성화를 전달함. 스톨츠와 베스너에서 인용됨(Stolz and Besner, 1996).

동일한 단계 내 표상들 간의 연결은 억제적(inhibitory)이지만, 상이한 단계 간 표상들의 연결은 흥분성(excitatory)이다(예: McClelland, 1987). 단어가 시각적으로 제시되면, 낱자의 표상은 낱자 단계에서 활성화되고, 그 활성화는 경로 A를 통해 어휘 수준으로 피드포워드(feedforward)되어 경로 B를 통해 의미 수준에 도달하게 된다. 같은 수준 내의 억제적 연결을 통해 가장 적합한 낱자, 단어, 의미 표상이 약한 후보들을 억제하는 경쟁이 생기게 된다("부자는 더 부유해지고, 가난한 사람은 더 가난해진다"). 동시에 활성화는 높은 단계에서 낮은 단계로 피드백(feedback)되어(경로 C, D) 특정 단어 및 해당 단어 내의 낱자 활성화에 대한 하향식(top-down) 설명 또한 제공한다.

스톨츠와 베스너는 두 가지 가정을 통해 의미점화효과를 설명한다. 첫 번째 가정은 어휘 수준 표상과 이에 대응하는 의미 수준 표상에서의 피드포워드 활성화(경로 B)는 의미적으로 연관성이 있는 표상으로 전달된다는 것이다. 예를 들어, 어휘 수준 내에서 '간호사'라는 단어의 활성화는 의미 수준에서 '간호사' 표상으로 우선적으로 전달되지만, 활성화 중 일부는 '의사'와 같이 의미적으로 연관이 있는 단어로 확산된다. 두 번째 중요한 가정은 수준 내에서의 경쟁이 약한 후보의 활성화를 완전히 제거한다는 의미는 아니라는 것이다. 네트워크는 적합한 표상으로 수렴하지만, 이와 동시에 보다 덜 적합한 표상은 부분적으로 활성화되어야 한다. 위 두 가지 전제 모두 IA 모델에서 의미점화를 설명하는 데 필요하다.

의미점화는 다음과 같이 설명된다(그림 6.3 참고). '간호사(nurse)'라는 점화단어의 제시는 낱자 수준에서 낱자 표상을 활성화시키고, 이 활성화는 경

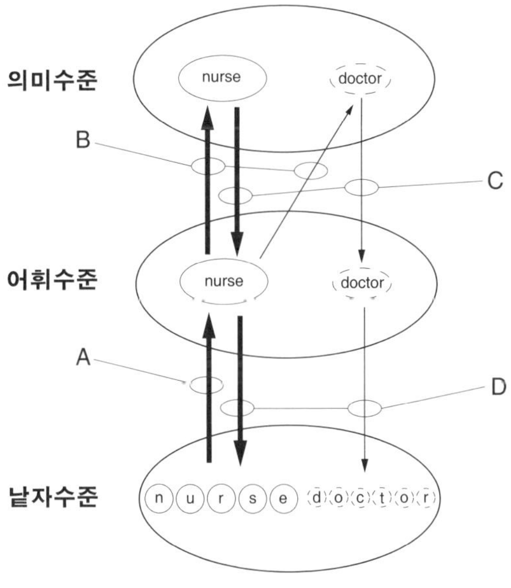

그림 6.3. 의미점화의 상호활성화모델. 'nurse'라는 단어의 제시는 낱자 수준에서 낱자 표상을 활성화시킴. 활성화는 어휘 수준으로 전달되고(경로A) 이는 다시 의미 수준으로 피드포워드됨(경로 B). 어휘 수준에서 'nurse'의 활성화 중 일부는 의미적 수준(경로 B)에서 의미적으로 연관된 단어('doctor')의 표상으로 전달됨. 활성화는 의미 수준에서 어휘 수준으로 전달되고(경로 C) 어휘 수준에서 낱자 수준으로 피드백됨(경로 D). 상향식 처리와 동일한 수준 내 경쟁은 'nurse'에 대한 표상이 모든 수준에서 가장 활성화되도록 하지만, 다른 표상들은 부분적으로 활성화되게 함. 만약 'nurse'라는 단어가 제시된 직후, 'doctor'라는 단어가 제시되면 'doctor'는 낱자, 어휘, 의미적 표상이 부분적으로 활성화되어 있기 때문에 보다 효율적으로 처리할 수 있게 됨.

로 A를 통해 어휘 단계로 전달(feedforward)된다. 이후 활성화는 계속해서 경로 B를 통해, 의미 수준으로 나아가 '간호사'의 의미 표상을 활성화하고, '의사(doctor)'와 같이 관련된 단어들은 '간호사' 수준은 아니지만 다른 곳에 영향을 줄 수 있는 정도 크기로 단어 표상을 활성화시킨다. 이와 동시에 활성화는 하향 전달(feedback)되는데, 경로 C를 통해 의미 단계에서 어휘 단계로 전달되고, 경로 D를 통해 낱자 단계로 전달된다. 특히, 어휘 수준 표상에서 '의사'는 경로 C를 통해 의미 표상의 부분적인 활성화를 전달받고, 낱자 수준에서의 '의사'는 경로 D를 통해 어휘 수준의 부분적인 활성화를 전달받게 된다. 특히, '의사'는 의미 표상 단계에서 C경로를 통해 어휘 단계 표상으로, 어휘 단계 표상은 D경로를 통해 철자 단계 표상으로 활성화된다. 상향 처리와 단계 내 경쟁으로 인해, '간호사'에 대응하는 표상들이 모든 수준에서 가장 크게 활성화되지만, 다른 표상들도 부분적으로 활성화된다. '간호사'라는 단어 뒤에 '의사'라는 단어가 제시되면, '의사'라는 단어의 낱자, 단어, 의미 표상이 부분적으로 활성화되어 있기 때문에 보다 효율적으로 처리된다. 따라서 의미점화는 세 수준(낱자, 어휘, 의미) 모두에서 발생한다.[5]

IA 모델의 예시화(instantiation)의 중요한 속성은 의미점화가 점화자극의 어휘 표상과 목표자극의 의미 표상 간의 연결에 의존한다는 것이다. 나는 이러한 가정에 직접적으로 영향을 미치는 실험 결과에 대해서 알지 못하지만, 두 사진 간의 의미점화 그리고 사진-단어 간의 의미점화(예: Carr, McCauley, Sperber, & Parmelee, 1982; Kroll & Potter, 1984)는 어휘적으로 매개되거나 혹은 어휘와 그림의 병렬적인 시스템을 통해 처리되는 것처럼 보인다(예: Smith, Meiran, & Besner, 2000).

다단계활성화모델(multistage activation models)의 장점은 여러 단계와 정보 전달 경로들을 명시적으로 제시한다는 것이다. 다음 장에서도 알 수 있겠지만, 이 두 가지 속성은 의미점화 실험 결과의 복잡한 양상을 설명하는 데 중요한 역할을 한다.

7 그 외 모델

이전 5개 장에서 5개의 모델을 다룬 이유는 해당 모델의 저자들이 의미점화 현상을 설명하는 데 특히 관심이 있었고, 또 해당 모델이 영향력이 있거나 그렇다고 여겨졌기 때문이다. 그러나 이 모델들은 모든 의미점화를 다루지는 않았다. 이번 장에서 나는 지난 40년간 제기되었던 의미점화를 다룬 모델들에 대해 간단히 짚어 보고자 한다.

■ 포스터의 모델

포스터(Forster, 1976, 1979)는 단어재인을 포함한 언어처리를 설명하는 다수의 중요한 모델을 개발했다. 포스터 모델은 의미점화의 기본적인 현상을 설명할 수 있었으나, 모델의 주된 목적은 언어처리의 인지적 구조를 설명하는 것이다. 포스터의 의미점화모델(예: Forster, 1979)은 의미점화효과가 아닌 다양한 종류의 형태점화(form priming)(예: 형태소점화[morphological priming])를 설명하기 위해 제안되었다.

■ 노리스의 맥락-확인모델

노리스(Norris, 1986; 1995)의 맥락-확인모델(context-checking model)은 베커의 검증모델(Becker's verification model)과 로고겐 모델(Logogen model)의 특징을 지니고 있다(Norris, 1986; Norris, 1995). 단어의 지각적 분석을 통해 어휘 항목

의 후보군(candidate set of lexical entries)을 형성한다. 이 후보군이 "감당할 수 있는 크기(manageable size)"일 경우, 맥락-확인 과정이 시작된다. 이 과정은 지각적 분석과 병렬적으로 작동되고, 의식적인 재인이 일어나기 이전에 발생한다. 맥락-확인 과정은 맥락에 기반하여, 후보군의 타당성을 평가한다. 재인기준은 후보가 맥락에 적합할 때 낮아지며, 반대로 맥락에 적합하지 않을 때는 높아진다. 단어의 의식적 재인은 지각적 증거와 단어빈도에 대한 정보의 조합이 재인기준(recognition criteria)을 넘길 때 일어난다. 다른 조건이 모두 동일할 때, 고빈도단어는 저빈도단어에 비해 빠르게 재인기준을 초과하게 된다.[6] 이에 맥락-확인은 의식적인 재인 이전에만 발생한다. 의식적 재인을 지연시키는 요소들(예: 문맥, 문법적 요소, 점화자극 등)은 맥락-확인이 수행(performance)에 영향을 줄 기회를 증가시킨다. 이 모델에서 정보는 상향식(bottom-up)으로만 전달되기 때문에, 어떠한 단계도 보다 높은 단계로부터 하향식으로 정보를 입력(input)받지 않는다. 하지만 상향식으로 진행되는 모든 과정은 동시에 병렬적으로 일어난다. 예를 들어, 맥락-확인이 일어나는 동시에 지각 분석 또한 지속된다.

1991년 닐리(Neely, 1991)의 연구에서는 맥락-확인모델의 강약점을 철저하게 분석하였다. 맥락-확인모델의 주요한 한계는, 의미점화가 짧은 자극제시시차(stimulus onset asynchrony, SOA)에서 촉진효과만을 보이고, 억제효과는 보이지 않는 이유에 대해서는 설명하지 못한다는 점이다. 실제로, 노리스(Norris)는 이 모델의 주요 강점이 자극제시시차(SOA)가 200ms일 때, 촉진효과 없이 억제효과만을 보인 안토스(Antos, 1979)*의 실험 결과를 설명할 수 있다는 데에 있다고 주장한다. 그러나 9장에서 다룬 것처럼, 안토스의 결과(Antos, 1979)는 의미점화보다는 의사 결정 과정과 연관되어 있다. 맥락-확인모델의 또 다른 문제는 이 모델이 단어빈도와 자극품질(stimulus quality)변인

* (옮긴이) 안토스(Antos, 1979)의 실험에서 억제(inhibition)효과는 자극제시시차(stimulus onset asynchrony, SOA)가 짧을 때 나타나고 촉진(facilitation)효과는 자극제시시차 간격이 길 때 나타남.

간의 상호작용효과(interaction effect)를 예언한다는 점이다. 맥락-확인모델에서는, 단어의 지각적 분석을 통해 어휘 항목의 후보군을 형성한다고 가정하는데, 단어빈도와 자극품질의 변화가 이 어휘 항목의 후보군을 형성하는 데 모두 영향을 준다고 가정한다. 그래서 단어빈도와 자극품질의 변화는 어휘 항목의 후보군을 형성하는 과정에 상호영향을 주어야 한다. 그러나, 이러한 단어빈도와 자극품질변인 간의 상호작용효과는 일반적인 단어재인 연구에서 관찰되지 않는다(17장 참고).

■ 닐리와 키프의 혼합모델

닐리와 키프(Neely & Keefe, 1989)는 활성화확산(spreading activation), 기대(expectancy), 의미매칭(semantic matching)과 같은 3개의 독립적 처리 과정을 포함하는 혼합된 의미점화모델을 제시했다. 활성화확산(spreading activation) 과정은 콜린스와 로프터스의 모델과 비슷하다(Collins & Loftus, 1975).

닐리와 키프는 포즈너와 스나이더(Posner & Snyder, 1975a)의 점화에 대한 입장에 동의하여, 그들은, 활성화확산이 빠르고 무의식적으로 일어나기 때문에, 전략적으로 의식적으로 통제할 수 없다고 주장한다. 또한 이런 상황에서는 의미적으로 연관된 항목 처리에서의 촉진효과는 발생하지만, 연관되지 않은 항목에서의 억제효과는 일어나지 않는다고 주장하였다. 반면에 기대는 전략적이다. 예를 들어, 의미적 관련성이 있는 점화자극-목표자극 쌍이 함께 자주 제시되면, 피험자는 이와 같은 관련된 점화자극-목표자극 쌍이 이후에도 나타날 것이라고 기대(expectancy)하게 되고, 이러한 기대는 자극 쌍에 대한 의미점화효과를 강화시킨다. 피험자들은 점화자극(예: '개')을 사용하여, 목표자극(예: '고양이', '강아지', '동물')의 후보를 생성한다. 닐리와 키프는 이러한 기대 과정(expectancy process)은 비교적 느리며, 의식적으로 조절되고, 예측할 수 있는 항목은 촉진효과가 나타나지만, 예측할 수 없는 항목에서는 억제효과가 나타난다고 제안한다. 마지막으로, 의미매칭(semantic matching)은 어휘판단과제에서 나타난다(단어명명과제에서는 나타나지 않음). 어휘접속(lexical access)이 일어난 이후, 피험자는 목표자극과 점화자극 간의 의미적 관련성을 확인한다. 점화자극과 목표자극 간에 의미적 관련성이 있다면, 목표자극에 대해서 "단어"라고 판단하는 편향이 나타나고, 관련성이 없다면 "비단어"라고 판단하는 편향이 나타난다(기대와 의미매칭에 대해서는 9장에서 더 자세히 다룬다).

당연히, 닐리와 키프(Neely & Keefe, 1989)의 모델은 단일 모델이 제공할 수 있는 것보다 다양한 실험 결과에 대한 설명을 제공할 수 있다(Neely, 1991 참고). 이 모델의 중요한 기여는 자동적 처리와 전략적/주의 기반 과정을 나누어 설명할 수 있다는 것이다. 이 관점을 통해 보면, 이전 장에서 언급한 다양한 모델들이 기대와 의미매칭(semantic matching)의 결합일 수도 있다.**

■ 출처 불명확 근원 기반 최적 반응 모델

출처 불명확 근원 기반 최적 반응(responding optimally with unknown sources of evidence, 이하 ROUSE) 모델은 후버, 시프린, 라일, 루이스(Huber, Shiffrin, Lyle & Ruys, 2001)에 의해 제시된 모델로 수 초간 지속되는 어휘점화효과(lexical priming effects, 예로 반복점화[repetition priming], 의미점화)를 설명하기 위해 제안되었다. 이 모델은 점화된 지각파악과제(primed perceptual identification task)에서 발생하는 촉진적, 억제적 점화효과를 설명하기 위해 제안되었다.

후버와 그의 동료들(예: Huber, Shiffrin, Lyle, & Ruys, 2001; Huber, Shiffrin, Lyle, & Quach, 2002; Huber, Shiffrin, Quach, & Lyle, 2002)은 다음과 같은 점화과제를 사용하여 흥미로운 결과를 얻었다. 이들이 사용한 과제에서, 피험자들은 단

** (옮긴이) 이전의 모델들이 설명한 의미점화는 점화 자체(자동적인 과정)와 의미매칭 과정(의식적 과정)의 합이라고 볼 수 있다.

어 2개를 포함하고 있는 점화 화면(예: '손님[guest]'과 '그늘[shade]')을 보고, 짧게 제시되는 목표단어(예: '그늘')를 보고, 역행차폐(backward masking:예: ####)를 보고, 그리고 마지막으로 목표단어와 대안(foil) 단어(예: '손님'과 '그늘')가 있는 화면을 순서대로 보았다. 이 과제에서 피험자는 마지막 화면에서 제시된 두 단어 중에서 이전 화면에서 짧게 제시되었던 목표단어와 일치하는 단어를 선택해야 한다. 두 선택지 모두 점화될 수도 있고, 둘 중 하나 혹은 두 개 모두 점화되지 않을 수도 있다. 이러한 과제는 "수동적" 점화과제(passive priming task)에 해당한다. "능동적" 점화과제(active priming task)에서는 점화 화면이 두 번 나타나며, 그중 첫 번째 제시에서 피험자들은 단어에 대한 판단을 내려야 한다(예: 단어들은 유생성[animacy]에서 일치합니까?). 이 연구과제에서 두 가지 발견이 중요했다. 첫째, 수동적 과제에서는 점화자극과 목표자극이 반복된 단어를 선택하는 경향이 있었지만, 능동적 과제에서는 반복된 단어를 선택하지 않는 경향이 있었다. 둘째, 두 선택지 모두에 점화가 적용된 경우, 점화가 전혀 적용되지 않은 상태에 비해, 수행 저하가 나타났다. 그리고, 이러한 수행 저하는 수동적 및 능동적 점화조건 모두에서 발생했다.

이러한 결과의 양상은 점화가 목표자극의 여러 종류의 정보 처리 중에 지각 처리 과정의 강화로 인해 결정되는 것이 아님을 시사한다. 오히려 점화 효과는 의사 결정 편향과 같은 비지각적 "선호(preference)"에 의해 결정되는 것으로 보인다. 이러한 선호는 암묵적이고 자동적일 수 있다. 그리고 이 같은 예언은 실험 결과로도 확인되었다. 모델의 예언처럼, 능동적 점화과제에서 목표단어의 제시 시간을 줄이면, 점화단어와 의미적으로 관련된 단어에 대한 비선호도가 반대로 전환되어, 점화단어와 관련된 단어에 대한 선호도가 선호로 바뀐다는 것이다(Huber, Shiffrin, Lyle, & Quach, 2002). 이러한 패턴이 의식적인 전략에 의해 생성될 수 있다고는 상상되지 않는다.

후버와 그의 동료들(Huber, Shiffrin, Lyle, & Ruys, 2001 2001)은 점화에서 선호효과(preference effect)를 설명하기 위해 ROUSE 모델을 개발했다. 단어는

속성들의 벡터로 표현된다. 점화단어의 제시는 점화단어의 속성들을 활성화한다. 이러한 속성들 중 일부는 목표자극이 제시될 때까지, 심지어 그 이후에도 활성화된 상태로 남는다. 선택지가 나타날 때까지 점화단어의 속성들, 목표단어의 속성들, 그리고 노이즈(예: 패턴 마스크에 의해 생성된)가 모두 활성화된다. 활성화된 속성들이 무엇인지는 알고 있지만, 속성들의 활성화가 점화단어의 것인지 아니면 목표단어의 것인지 또 아니면 둘 다의 것인지 등의 원천에 대해서는 잘 모른다. 즉, 활성화된 속성이 어디에서 출원한 것인지를 잘 모르는 원천혼동(activation source confusion)이 나타난다. 목표단어로 제시되었던 것인지를 판단하는 과정에서 점화단어와 의미적으로 관련되어 의미속성을 공유하는 단어를 선호하는 경향이 있다. 이 같은 점화단어와 관련된 단어에 대한 선호는 활성화의 원천을 구별하지 못하는 데에서 비롯된다고 위의 모델은 설명한다. 이 같은 점화단어와 관련된 단어에 대한 선호는, 원천혼동을 교정하기 위해, 활성화된 속성의 출처가 점화단어일 수도 있다는 증거를 무시하려는 시도 때문이라는 것이다. 따라서 과제의 마지막에 어떤 단어가 목표단어로 제시되었는지를 판단하는 과정에서, 선택지 단어의 활성화된 의미속성 중에 점화단어와 관련이 있는 것은 점화단어에서 출원한 것이 아니라고 무시되기 때문에 목표단어의 속성 혹은 선택지 단어에만 있는 것이라고 생각하게 된다. 점화단어의 점화효과가 과소평가되는 경우, 예를 들어 참가자들이 그것에 충분히 주의를 기울이지 않는 경우(예: 수동적 점화조건), 이런 경우에 원천혼동은 증가하기 때문에 오히려 거꾸로 점화 관련 단어가 선호되는 경향이 있다는 설명이다. 그러나 점화단어를 깊게 처리하고, 그 활성화된 속성의 원천을 매우 잘 인식하는 경우(예: 능동적 점화조건)에서는, 점화의 효과가 나타나고 과대평가되어 점화 관련 단어를 선택하지 않는다는 것이다. 이런 방식으로, 모델은 수동적 및 능동적 점화조건에서의 선호역전(preference reversal)을 설명한다. 점화 활성화의 변동성은 양쪽 점화조건에서의 수행 저하를 야기한다. 양쪽 점화조건에서의 목표단어와 대안(foil) 단어 선택지는 평균적으로 같은 수의 점화 활성화 속성을 포함하지만, 시행마다 변동성이 있어 때로는 목표단어가, 때로는 대안 단어가 더 많은 점화 활성화 속성을 포함한다. 이러한 변동성은 의사결정 과정에 노이즈를 추가하여 점화가 없는 조건에 비해 성능을 감소시킨다.

ROUSE는 점화에서 선호효과의 역할에 대해 설명하고자 고안된 모델로 점화가 발생하는 다른 원인을 설명하는 메커니즘은 제공하지 않는다. 특히, 이 모델은 두 점화조건(both-primed condition)이 모두 비점화조건(neither-primed condition)과 비교하여 촉진적 효과를 보이는 현상을 설명하지 못한다. 두 점화조건에 대한 예시는 다음과 같다: 점화자극 = 미소(smile), 목표자극 = 행복(happy), 선택지 = 행복(happy) 찡그림(frown). 이 경우에 두 선택지가 점화와 의미적으로 관련이 있기 때문에 발생된 촉진적 점화효과를 의사결정의 편향만으로는 설명할 수 없다. 두 점화조건의 이득은 후버 외(Huber et al., 2001, 실험 4)를 통해 관찰되었다. 로즈, 파킨, 트레미완(1993)과 마송과 보로스키(1998)은 비슷한 결과를 발견하였다(Rhodes, Parkin & Tremewan, 1993; Masson & Borowsky, 1998).

후버와 오라일리(Huber & O'Reilly, 2003)는 모두 점화조건의 이득을 예측하는 ROUSE 모델의 신경망 버전인 "nROUSE"를 제안했다. 이 모델은 일차 정보 처리로 시각적 속성을 처리하고, 중간 수준으로는 철자적 속성을, 가장 늦게는 어휘-의미 속성 처리를 포함하는 지각적 위계로 단위를 구성하여 점화효과를 예측한다. 이 모델의 구조는 IA모델과 매우 유사하다. 시각적 속성수준은 철자적 속성수준으로, 철자적 속성수준은 어휘의 의미 수준으로 촉진적(excitatory) 상향식(bottom-up) 연결로 구성되어 있다. 어휘적 의미 수준이 철자적 수준으로 이어지는 촉진적 하향식(top-down) 연결이 있긴 하지만, IA모델과는 다르게 철자적 수준에서 시각적 수준으로 정보가 피드백되지는 않는다. 이때 단계 간 연결은 촉진적이지만 단계 내 연결은 억제적이다. nROUSE와 IA 모델이 유사한 처리 구조를 가정하고 있다는 사실은 이러한 어휘 정보 처리 구조가 단어재인과 의미점화를 설명하는 데 필수적일 수 있다는 사실을 시사한다.

요약하자면, ROUSE는 비록 제한된 양식(paradigm)에만 적용되었으나 이론적으로 발전될 가능성이 있기 때문에 향후 상당한 영향을 끼칠 것으로 보인다.

Section III

연구 이슈와 발견들

8 방법론적 논의

심리학 연구 분야의 대부분이 그러하듯, 의미점화에 대한 연구도 처음에는 서로 다른 두 방향에서 연구가 진행되었다. 연구의 한쪽 방향에서는 현상 자체를 이해하는 데 초점을 맞췄고, 다른 쪽 방향에서는 현상을 어떻게 하면 제일 잘 측정할 수 있을지에 집중하였다. 이번 장에서는 후자의 방향으로 진행되었던 연구를 들여다보고, 의미점화 연구를 설계할 때, 고려되어야 하는 여러 중요한 방법론적 사항들을 검토할 것이다. 점화자극-목표자극의 SOA, 유사성 비율, 그리고 비단어 비율 등에 대한 사항을 이번 장에서 논의할 수도 있겠지만, 이러한 변인에 대한 논의는 9장 이후로 미룰 생각이다. 이유는 앞서 말한 변인들에 대한 사항이 자동점화(automatic priming)와 전략점화(strategic priming)을 이론적으로 구분하는 작업과 밀접하게 관련되어 있기 때문이다.

■ 재료의 역균형화

의미점화의 측정은 두 실험조건에서의 수행 결과를 비교함으로써 이루어진다. 일반적으로 점화자극 뒤에 나오는 의미적으로 관련되어 있는 단어(예: '사자[lion]'-'호랑이[tiger]')에 대한 수행을 의미적으로 관계가 없는 단어(예: '탁자[table]'-'사자[lion]')에 대한 수행과 비교한다. 훌륭한 실험 설계는 점화자극과 목표자극 간의 의미 관계를 제외한 다른 측면들이 최대한 차이가 없는 설계를 말한다. 의미점화 연구에서 좋은 설계란 의미 관련조건과 의미 무관련조건에서 동일한 자극(단어나 소리)을 사용해야 한다는 것을 의미한다.

원칙적으로, 각 참가자에게 관련조건과 무관련조건에서 동일한 자극을 사용하면 이 목표를 쉽게 달성할 수 있다. 하지만 자극반복과 의미관련성 변인이 예측할 수 없는 방식으로 상호작용할 수 있기 때문에, 이러한 해결책은 매력적으로 보이지 않는다. 의미관련성과 목표자극 반복을 함께 조작한 연구들에서, 이런 변인들이 서로 가산효과(additive effect)를 보인다는 결과를 보고하였지만, 이런 연구들에서도 자극을 세 번 이상 제시한 연구는 없었다. 의미기억이 아니라 일화기억에 기반해서 반복된 자극에 대한 어휘판단을 하는 경우에, 의미적 관련성과 자극반복변인 간의 상호작용이 일어날 수 있다. 만약 자극에 대한 반응이 같은 자극에 대한 이전 반응에 대한 기억에 기반해 이뤄지게 되면, 의미점화가 약하게 일어나거나 아예 발생하지 않을 수도 있다. 실험조건의 숫자가 늘어나고, 그에 따라 반복해야 하는 항목이 많아지는 것도 그다지 좋은 일은 아니다.

자극혼입(confounding)을 해결하는 표준적인 방법은 참가자 별로 실험조건들에서 자극을 역균형화(counterbalancing)하는 것이다. 관련된 점화자극과 무관련점화자극을 비교하는 가장 단순한 예를 가정해 보자. 한 참가자에게는 특정 목표자극이 관련된 점화자극조건에서 나타나고(예: 'fail'-'pass'), 다른 참가자에게는 이 특정 목표자극을 무관련점화자극조건에서 제시하는 것이다(예: 'vacation'-'pass'). 유사한 방식으로 이 두 번째 참가자에게는 두 번째 목표자극이 관련된 점화자극으로 주어지고(예: 'day'-'night'), 첫 번째 참가자에게는 관련되지 않은 점화자극으로 주어진다(예: 'sell'-'night'). 이런 방식으로 하면, 각각의 피험자는 목표자극을 한 번만 보게 되면서도, 피험자 서로 간에는 각 조건마다 모든 목표자극이 주어진 셈이 된다.

점화자극에 대해서도 똑같이 역균형화를 해야 하는데, 이는 실험조건과 점화가 뒤섞이는 일이 없도록 하기 위함이다. 이런 목적으로 관련된 점화자극-목표자극의 집합은 같은 크기의 두 하위 집단(A, B)으로 무선할당되어야 한다. 관련이 없는 점화자극-목표자극의 두 하위 집단은 관련된 쌍의 두 하위 집단 각각에 속한 점화자극과 목표자극의 쌍을 하위 집단 내에서 다시 섞어 쌍을 지음으로써 만들 수 있다(A', B'). 이 관련된 쌍과 관련 없는 쌍에서 검사에 쓸 자극 목록을 하나 만들려면, 관련된 쌍의 하위 집단과 관련되지 않은 쌍의 하위 집단을 하나씩 고르면 되는데, 이때 어떤 점화자극이나 목표자극이 반복되지 않게끔 해야 한다(A-B'). 검사에 쓸 두 번째 자극 목록은 앞선 시행과 상보적으로 자극을 골라내서 만들면 된다(B-A'). 피험자의 반에는 첫 번째 목록을 쓰면 되고, 나머지 피험자에게는 두 번째 목록의 자극을 쓰면 된다. 이런 예가 〈표 8.1〉에 나와 있다.

이러한 접근법은 여러 변수가 있는 경우에도 사용할 수 있다. 예를 들어, 한 연구자가 온전하게 나타난 단어와 지각적으로 희미하게 제시된 단어들을 탐구하고 싶어 한다고 가정해 보자. 이 디자인은 '관련 vs 무관련', '온전하게 제시하기 vs 희미하게 제시하기'라는 2개의 축을 곱한 2×2 디자인으로, 총 4개의 실험조건을 지닌다. 관련점화자극-목표자극 쌍의 모음은 무작위로 4개의 하위 집단으로 나뉘며, 각 하위 집단은 무관련점화자극-목표자극 쌍의 하위 집단을 만들기 위해 활용된다. 이후, 4개의 테스트 목록이 각 실험조건 집단에게 할당됨으로써 생성되고, 그렇게 하면 각 목표자극 아이템이 각 4개 조건 집단에서 나타난다. 하지만 목록 내에서 아이템이 반복되지는

표 8.1. 관련조건과 무관련조건에 점화자극과 목표자극이 균형 있게 배치되도록 점화자극과 목표자극을 역균형화한 예시

목표자극	리스트 1	리스트 2
1	fall-pass	vacation-pass
2	vacation-trip	fall-trip
3	sweep-broom	knight-broom
4	knight-armor	sweep-armor
5	sell-night	day-night
6	day-buy	sell-buy
7	eggs-ball	bat-ball
8	bat-bacon	eggs-bacon

않는다(〈그림 8.1〉 참고). 피험자의 1/4이 각 테스트 목록을 보게 된다. 다른 디자인들 역시 활용 가능하다(Pollatsek & Well, 1995).

일반적으로, p개의 실험조건이 있는 경우, 최소한 p개의 테스트 목록이 필요하고, 각 테스트 목록은 전체 피험자 수(N)을 p개 조건으로 나눈 수(N/p)만큼의 피험자들이 보게 된다. 만약 실험자가 n개의 관측치를 조건 단위 및 피험자 단위로 구하고 싶다면, n*p의 독특하고 의미적으로 관련된 점화자극-목표자극의 쌍이 필요하다. 이러한 실험 설계의 장점은 의미적 관련성 조작이 자극 간의 무관련한 차이와 혼입되지 않는다는 점이다. 이러한 특징은 한 연구자가 점화효과가 작을 것이라고 믿을 만한 연역적인 근거들(예: 무의식점화[subliminal priming], 14장 참고)을 지니고 있거나, 자극의 구조적 특성에 매우 민감한 것으로 알려진 의존적 측정 방법(예: ERP, 18장 참고)을 활용할 때, 특히 중요하다.

이런 높은 기준에 맞추어서 실험을 고안하는 것은 매우 피곤한 일이며, 특히 실험이 많은 수의 실험조건을 포함하고 있을 때 더욱 그렇다. 따라서, 실험조건들에서 다른 자극을 사용하는 것은 매우 솔깃한 일이다. 또한 단어빈도, 단어길이, 발화부분과 같은 변수들은 어휘판단 수행에 영향을 주는 것으로 알려져 있다. 이런 어휘판단 수행에 영향을 주는 변수들의 영향을 제거하려면, 각 실험조건에 배정되는 자극들은 이런 변수의 값에서 동일한 값

	리스트 1		리스트 2		리스트 3		리스트 4	
	I	D	I	D	I	D	I	D
관련 점화	A	B	B	D	D	C	C	A
무관련 점화	C'	D'	A'	C'	B'	A'	D'	B'

그림 8.1. 의미관련성(관련점화조건 대 무관련점화조건)과 자극의 품질(온전한 목표자극 대 훼손된 목표자극)의 2개의 요인 결합을 통해 형성된 네 가지 실험조건에 점화자극과 목표자극을 역균형화한 예시. A, B, C, D는 관련점화자극-목표자극 쌍의 동일한 크기의 부분집합. A', B', C', D'는 관련점화자극과 목표자극을 재배치함으로써 형성된 무관련점화자극-목표자극 쌍의 해당 부분집합. I = 온전한; D = 훼손된.

을 가져야 한다. 아니면 최소한 각 실험조건에 배정되는 자극들은 단어빈도와 같은 이런 변수 값 간에 유의미한 차이가 없어야 한다. 그래야 각 조건에 배정된 자극들이 동질화된 것들이라고 확신할 수 있다. 그러나 이러한 접근법의 근본적인 문제점은 실험자가 일어날 것이라고 생각한 변수들에 대해서만 자극을 동질화할 수 있고, 알려지지 않은 수많은 다른 변수들의 영향은 통제할 수 없다는 점이다. 아이템 간의 차이로 인해 발생한 효과들은 의미적 관련성의 조작으로 인해 발생한 효과들과 불가분하게 혼입된다. 또 다른 실험 설계 전략은 관련점화조건과 무관련점화조건에 대해 자극들을 무선할당하는 것이다. 이 접근법은, 각 피험자-조건 조합이 고유한 자극의 샘플들을 받는다면, 꽤 타당하다. 그렇지만, 문제점이 있다. 이 디자인의 문제점은 매우 많은 수의 자극과 피험자를 필요로 할 수도 있다는 점이다. 수많은 여러 연구에서 사용된 자극들은 귀중한 자원인데, 이는 그것들을 구성하기 어렵기 때문이기도 하고, 그 자극들은 실험조건들에 의한 여러 많은 제약들을 충족시켜서 어렵게 제작한 것이기 때문이기도 하다. 또한 이런 설계에서는 많은 피험자가 요구될 수도 있는데, 보통은 연구에 적합한 피험자를 모집하기가 매우 어렵다. 이런 방법보다 일반적으로 사용되는 방법은 모든 피험자들이 동일한 실험조건-자극의 조합에 할당되도록 하는 것이다. 이러한 접근법은 충분한 수의 자극과 피험자가 투입되는 경우에 타당하다. 몇 종류의 설계를 고려해 보아서 알 수 있듯이, 이런 여러 종류의 다른 실험 설계는 현실적인 어려움이 있다. 그래서, 보통은 역균형 설계가 의미점화와 유사한 연구에서 주로 활용되는 실험 설계이다.

물론 자극 자체가 실험 설계의 요인인 경우라면(예: 명사와 동사에서 발생하는 의미점화 실험), 자극은 그 요인에 정의된 조건에 따라 역균형화될 수 없다. 단, 이 경우에도 의미관련성(semantic relatedness)을 조절함으로써 목표자극과 점화자극의 역균형화를 맞출 수 있으며, 자극의 종류 내에서 발생하는 의미점화가 항목 간 차이와 혼입되지 않도록 예방할 수 있다. 재료의 유형이 설계의 주요 요인인 경우에는, 각 조건에서 사용되는 자극들은 기존 연구에서 밝혀져 의미점화에 영향을 미치는 것으로 알려진 변인들을 통제한 이후에 사용되어야 한다. 위에서 언급한 변인들로 연합강도(associative strength, Canas, 1990), 의미관련성(semantic relatedness; McRae & Boisvert, 1998), 의미관련의 유형(type of semantic relation; Moss, Ostrin, Tyler, & Marslen-Wilson, 1995) 그리고 단어빈도(Becker, 1979)가 이에 해당한다. 최근의 연구들은 동의어가 없는 단어보다 동의어가 있는 단어(예: milk vs jail)에 대한 단어명명 반응과 어휘판단 반응이 더 느리다는 결과를 보고하였다. 또한 기억 연구 결과에 따르면, 목표단어와 관련된 것들(associates) 사이의 연결 수 등 사전 지식(world knowledge)의 몇 가지 특징들은 항목재인(item recognition)과 단서-회상(cued-recall)등의 기억검사(memory test) 수행에 영향을 준다(Nelson, McEvoy, & Pointer, 2003; Nelson & Zhang, 2000; Nelson, Zhang, & McKinney, 2001). 이 변수들이 의미점화에 영향을 미치는지는 현재까지 연구가 없어서 알 수 없는 것이 사실이다. 그러나, 자극 유형이 주요 요인일 때, 이 변수들도 통제하는 것이 필요하다고 생각된다.

장치 고장이나 오류 등으로 데이터 누락(missing data)이 발생하기 때문에 의미점화 실험 결과의 통계적 분석은 일반적으로 각 참가자와 실험조건에 대해 계산한 평균(mean) 또는 중위값(median)과 같은 요약통계치(summary statistics)를 사용한다. 역균형화 설계에서 얻은 자료의 분석은 역균형화 목록을 집단 변수(grouping variable)로 포함해야 한다. 즉, 동일한 역균형화 목록을 보는 참가자는 혼합변량분석(mixed-model analysis)에서 같은 집단 변수로 취급된다. 나는 이 주제에 대해 깊이 알고 싶어 하는 독자들에게 폴럿섹과 웰(Pollatsek & Well, 1995), 그리고 라이메이커스(Raaijmakers, Schrijnemakers, & Gremmen, 1999)의 논문을 추천한다. 비록 위 저자들이 추천하는 분석들은, 세부적인 사항에서는 다르지만, 서로 다른 조건에서 동일한 항목에 대해 다른 참가자들이 반응하도록 함으로써 발생한 무선잡음변량(random error variance)을 격리하기 위해서 사용한 동일한 목표를 가진 것들이다.[7] 더욱이, 이후에 논의된 바와 같이, 이러한 분석은 아이템에 대해 별도의 분석을 할 필요로 하지 않는다. 역균형화로 나타난 실험 자극 목록변인과 실험조건 사이의 상호작용을 예방하기 위해서는(상호작용이 있다면 문제인데, 이는 실험변인의 효과가 동일한 조건을 갖도록 구성한 목록에 따라 다르다는 의미로 동질의 목록이 아니라는 의미이다), 첫째로는 각 목록에서 사용된 목표자극들이 단어빈도, 단어길이 등과 같은 어휘 정보 처리변인들을 통제하여 유사한 특성을 갖도록 하거나 혹은 두 번째로는 사전 실험을 통해 통제조건에서의 목표자극에 대한 반응 시간과 각 목록에서의 목표자극에 대한 반응 시간이 유사한 자극들을 미리 선별하여 통제조건과 실험조건에 사용하는 것이다.

■ 피험자분석 vs 아이템분석과 고정변인 vs 무선변인

역균형화로 설계된 실험(counterbalanced design)에서 얻은 데이터는 참가자나 아이템을 단위로 분석할 수 있다. 피험자분석에서 각 셀의 자료는 아이템 전체를 기준으로 평균이나 중위값 같은 다른 중심 경향치(central tendency)같은 통계치(statistic)를 사용해 통합된다. 아이템 분석에서는 반대로 실험 재료가 참가자 전체를 기준으로 통합된다. 위 분석들의 F 통계치는 각각 F_1과 F_2로 정의된다. 클라크(Clark, 1973)에서부터 두 종류의 분석을 모두 보고하고, 두 분석이 모두 유의미한 F 검정 값을 나타냈을 때만 영가설을 기각하는 관례가 널리 통용되기 시작했다. 일반적으로는 F_1이 피험자에 대해 처치효과(treatment effect)가 일반화되는 정도를 평가하고, F_2가 아이템에 대해 처치효과가 일반화되는 정도를 나타낸다고 생각하는 경향이 있다.

그러나 사실 위 생각은 정확하지 않다(Raaijmakers, 2003; Raaijmakers, Schrijnemakers, & Gremmen, 1999). 처치효과에 대한 F 값(F ratio)을 통해 여러 조건의 평균이 모집단에서도 동일한지 검증하는데, 이때 피험자나 아이템의 변산성과 처치효과를 나타내는 변산성의 비율로 계산된다. 처치효과의 F 값은 적정한 변산성을 고려하여 실험조건의 평균이 모집단에서 동일한지 여부를 검증한다. F_1의 경우는 모든 피험자에게, F_2의 경우는 모든 아이템에 대해 처치효과가 얼마나 유의미한지 평가한다. F 값이란 아주 적은 비율의 피험자나 아이템이 효과를 드러낼 때도 통계적으로 유의해질 수 있다(Raaijmakers, 2003 참고). F 검정의 이러한 특징이 문제이거나 한계인 것은 아니다. 오히려 이것이 분산분석으로 달성하고자 한 근원적인 결과물인 것이다.

F_1과 F_2는 클라크(Clark, 1973)가 F' 최소값의 평균(*minF'*)을 계산하기 위해 도입한 개념이다. 이 통계치는 준-F 비(quasi-F ratio)의 근사치를 추정하는데, 자극이 무선변인(random variable)으로 처치되는 여러 실험 설계에서 발생하는 F_1의 편향치를 교정함에 있어 이런 근사치를 사용할 수 있다(Winer, 1971). 하지만 *minF'*가 필요하지 않는 실험 설계 또한 존재하는데, 여러 실험조건에서 자극의 여러 특성이 매치되는 경우나 역균형화 설계에서는 자극이 고정변인(fixed variable)이나 무선변인(random variable)으로 처치되는지의 여부와 관계없이 *minF'*가 필요하지 않다(Raaijmakers, 2003; Raaijmakers, Schrijnemakers, & Gremmen, 1999). 매칭설계(matched design)에서 아이템의 일치를 통해 F_1의 편향을 감소시키고 *minF'*는 검증력(power)의 감소를 이끌어낸다(Wickens & Keppel, 1983). 만약 역균형화 설계가 이전에 언급한 대로 분석된다면, 자극들이 무선변인일 때도 모든 처치효과와 준-F 비에서 발생하는 오차(error term)의 수정은 필요하지 않다(Pollatsek & Well, 1995; Raaijmakers, 2003; Raaijmakers, Schrijnemakers & Gremmen, 1999). 이들의 주장은 F_1과 F_2를 같이 쓰는 것은 맞지 않고, F_1이나 적절한 준-F 비율(혹은 *minF'*)을 써야 한다는 것이다. 그러나 이런 주장은 F_1과 F_2를 같이 쓰는 오래된 관행과 모순된다. 현재까지 발표되는 의미점화 분야의 연구들을 살펴보면 대부분 F_1과 F_2를 같이 사용한다.

F_1과 F_2를 같이 쓰는 것은 맞지 않고, F_1이나 적절한 준-F 비율(혹은 *minF'*)를 써야 한다.

비록 매칭설계와 역균형화 설계의 분석은 실험 자극이 고정변인(fixed variable) 혹은 무선변인(random variable) 인지에 따라 영향을 받지 않는다. 그렇지만, 다른 설계들의 분석은 자극이 고정변인(fixed variable) 혹은 무선변인(random variable)인지에 따라 영향을 받는다(예들 들어, 설계된 실험조건들에 유사한 어휘 특성을 가진 것으로 생각되는 다른 자극들을 무선할당한 경우에). 어떻게 자극이 고정변인 혹은 무선변인인지를 어떻게 결정하는가? 그 해답을 찾는 것은 생각만큼 그렇게 간단하지가 않다.

몇몇 기준들로 실험 설계에서 사용된 변인이 고정변인인지 아니면 무선변인인지로 구별된다(Kirk, 1995). 커크(Kirk, 1995)는 '효과(effect)'라는 용어를 사용하고 있는데, 이 용어는 실험 설계에서 변인이나 요인을 의미하는 것이다(피험자, 자극, 실험조건 등). 고정변인은 다음 세 가지의 특성을 지닌다.

1. 고정변인은 관심 영역의 모든 수준을 포함한다. 예를 들어 어떤 실험자가 점화자극과 목표자극 간의 연합관계에 의해 점화효과가 발생하는지를 알고 싶다면, 그 연구자는 의미적으로도 관련이 있고 연합적으로 관련이 있는 쌍('고양이[cat]' – '개[dog]')과 의미적으로는 관련되어 있지만 연합적으로 관련되어 있지 않은 쌍('염소[goat]' – '개[dog]'), 마지막으로 완전히 무관련한 쌍('탁자[table]'-'개[dog]'; 10장 참고), 총 세 가지를 포함할 것이다.
2. 특정 실험의 복제(replication)는 동일한 수준을 포함하고, 그래서 이 변인도 고정변인이다. 방금 설명한 의미점화 실험의 복제 버전도 동등한 3개의 점화조건을 포함하고, 그래서 관련성 변인은 고정변인이다.
3. 그 고정변인 실험으로부터 나온 결론들은 오로지 포함된 효과에 대해

서만 적용할 수 있다. 다시 예시로 돌아가 보면, 그 설계가 실험에 의해 조작된 의미 및 연합관련성에 대한 결론은 정당화해 주지만, 다른 종류의 점화자극-목표자극 간의 관계는 설명할 수 없다(예: 문법적 관계).

무선변인은 고정변인의 보완재에 해당한다. 실험에 사용된 변인의 수준(levels of variable) 혹은 조건들은 더 큰 수준모집단(level population)에서 뽑아낸 수준표본(level sample)에 해당한다. 어떤 실험을 다시 반복하는 경우에도, 이전 연구에서 사용한 실험 변인의 수준을 그대로 사용하지 않고, 실험변인의 수준을 무작위로 표집할 수 있다. 이런 경우에 실험변인의 수준은 모집단에서 무선표집된 것이기 때문에, 당연히 실험 변인의 수준모집단으로 결론을 일반화할 수 있다.

심리학에서 다루는 대부분의 처치효과(treatment effect)는 고정변인의 효과이다. 실험조건이 무작위로 선택되는 경우는 매우 드문 일이다. 하지만 피험자들 간의 효과는 보통 무선변인의 효과로 간주한다. 좋은 실험에서는 참가자들이 제대로 정의된 모집단에서 무작위로 선발되며, 해당 실험의 복제 버전에서도 보통은 새로운 참가자를 표집한다. '무선(random)'이라는 용어를 분명하게 알고 있을 필요가 있다. 고정변인이나 무선변인은 그 변인의 수준이 어떤 절차로 표집되는지에 따라 정해지는 것이지 실험자의 의도에 의해 정해지는 것이 아니다(Cohen, 1976; Smith, 1976). 실험자는 무선변인이 되기를 바랄 수도 있겠지만, 그 수준이 정당한 무선 표집 절차에 따라서 선택되지 않는 한, 그것은 무선변인이 아니다. 코언(Cohen, 1976)의 제목이 적절하다: '무선'은 '무선'을 의미한다.

의미점화 연구의 생산자이자 소비자로서 내가 경험한 바에 따르면, 실험 재료 혹은 아이템들은 가능한 아이템의 모집단(item population)에서 결코 무선적으로 선택되는 법이 없다. 심지어는 무작위 비슷하게 선택되는 경우도 없는데, 그 이유는 사실 실험 재료는 대개 그 실험이 요구하는 독특한 특성을 만족시키거나, 실험 처치의 효과를 최대화하기 위해 선택되거나 구성되기 때문이다. 그러므로 실험자가 자신의 재료가 무선변인(random variable)으로 여겨지길 아무리 바란다고 해도, 그 재료는 거의 항상 고정변인(fixed variable)에 불과하다.

실험에서 사용된 실험 재료 간의 차이가 고정변인이 대부분인 것처럼, 피험자변인의 경우에도 무선변인인지 아니면 고정변인인지를 고민해 봐야 한다. 인지심리학의 피험자표집(subject sample)은 보통 심리학 과목을 청강하는 학생들을 대상으로 이루어지는데, 그 과목을 청강하는 학생 집단을 진정한 의미에서 무선표집을 할 수 있는 타당한 피험자 모집단으로 볼 수 있을까에 관한 의문이다. 이런 경우의 피험자 표집을 완전히 무선적이라고 볼 수는 없다. 왜냐하면 특별한 이유 혹은 목적을 가진 학생들이 그 과목을 청강할 것이기 때문이다. 이 학생들은 이미 어느 한쪽으로 치우친 편중된 특별한 집단에 해당된다. 그렇지만 이런 방법으로 선택된 피험자도 무선표집에 가까운 표집이라고는 볼 수는 있을 것 같다. 예를 들면, 심리학 개론을 수강하는 학생들은 다양한 목적과 다양한 전공의 학생들이라서 어느 정도 학생 집단을 대표하는 보편성을 지닌 집단으로 간주할 수 있다. 그래서 피험자변인을 무선변인으로 통계처리해도 큰 문제가 없다고 대부분의 인지심리학자들은 생각한다. 더구나 선택된 피험자(혹은 자발적으로 실험에 참가한 참가자)가 독립변인에 연관이 있도록 선택된 것도 아니기 때문에 더욱 그렇다. 반면에 앞서 언급했듯, 실험 재료 아이템들은 대개 독립변인의 효과를 극대화하는 방향으로 선택되기 때문에, 실험 재료들 간의 차이를 무선변인으로 취급하기는 어렵다. 피험자가 정말로 무선선택되었는지를 비판할 수는 있어도, 실험 설계가 잘만 되었다면 피험자들에 의한 효과가 아이템에 의한 효과보다는 무선변인에 가까울 것이라고 확신할 수는 있다.

연구자의 결론을 실험에 사용한 아이템을 넘어서 실험에 사용하지 않은 동일한 종류의 다른 아이템에도 일반화하고자 하는 것과, 몇몇 특이한 자극 때문에 처치효과가 일어나지 않았음을 보장하고자 하는 것은 모두 아주 좋은 실험 설계 목표이다. 그러나 아이템 전체에 관한 통계적 검증으로 이러한 목표를 이룰 수 있는 것은 아니다. 추론 통계를 사용하는 것은 실험을 반복해 보는 것을 대신하는 일종의 보충적인 방법이다. 현재로 결과를 일반화할 수 있는지 여부를 분석하는 것이 추론 통계의 목적이다. 만약 실험자가 본인의 발견을 일반화할 수 있을지 걱정한다면, 가장 최선의 방법은 단연 새로운 피험자와 새로운 재료로 실험을 재현해 보는 것이다. 인지심리학은 실험실 과학이기 때문에 실험을 재현하라는 것은 무리한 요구가 아니다. N번째 실험의 여러 중요한 실험조건을 N+1번째 실험에서 재현하는 것은 대개 상당히 쉬운 일이다.

■ 기저조건

의미점화는 상대적인 측정이다. 일반적으로, 관련점화자극이 선행되는 목표자극에 대한 수행('사자[lion]'-'호랑이[tiger]')과 무관련점화자극이 선행되는 수행('탁자[table]'-'호랑이[tiger]')을 비교한다. 이러한 비교 방식은 관련점화자극이 수행을 촉진시키는지, 무관련점화자극이 수행을 억제하는지, 아니면 둘 다 적용되는지 확인할 수 없다(Posner & Snyder, 1975b). 의미점화에서 촉진과 억제효과의 기여도를 판명하기 위해 관련성과 무관련성 모두 배제된 '중립적'이라는 기저조건이 필요하다. 이 경우 촉진은 중립점화조건과 관련점화조건의 수행 차이로 정의되고, 억제는 중립점화조건과 무관련점화조건의 수행 차이로 정의된다(Posner & Snyder, 1975b).

닐리(Neely, 1976)는 처음으로 의미점화 패러다임에서 촉진과 억제를 분리해서 측정했다. 또한 그는 처음으로 'XXXXXXX'로 중립점화조건을 제시했다(Posner & Snyder, 1975b). 닐리는 무관련점화조건에서 관련점화조건을 뺀 점화효과 56ms는, 중립점화조건에서 관련점화조건을 뺀 촉진효과 38ms와,

중립점화조건에서 무관련점화조건을 뺀 억제효과 16ms의 합인 것을 밝혀냈다. 닐리는 그 결과를 포즈너와 스나이더(Posner & Synder, 1975a)의 주의 이론에 기반해 해석했고, 의미점화는 촉진만을 만들어 내는 자동적인 활성화 확산(spreading activation)과 촉진과 억제 모두에 영향을 주는 주의 용량의 한계로 인해 발생한다고 결론지었다(이러한 제안은 9장에서 더 자세히 다뤄질 것이다).

닐리(Neely, 1976)가 도입한 의미점화 패러다임에서 중립점화조건은 이론적이나 방법론적으로 중요하다. 닐리의 중립점화자극, 'XXXXXX'는 단어가 아니기 때문에 단어점화자극과 같은 속성을 가지고 있지 않으며, 그로 인해 언어 체계에 관여하지 못할 수 있다는 지적을 받았다. 이 문제에 대응하기 위해, 연구자들은 특정한 단어를 반복하거나(예: 'blank blank blank blank blank'[Antos, 1979]; [de Groot, Thomassen, & Hudson, 1982]), 발음할 수 있는 비단어(pronounceable nonwords)와 같은 다른 종류의 중립조건을 제시했다(Borowsky & Besner, 1993). 반복된 단어를 중립점화로 쓰는 방법은 계속 반복되는 점화자극을 부호화(encoding)하는 시간을 감소시킨다는 문제점이 지적되었다. 그 결과, 촉진은 더 약하게 측정되고, 억제는 더 크게 나타난다. 다른 문제점은 실험이 진행되면서 반복된 중립점화자극이 가진 경계적 특징(alerting quality)을 상실한다는 것이다. 참가자는 관련점화조건과 무관련점화조건에 비해 중립점화조건에서의 목표자극에 대해 대비를 덜 하게 된다. 그래서 더 느리고 부정확한 판단을 하게 된다. 이 경우, 촉진은 더 강해지고 억제는 약해진다. 발음할 수 있는 비단어를 사용하는 것으로, 위에서 발생한 촉진과 억제의 왜곡 현상을 해결할 수 있다. 하지만 다른 문제점을 안고 있다. 친숙하지 않은 비단어는 단어에 비해 부호화하는 시간이 오래 걸려, 비단어점화자극의 처리가 목표자극 처리에도 영향을 미쳐 중립조건의 지연 반응이 길어진다. 그러므로, 비단어를 중립점화자극으로서 사용하는 방법은 촉진을 크게 만들고 억제를 약하게 만든다. 더군다나, 비단어중립점화조건에서의 왜곡 현상은 SOA와 상호작용하는 경향이 강하다(Neely, 1991).

촉진과 억제 측정 문제를 다룬 조니데스와 맥(Jonides & Mack, 1984)은 두 가지 추천 사항을 제시했다. 먼저, 중립점화조건을 제외하는 것을 제안했다. 그들은 연구자들이 유의미한 단서(관련조건)와 무의미한 단서(무관련조건)에 대한 수행을 검증하는 대신, SOA, 단서유의성(cue validity), 그리고 자극품질(stimulus quality) 등 이론적으로 중요한 변인들이 유의미한 단서(관련조건)와 무의미한 단서(무관련조건)에 대한 수행에 미치는 역할에 집중하는 것을 권장했다. 물론, 조니데스와 맥도 몇몇 이론적 이슈들은 촉진과 억제를 직접 측정함으로써만 해결될 수 있다는 점을 인정한다. 조니데스와 맥(Jonides & Mack, 1984)이 추천하는 두 번째 다른 방법으로는, 유의미한 단서(관련조건)와 무의미한 단서(무관련조건) 조건처럼, 물리적 특성, 부호화하기 쉬운 정도, 경계신호로서의 효율성을 갖춘, 그래서 실험변인 외에는 다른 변인들의 차원에서는 실험조건의 자극과 매우 유사한 중립점화조건자극을 구성하는 것을 권장했다. 더불어, 그들은 중립조건의 상태를 평가하기 위해 수렴 조작(converging operation)하는 것을 추천했다(Garner, Hake & Eriksen, 1956). 수렴 조작의 한 방법은 두 종류 이상의 중립점화자극을 사용하여 촉진과 억제를 평가하는 것이다. 또다른 수렴 방법은 촉진 및 억제효과에 영향을 미치고, 내적 처리(mental process)에 영향을 주는 매개 변인을 도입하여 의미관련성과 이들 변인과의 상호작용을 조사하는 것이다. 닐리(Neely, 1997)가 SOA 변인과 어휘판단과제에서의 전략을 연결한 것은 후자 접근법의 좋은 예다.

보로스키와 베스너(Borowsky & Besner, 1993)에서는 단어재인 과정 연구에 있어서, 철자법(orthography)적으로 일반적이고, 발음이 가능한 비단어가 중립점화자극으로는 최고라고 제안하였다. 만약 비단어점화자극이 반복되지만 않는다면, 이들 비단어점화자극은 피험자들의 주의 경계 상태를 유지하도록 만들 것이고, 또한 반복점화(repetition priming)도 유발하지 않을 것이다. 중립점화자극으로 비단어를 사용함에 있어서, 최대의 단점은 부호화 파급효과(encoding spill-over effect)를 야기할 가능성이 있다는 점이다. 부호화 파급효과란 점화자극이 상대적으로 친숙하지 않은 경우, 해당 점화자극의 부호화가 느려져서, 짧은 SOA의 경우, 비단어점화자극의 부호화가 목표자극이 제시될 때까지 완료되지 않을 수 있는 현상이다. 하지만 연구 증거를 살펴보면, 그런 효과는 매우 작고, SOA가 200ms 정도로 짧은 경우에서도 부호화 파급효과는 매우 적다(Borowsky & Besner, 1993; McNamara, 1994). 예를 들어, 맥너마라(McNamara, 1994)의 실험에서는, 350ms의 SOA를 사용하였는데, 이때 무관련 단어 점화자극 조건과 비단어점화자극 조건의 평균적인 차이는 반응 시간이 1ms 증가한 것과 오류율이 1.5% 감소한 것뿐이었다.

하지만, 랫클리프와 매쿤(Ratcliff & McKoon, 1995)에서는, 비단어점화자극을 중립조건으로 사용한 경우에 상당한 크기의 억제점화가 관찰되었다. 즉, 무관련조건에서의 목표단어에 대한 어휘판단 시간과 비단어중립점화조건에서의 목표단어에 대한 어휘판단 시간의 차이가, 다른 중립조건(예: 'xxxxx')에서의 목표단어에 대한 반응 시간 차이보다 크다는 것이다. 이들은 세 가지 실험에서, 중립조건이 무엇이냐에 따라 36ms의 점화효과 차이가 있었다. 5개의 출판되지 않은 일련의 연구에서(McNamara & Diwadkar, 1996에서 인용), 우리 연구진은 실험 절차의 여러 측면을 조작하여 어휘판단과제에서의 비단어의 억제점화효과를 얻어 보려고 시도해 보았다. 반응 시간에서의 평균 억제효과는 5ms였다(SED = 4.5ms, n = 2512). 랫클리프와 매쿤의 결과에서 중요한 측면은(우리 실험진이 위의 실험을 진행할 적에 해당 연구의 존재를 인지하지 못했음에도), 비단어의 억제점화효과가 보여 주는 크기 정도의 절대적인 수치가 SOA가 증가함에 따라 함께 증가했다는 점인데, SOA가 150ms였을 때 -10ms였으며, SOA가 350ms일 때 -44ms였다. 이러한 패턴은 중요한 시사점을 갖는데, 비단어와 실제 단어인 점화자극의 부호화가 다르기 때문에, 즉 비단어점화자극의 부호화가 더 어려워서 억제효과가 비단어조건에서 증가한다는 설명과 일치하지 않기 때문이다. 더 나아가 이런 패턴은, 비단어의 억제점화효과가 SOA가 길어짐에 따라 증가한다는 사실은, 비단어점화자극에 의한 억제효과가 전략적 과정들에 의해 일어났을 수도 있다는 점을 시사한다.

이런 모순은 질렌버그, 페처, 데 콕과 라이메이커스(Zeelenberg, Pecher, de Kok & Raaijmakers,1998)의 연구에서 풀린 듯 보인다. 이들 연구진은 비단어의 억제점화효과는, 피험자들이 점화자극과 목표자극이 일부 시행에서는 연관되어 있다는 지시(랫클리프와 매쿤의 실험)를 받았을 때 일어났다. 이런 사실은 점화자극과 목표자극이 일부 시행에서는 연관되어 있다는 정보로 인해 피험자의 어휘판단과제 수행이 영향을 받았다는 것을 의미한다. 이런 설명을 지지하는 또 다른 결과는 점화자극과 목표자극 간의 관계에 대한 언급이 없었을 때(맥너마라의 실험)에는, 비단어점화자극에 의한 억제점화가 일어나지 않았다는 것이다. 의미점화(즉, 관련조건과 무관련조건에서의 목표단어에 대한 어휘판단 시간의 차이)의 전체적인 크기 정도는 지시사항의 유무에 영향을 받지 않았다. 이런 결과는 다른 연구 결과에서도 나타난다. 지시사항의 유무에 영향을 받는 의미점화의 전체적인 크기를 다른 연구, 즉 위에서 언급한 맥너마라 연구와 랫클리프와 매쿤의 연구를 비교해 보면, 비단어억제점화를 보고한 랫클리프와 매쿤의 연구에서보다 비단어억제점화가 출현하지 않은 맥너마라 연구에서의 것이 더 컸다. 질렌버그 등은 비단어의 억제점화효과가 비단어점화자극과 실제 단어 목표자극 사이의 반응경쟁 때문에 일어난다고 생각했는데, 이런 반응에서의 경쟁이 점화자극에 주의를 더 기울일수록 심화된다고 보았다.[8]

비단어의 억제점화에 대한 이러한 발견은 여러 복잡한 생각할 거리를 만들었지만, 나는 대체로 보로스키와 베스너(Borowsky & Besner, 1993)에 동의한다. 중립점화자극으로 관련조건에 대한 촉진과 무관련조건에 대한 억제를 측정하는 것이 이론적으로 중요한 상황에서는, 철자법적으로 무난하고, 발음이 가능한 비단어점화자극을 사용하는 것이 최선이라고 생각한다. 이런 생각을 지지해 주는, 특별히 흥미로운 연구가 최근에 발표되었는데, 이 연구는 단어재인에 관한 기능적 뇌 영상(functional neuroimaging) 연구들에 대한 메타 분석 연구이다(Jobard, Crivello, & Tzourio-Mazoyer, 2003). 이 연구의 저자들은 실제 단어와 발음이 가능한 비단어가 뇌의 피질 영역에서 다르게 표현된다는 어떤 근거도 찾지 못하였다. 이러한 발견은 발음 가능한 비단어 또한 실제 단어와 마찬가지로 단어재인 체계를 활성화함을 의미한다.

비단어중립자극을 사용하는 것이 타당하다는 의견을 지지해 주는 연구로, 부라사와 베스너(Bourassa & Besner, 1998)는 비단어가 일정 수준의 의미를 활성화시킨다는 행동적 증거를 제시했다. 40ms 정도로 빠르게 제시될 때, 차폐된 비단어점화자극은 의미적으로 관련된 목표자극에 대한 어휘결정 반응을 촉진시키는 것으로 나타났다(예: 'sproy'-'paint'); 점화자극이 좀 더 길게 제시될 경우(300ms), 의미점화는 일어나지 않았다. 비단어점화자극으로부터 나온 의미점화는 단어점화자극으로부터 온 의미점화의 1/3 수준 정도밖에 되지 않는다. 페리어와 루프커(Perea & Lupker, 2003)는 철자 순서를 바꾼 비단어가 철자 자체를 바꾼 비단어보다 점화자극으로서 더 효과적이라는 증거를 제시했다. 실제로, 부라사와 베스너 연구와는 달리 페리어와 루프커의 연구는 철자 자체를 바꾼 비단어자극들로부터 신뢰할 만한 점화효과를 얻지 못했다. 비록 비단어점화자극에 대한 의미점화 연구 결과들이 완전히 일관적이지는 않더라도, 그 결과들은 연구자가 중립조건 기준으로서 비단어점화자극조건을 사용하고 싶다면, 발음할 수 있는 비단어를 써야 한다는 것을 의미한다. 또한, 그 결과들은 전략적 절차(9장에서 다룰 예정이다)가 비단어점화자극에 의해 작동하는지에 대한 의문을 제기한다. 내가 알기로는 아직까지 이러한 의문들에 대한 연구가 이루어지지 않았다.

민감성인가 편향성인가

어휘결정 같은 여러 과제에서 참가자들은 어떤 근거에 기반하여(특정 자극이 특정 맥락에서 제시되는 경우) 여러 대안들 중 하나를 선택해야만 한다(단어 vs 비단어). 이러한 과제 수행은 민감성(sensitivity)과 편향성(bias) 측정 도구인 신호탐지이론(signal detection theory)의 관점에서 기술될 수 있다. 민감도(d')같은 경우에는 목표자극이 실재하는 것에 근거해서 판단했는지를 나타내고, 반응편향성(β)와 같은 편향성 측정치는 반응을 선택하는 데 사용하는 준거가 무엇인지 측정하는 데 사용된다(Macmillan & Creelman, 2005; Pastore, Crawley, Berens & Skelly, 2003). 의미맥락은 민감성이나 편향성, 혹은 그 둘 모두에게 영향을 줄 수 있다. 민감성에 대한 효과가 나타나는 경우는, 단어 목표자극에 대한 반응을 유도하는 관련점화자극(lion-tiger)들에 의해 발생한 이득이, 비단어목표자극에 대한 반응을 유도하는 관련점화자극(lion-tigar)들에 의해 발생한 비용을 능가할 때이다. 이러한 이득과 비용은 적절한 기준점이 갖추어졌을 때, 상대적인 관점에서 측정된다. 반면, 단어 목표자극에 대한 수행 이득이 비단어목표자극에 대한 비용에 의해 완전히 사라질 경우, 편향성에 대한 효과가 나타난다(Ratcliff & McKoon, 1996).

일부 초기 연구들의 결과에 의하면, 의미맥락은 편향성에는 영향을 주지만 민감성에는 주지 않는 것으로 보인다(Farah, 1989 연구 참고). 더 최근 연구에 의하면 의미적으로 관련된 점화자극들은 민감성을 높이고 단어에 대한 편향성을 만들어 낸다고 한다(Huber, Shiffrin, Lyle & Ruys, 2001; Masson & Borowsky, 1998; Rhodes, Parkin & Tremewan, 1993). 연구자들은 가끔씩 민감성에 대한 효과가 오로지 감각-지각적인 절차에 의해서만 형성되며, 편향성에 대한 효과는 지각 후의 인지적 처리 절차에 의해서만 형성된다고 가정한다(Rhodes, Parkin & Tremewan, 1993). 이러한 가정은 틀렸다. 증거 분포의 통계적 가분성(민감도[d']과 반응편향성[β])은 감각, 지각 인지적 처리 절차를 포함한 정보의 평가와 습득에 개입하는 모든 정신적 절차에 의해 영향을 받을 수 있으며, 반응을 선택하기 위한 증거 분포에 적용되는 규칙들은 처리 절차의 초기나 후기에 이루어질 수 있다. 신호탐지이론의 관점으로부터 나온 중요한 구분점은 증거의 분포도와 결정 절차 간에서 발생하는 것이지 지각적 절차와 지각 후 절차 간에 발생하는 것이 아니란 것이다(추가적인 논의는 Pastore, Crawley, Berens & Skelly, 2003을 참고하라).

9 자동점화와 전략점화

연구자들은 예전부터 자동적 처리(automatic process)를 빠르게 발생하고 의도나 의식 없이 진행되며, 비용 없이 이득만을 만들어 낸다고 정의했다.[9] 반면, 전략적 처리(strategic process)는 느리게 발생하고 의도와 의식이 필요하며, 이득과 비용이 있다는 것으로 정의했다(Posner & Snyder, 1975a; Schneider & Shiffrin, 1977; Shiffrin & Schneider, 1977). 의미점화 연구에서 어디까지가 자동적이고 어디까지가 전략적인지에 대한 논의가 빈번하게 일어났다(Neely, 1976; 1977). 관습적으로 자동적 처리와 전략적 처리를 나눈 기준점을 다시 고려해 봐야 할 필요가 있다. 의미점화에 대한 많은 연구들이 점화의 자동적, 전략적 요소를 분리하는 목표를 다루고 있기 때문에 위 이슈에 대한 이해가 필요하다.

의미점화는 오직 전략적 처리(strategic process)에 의해서만 발생하는 것이 아니다. 연속적으로 무관련점화-목표자극 쌍이 제시되어 그 다음 쌍도 무관련 쌍이라고 예측하고 있는 상황에서도 돌연 관련 쌍이 나타나면, 의미점화가 나타난다(Fischler, 1977a). 참가자가 관련 자극 쌍이 나타날 것을 전혀 인지하고 있지 못한 상황에서도 의미점화가 나타나는 현상을 전략적 기제(strategic mechanism)만으로 설명하기는 어렵다. 참가자들에게 점화자극에 주의를 주지 말라고 할 때에도, 그리고 점화자극이 부중심와(parafoveally, 중심와가 아닌 주변 영역)에 제시될 때에도 의미점화가 나타난다(Fuentes & Tudela, 1992). 위 조건에서 다른 과제를 수행하는 경우에도 의미점화의 크기에는 별다른 변화가 없다. 그러나 중심와 영역에서 점화자극이 제시될 경우에, 다른 과제를 수행하면, 점화효과가 50% 감소한다(Fuentes, Carmona, Agis & Catena, 1994).[10] SOA가 200ms보다 짧을 때에 촉진효과는 나타났지만, 전략적 처리 과정으로 익히 알려진 억제는 짧은 SOA에서는 나타나지 않았다(Neely, 1991). 마지막으로, 특정 범주명인 점화자극('leg'-신체 범주) 다음에 다른 범주에 해당하는 목표단어가 나타난다고 참가자들에게 알려준 경우(예: 건축물 범주에 해당하는 단어)라도 SOA가 짧게 제시되면, 의미점화는 범주점화자극과 해당 범주에 포함되는 자극 사이에서 발생한다(Burke, White & Diaz, 1987; Favreau & Segalowitz, 1983; Neely, 1977; Balota, Black & Cheney, 1992). 위의 결과들은 온전히 점화의 전략적 처리만으로 설명할 수 없다.

그렇다고 의미점화가 온전히 자동적인 것만도 아니다. 전략기제인 기대(expectancy)와 의미매칭(semantic matching)이 밝혀졌고 연구되었다. 기대는 이후에 제시될 목표단어에 대한 후보들을 적극적으로 생성하고 예측하는 것을 의미하며, 아니면 적어도 실험 참가자들이 선행 점화자극과 의미로 관련된 목표단어가 뒤따를 것이라고 믿는 것을 의미한다(Becker, 1980). 의미매칭은 목표자극에서부터 시작하여 점화자극과의 관련성을 역으로 탐색하는 과정을 뜻한다(de Groot, 1983; Forster, 1981; Neely, 1976, 1977; Stanovich & West, 1983). 관련성의 존재는 단어 반응으로의 편향성을 일으켜 단어 인식이 더 빠르게 이뤄지도록 만들고, 반면, 관련성이 없다는 정보는 비단어 반응으로의 반응편향을 일으킨다. 기대와 의미매칭의 과정들은 의미점화에서 촉진과 억제효과를 만들어 낼 수 있다. 기대의 경우에는, 특정 목표자극이 나타날 것으로 예상한 것과 실제 제시된 것이 일치될 때 촉진효과가 발생하고, 반대로 예측한 것과 일치하지 않으면 억제효과가 나타난다. 그리고 의미매칭의 경우, 관련성을 찾는 데 성공하면 단어 반응에서 촉진효과가 발생하지만, 관련성을 찾는 데 실패하면 단어 반응에서 억제효과가, 비단어 반응에서는 촉진효과가 나타난다.

몇몇 변인들이 기대와 의미매칭 과정에 영향을 미치는 것 같다. 그중

SOA가 가장 중요한 변인이다. 억제는 의미점화과제에서 나타나는 전략적 처리의 지표로 여겨져 왔다(Neely, 1976). 그 이유는 다음과 같다. 무관련 시행에서는, 관련된 자극이 나올 것이라는 예상과는 다르게 관련 없는 자극이 나타나기 때문에, 기대 처리(expectancy process)가 방해효과를 산출한다. 그러므로 기대가 되지 않는 조건에 비해, 기대가 어긋나는 조건에서 반응이 느려지는 방해효과가 나타난다. 중립자극 조건에서 중립점화자극은 앞에서 논의한 것처럼 유사비단어(pseudoword)가 사용되어 기대를 낳지 않고, 단어와 유사한 처리 과정을 거치기 때문에, 적절한 기저조건을 제공한다. 비슷한 원리로 의미매칭은 무관련점화조건에서 목표단어가 점화단어와 관련이 없는 것이 확인되고, 관련 없다는 정보가 비단어 반응편향을 유도하고, 그래서 단어 반응을 지연시킨다. 중립조건에서 의미매칭은 작동하지 않기 때문에, 중립조건보다 무관련조건에서 단어 반응은 더 느리게 나타날 수 있다. SOA가 300ms보다 짧을 때, 억제효과가 없거나 약하게 나타난다는 점이 밝혀졌다(de Groot, 1984; den Heyer, Briand & Smith, 1985; Neely, 1977).[11]

전략적 처리를 직접적으로 검증하기 위해 닐리(Neely, 1977)는 참가자들에게 다른 범주가 점화자극으로 제시될 때, 특정한 범주의 구성원(member)을 떠올리라고 지시했다. 예를 들어, '건물'이 점화자극으로 나타나면, 신체의 일부분을 떠올려야 한다. 예상되는 목표자극이 나타나는 시행(S-Ex-U; 'building'-'leg')에서, SOA가 700ms가 될 때까지 촉진효과는 나타나지 않았다. 그러나, SOA가 400ms일 때, 예상하지 못한 목표자극이 나타난 시행('building'-'canary')에서 유의미한 억제효과가 나타났다(〈그림 9.1〉 참고). 따라서, 닐리(Neely, 1977)의 결과는 기대가 어휘결정 수행에 영향을 미치기 위해서는, 대략 400ms에서 700ms의 시간이 필요함을 시사한다. 내가 알기로, 아직까지 아무도 지시사항을 사용하여, 전략점화를 조사하기 위해, 의미매칭 전략을 조작해 보려는 시도는 해 보지 않았다.

닐리(Neely, 1977)의 실험에서, S-Ex-U 조건에서 관찰된 촉진은, 점화자극과 목표단어가 의미론적으로 무관련하기 때문에, 기대에 의해 발생한 것이어야 한다. 주목할 만한 점은, 이 촉진이 의미론적으로 관련된 점화자극과 목표단어에 대해 관찰된 촉진보다 훨씬 늦은 시간에 발생했으며, 닐리의 결과에 따르면, 억제보다도 더 늦은 시간에 발생했다는 것이다. 이러한 효과들의 시간적 순서는 의미점화에서 자동적 메커니즘과 전략적 메커니즘 사이의 구분에 대한 강력한 증거를 제공한다.

기대(expectancy)가 점화자극과 목표자극 간의 SOA에 따라 달라지는 이유를 찾아내는 것은 쉬운 일이다. 기대 목표자극 후보들을 생성하려고 점화자극을 활용하는 과정에 개입하는 인지적 처리 절차들은 상대적으로 복잡하고, 이 일을 처리하는 데 시간이 걸릴 수밖에 없다. 의미매칭이 SOA에 따라 달라지는 이유는 명확하지 않다. 왜냐하면 의미매칭은 목표자극이 나타난 이후에야 촉발되기 때문이다. 아마도 의미매칭은 일정 시간 동안 점화자

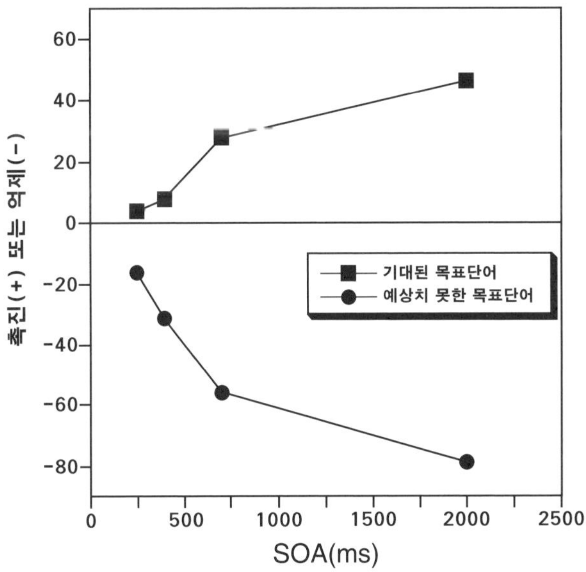

그림 9.1. 닐리(Neely, 1977)의 실험에서 기대된 목표단어에 대한 촉진과 예상치 못한 목표단어에 대한 억제. 데이터는 S-Ex-U 및 S-Ux-U 조건에서 나온 것이다. 2000ms SOA에 대한 데이터는 닐리(Neely, 1977)의 표 2에 있는 네 가지 조건을 종합하여 나타낸 것이다.

극과 목표자극에 할당된 주의에 의존하는 고차원적 인지적 절차일 가능성이 있다. SOA가 굉장히 짧은 경우, 의미매칭을 일으킬 정도로 충분한 시간이 없어서, 점화자극에 주의를 줄 수 없다. 또다른 설명으로는, 의미매칭은 점화자극에 의해 정해진 맥락의 표상에 의해 발동될 수도 있는데, 이때 만들어지고 있는 매칭 계획이 완성되기도 전에 목표자극이 너무 빨리 나타나서 매칭 과정이 작동하지 않을 수도 있다. 실험 결과에 의하면, 의미매칭은 SOA에 의해서 제한되지만, 적어도 내가 아는 한, 왜 그렇게 되는가에 대한 만족스러운 설명은 제시된 적이 없다(추가적인 논의를 위해서는 닐리의 1991년 연구를 참고하라).

관련조건 비율(relatedness proportion)은 전략적 처리에 영향을 주는 두 번째 요소이다. 관련조건 비율은 전체 점화자극-목표자극 시행 횟수 중 관련조건 시행 비율이 얼마나 되는가를 의미한다(Neely, Keefe, & Ross, 1989). SOA가 길 경우, 관련조건 시행 비율이 증가할수록 촉진과 억제 모두 크게 증가한다(de Groot, 1984; den Heyer, Briand & Dannenbring, 1983; Tweedy, Lapinski & Schvaneveldt, 1977). 예를 들어, 데 그루트(de Groot, 1984)의 실험에서 SOA가 1040ms인 경우, 관련조건 비율이 0.25에서 0.75로 증가하였을 때, 촉진이 39ms에서 83ms로 113% 증가하였으며, 억제는 -20ms에서 -40ms 로 100% 증가하였다. 동일한 실험에서, 짧은 SOA에서는 관련조건 비율의 효과가 감소하거나 사라지는 것으로 나타났다. 예를 들어, SOA가 240ms 일 때, 관련조건 비율이 0.25에서 0.75로 증가하면, 촉진은 44ms에서 60ms로 36% 증가하고, 억제는 -14ms로 그대로 유지가 되었다. 명명과제에서의 의미점화 역시, 관련조건 비율이 증가할수록 같이 증가하였으며, 명명이 전략적 절차에 의해 영향을 받음을 보여 주었다(Keefe & Neely, 1990).

관련조건 비율의 변화에 따라, 기대가 달라진다는 것은 쉽게 예측할 수 있다. 관련조건 비율이 증가하면, 관련된 목표자극이 더 많이 나타날 것이라고 기대하기 때문에, 관련조건 비율에 따른 점화효과의 차이를 설명할 수 있다. 그렇지만 관련조건 비율이 의미매칭에서 어떤 역할을 하는지는 명확하지가 않다. 하지만, 닐리, 키프와 로스(Neely, Keefe & Ross, 1989)가 처음 관찰했던 대로, 관련조건 비율은 대개 의미매칭과 관련성 있어 보이는 또 다른 변인과 상호작용하였다. 표준적인 어휘판단과제에서, 점화자극과 목표자극이 의미관련성을 가질 때에는, 목표자극은 항상 단어라서 어휘판단 과정에 도움을 준다. 하지만 관련성의 부재는 검사 목록의 구성에 따라, 단어인지 아닌지에 대한 정보를 제공해 줄 수도 있고 아닐 수도 있다. 의미관련성의 부재에 의한 어휘성(단어인지 아닌지에 대한) 정보 제공성을 측정하는 한 방법으로 비단어 비율(nonword ratio, NR)이 있다. 이는 단어 점화자극과 목표자극이 무관련한 상황에서, 전체 무관련 시행 중에서 목표자극이 단어인 시행을 제외한, 목표자극이 비단어인 시행의 조건적 확률을 의미한다(Neely, Keefe & Ross, 1989). 비단어 비율이 0.5에서 벗어날 때, 점화자극과 목표자극 간의 의미관련성의 부재는 가산적으로 정보를 제공해 준다. 비단어 비율이 0.5 이상이면, 비단어 반응을 더 많이 생성해 내고, 0.5 이하이면 단어라고 하는 반응을 더 높게 유도한다.[12]

관련조건 비율과 비단어 비율은 본래 상관 관계가 있는데, 이는 만약 단어와 비단어의 목표자극의 숫자가 고정되어 있다면, 관련조건 비율이 증가하면서, 무관련단어점화자극과 목표자극 시행의 수가 감소하게 되고, 이는 비단어 비율을 증가시키기 때문이다(이런 경우 무관련 단어 시행 수가 감소한다). 관련조건 비율과 비단어 비율을 분리시키는 유일한 방법은, 비단어목표자극 시행에 대한 단어목표자극의 비율을 바꾸는 것뿐이다. 표준적인 실험 절차는 연구자가 비단어와 단어목표자극 수를 동일하게 맞췄지만, 단어점화자극만 사용하게 할 때, 비단어 비율이 0.5보다 더 크게 되도록 조절하는 것이다. 따라서 단어점화자극-비단어목표자극 시행의 수는 무관련단어점화자극-단어 목표자극의 시행 수보다 많다(관련조건 비율이 0보다 크다고 가정할 때).

널리, 키프와 로스(Neely, Keefe & Ross, 1989)는 점화자극이 범주에 해당하고 목표자극이 구성원으로 제시된 어휘판단과제에서, 관련조건 비율과 비단어 비율을 조작했다. 다중 선형 회귀 분석에 따르면, 관련조건 비율은 전형적인 구성원에 대한 점화 크기와 강하게 상관 관계를 지닌 것으로 나타났다('bird'-'robin'). 하지만 비단어 비율은 전형적인 구성원과 비전형 구성원('bird'-'penguin') 모두에 대한 점화효과, 그리고 비단어 촉진 현상과 상관 관계가 있었다. 앞에서 설명한 것처럼, 비단어 촉진 현상은 중립점화자극에 의해 점화된 비단어보다 단어에 의해 점화된 비단어에 대한 더 빠른 반응으로 정의된다. 닐리 등은 비전형 구성원의 점화에 대한 관련조건 비율의 효과가 진정한 기대효과라고 주장했는데, 이는 참가자가 범주점화자극에 대한 비전형 구성원이 아니라 전형적인 구성원을 떠올리려고 하기 때문이라고 보았다. 닐리와 그 동료들에 의하면, 비단어 비율의 효과는 의미매칭에 의해 발생한다. 비단어 촉진효과는 특히 이러한 해석과 일치하는데, 비단어 비율이 높을 때, 비단어목표자극이 "비단어" 반응편향성으로부터 이익을 얻을 것이기 때문이다.

전략적 처리에 영향을 미칠 수 있는 네 번째 요인은 실험 참가자들에게 요구되는 과제의 종류다. 어휘결정과 같이 명시적인 이진 결정을 내리기 위해 정보를 축적해야 하는 과제는 이름 말하기 같이 명시적인 결정을 요구하지 않는 과제보다 의미매칭에 더 민감할 수 있다(예: Forster, 1981; Keefe & Neely, 1990; Lorch, Balota & Stamm, 1986; Seidenberg, Waters, Sanders & Langer, 1984). 어휘결정에서는 의미매칭이 사용되고, 이름 말하기에서는 사용되지 않는다. 어휘결정에서는 전형적이고 비전형적 예시 모두에 대한 범주-예시 점화가 발생하지만(예: bird-robin, bird-penguin), 이름 말하기에서는 전형적 예시에만 발생하는 이유를 설명할 수 있다(예: Lorch, Balota, & Stamm, 1986). 범주 이름 점화자극과 비전형적 예시 사이의 상대적으로 약한 의미론적 관계는 자동적 메커니즘(예: spreading activation)으로부터의 점화를 제한할 수 있지만, 여전히 의미매칭 과정에 의해 감지될 수 있다(Neely & Keefe, 1989). 의미매칭과는 다르게, 기대는 과제에 의해 영향을 받지 않는 것으로 보이며, 이름 말하기와 어휘결정에서 모두 강력한 기대효과가 관찰되었다(예: Balota, Black & Cheney, 1992; Neely, 1977).

맥너마라와 알타리바(McNamara & Altarriba, 1988; 추가로 Shelton & Martin, 1992 참고)는 기대뿐만 아니라 의미매칭을, 점화자극과 목표자극 간의 관계를 참가자가 명확하게 눈치채지 못하는 과제를 활용하여 최소화할 수 있다고 주장했다. 이 목표를 성취할 수 있는 한 방법은 순차적 어휘판단과제(sequential lexical decision task) 혹은 단일제시(single presentation, 한 번에 하나씩 제시하는) 어휘과제를 사용하는 것이다. 이 과제에서 자극들은 한 번에 하나씩만 나타나며, 참가자들은 각 아이템이 나타날 때마다 반응해야 한다. 점화자극들은 검사 목록에서 목표자극보다 먼저 나오는데, 점화자극과 목표자극 모두에 대해서 어휘판단을 수행하기 때문에, 앞의 자극과 뒤의 자극이 관련성이 있다고 판단하기 어렵다. 셸턴과 마틴은 억제효과와 역방향 점화(backward priming; 13장에서 다룰 예정이고, 이는 보통 의미매칭에 의해 발생한다)가 순차적 어휘판단에서는 나타나지 않음을 발견하였다.

마지막으로 전략적 처리 절차에 영향을 주는 다섯 번째 요인은 점화자극과 목표자극 간에 존재하는 의미관련성의 유형(type of semantic relation)이다. 촉진과 억제의 패턴으로 전략적 처리 절차의 종류를 알 수 있는데, 예를 들면, 전략적 정보 처리가 관련성의 종류에 따라 달라지는 것을 연합관계 쌍과 범주-구성원 쌍의 점화효과의 차이를 통해 알 수 있다. 연합적으로 관련된 단어들은 자유연상에서 상호 관련으로 나오며, 보통 의미적으로도 관련되어 있다(10장에서 다룰 것이다). 범주-구성원 쌍들은 연합될 수도 있고 아닐 수도 있다('vehicle'-'car' vs 'vehicle'-'tank'). 어휘판단과제에서의 공통적인 발견은 연합관계에 대해서, 촉진효과가 SOA와 관계없이 억제효과와 동일하게 크다는 점이다(촉진은 원래 긴 SOA에서는 억제보다 항상 크게 나왔다). 반면, 범주-구성원 쌍에 대해서는 SOA가 짧을 경우, 촉진이 억제보다 크지만, SOA가 길 경우, 억제가 촉진보다 크다(Becker, 1980; de Groot, 1984; den Heyer, Briand & Smith, 1985; Neely, 1976, 1977; Smith, Briand, Klein & den Heyer, 1987).[13] 억제보다 크게 나오는 촉진효과는 촉진우세(facilitation dominance)로 정의되며, 반대의 경우는 억제 우세(inhibition dominance)로 정의된다(Becker, 1980). 명명과제 실험이 많이 진행되지 않았기 때문에 명확하게 말하기는 어렵다. 하지만 몇 안 되는 연구들에 의하면 명명과제에서의 의미점화는 SOA가 길 경우, 연합관계와 범주-구성원 쌍 모두에 대해 촉진우세라고 한다(Keefe & Neely, 1990; Lorch, Balota & Stamm, 1986). 어휘판단과제에서는 억제효과가 작게 나타나지만, 단어명명과제에서는 억제효과가 발생하지 않는다는 점을 감안할 때, 명명과제에서의 점화효과는 SOA가 짧은 경우에, 연합 관련 쌍과 범주-구성원 쌍 모두에서 촉진 우세 성향을 보인다고 말할 수 있다. 겉보기에 상당히 복잡해 보이지만 간단하게 요약하면 다음과 같다: 의미점화는 대체로 촉진 위주이지만, 범주-예시 쌍이고 긴 SOA 조건의 어휘결정과제에서는 그렇지 않다.

이런 유형의 결과를 명료하게 설명하는 것은 상당히 난해하다. 왜냐하면 실험에 쓰인 점화단어와 목표단어 간의 의미 관계 외에 다른 측면에서 차이가 있을 수 있기 때문이다. 예를 들면, 점화단어와 목표단어가 연합관계를 갖는 경우와 범주 단어와 구성원 단어의 관계를 갖는 쌍은 목표단어의 빈도 혹은 점화단어와 목표단어 간의 관련성 정도에서 차이가 있을 수 있고, 이런 차이는 의미점화에 지대한 영향을 미친다(Becker, 1979; Canas, 1990). 그리고 단어쌍 내에서도 어떤 단어가 점화단어고 목표단어인지에 따라 의미관련성이 다르다. 예를 들면, 범주 단어가 점화자극이고, 구성원 단어가 목표자극일 때의 관련성이, 그 반대의 경우보다 더 약하다. 이런 관찰 결과를 반영하는 연합관계 쌍과 범주-구성원 쌍의 점화패턴은 다를 수 있는데, 이런 이유는 전략적 처리(strategic process)의 한 종류인 의미매칭상에서 다르기 때문이다.

앞서 언급했던 것처럼 대개는 어휘판단이 명명보다 의미매칭에 민감하다. 또한 의미매칭 같은 전략적 처리가 발생하려면, 시간이 더 걸리기 때문에, SOA가 길수록 그 효과가 커진다. 닐리와 키프(Neely & Keefe, 1989)가 제안한 것처럼, 의미매칭이 촉진보다는 억제를 더 많이 유발하면, 긴 SOA를 사용하는 어휘판단과제에서 범주-구성원 쌍의 경우, 촉진보다 억제가 지배적으로 일어난다는 사실을 (적어도 질적으로는) 설명할 수 있다. 하지만 이런 설명으로 인해 연합관계(associates)에서도 억제효과가 지배적으로 나타날 수도 있을 것이라고 생각할 수 있다. 대부분의 범주-구성원 쌍에 있어서, 아주 독특한 특징이 두 가지가 있는데, 하나는 점화자극이 목표자극으로부터 매우 예측 가능하다는 점이고, 또 다른 하나는 목표자극과 점화자극을 명제로 아주 쉽게 표현할 수 있다는 점이다(예: 느릅나무는 나무다, 울새는 새다). 무관련 쌍에서는 이런 쉽게 예측 가능하고 대표성 있는 의미 관계를 위반하게 되는 것인데, 이것이 억제가 일어나는 원인일 수 있다. 연합관계와 범주-구성원 쌍의 차이에 대한 다른 설명 방법은 이 장의 뒷부분에서 설명하도록 하겠다.

기대효과와 의미매칭이 촉진효과나 억제효과를 야기하는 상대적인 경향에서 차이를 보일까? 로치 등(Lorch et al, 1986)에서는 어휘판단에서의 모든 억제효과가 의미매칭같이 목표자극이 인식된 다음에 작용하는 처리 과정에 의해 발생한다고 주장하였다. 닐리와 키프(Neely & Keefe, 1989)에서는, 당시 존재했던 논문들을 보고, 기대효과가 억제보다는 촉진을 야기한다는 증거가 있지만 빈약하고, 반면에 의미매칭에서는 그 반대 현상이 나타난다고 결론을 내렸다. 현재까지 이 결론을 수정하게 만드는 다른 증거가 없는 것으로 알고 있다. 아마 누군가가 어휘판단과제와 명명과제 둘 다에서 SOA, 관련조건 비율, 비단어 비율을 다 같이 조작하는 대규모의 실험을 시행하지 않는 한, 이 질문에 대한 답을 찾을 수 없을 것이다. 그러한 실험을 한다면, 재료로 연합관계와 범주-구성원 쌍을 포함하는 것이 좋을 텐데, 이유는 아이템 종류에 대한 점화효과가 앞서 말한 여러 조건에서 달라지기 때문이다.

요약하자면, 두 종류의 전략적 처리는 기대와 의미매칭이다. 이런 전략적 처리는 SOA, 관련조건 비율, 비단어 비율, 과제 종류, 관련성의 종류(연합 관련 쌍 vs 범주-구성원 쌍)에 따라 다르다. 의미점화의 자동적 처리 부분 요소에 관심이 있는 연구자라면 짧은 SOA(200ms 미만), 낮은 관련조건 비율(0.20 미만), 그리고 0.50의 비단어 비율을 사용하는 것이 좋다. 이런 조건하에서 과제에 따른 차이나 의미 관계의 종류에 따른 차이는 별 영향을 주지 않을 것이다.

전략적 의미점화효과를 설명하는 데 있어 일반적인 설명은 자동점화모델에 추가적인 처리 기제를 상정하는 것이다. 7장에서 논의했던 닐리와 키프(Neely & Keefe, 1989; Neely, 1991도 참고할 것)의 의미점화의 삼중복합 처리 이론이 좋은 예다. 이 이론은 콜린스와 로프터스(Collins & Loftus, 1975) 모델처럼 자동점화(automatic priming)를 설명하는 모델과 여기에 기대와 의미매칭으로 이루어진 전략점화를 합친 것이다. 아마도 복합단서(compound-cue) 모델로 점화효과를 설명한다면, 유사한 전략적 처리 과정으로 점화효과를 설명할 수 있다.

2장에서 논의했던 것처럼 앤더슨(Anderson, 1983a)이 말한 어휘판단과제의 프로덕션 시스템 모델(production-system model)은 기대가 있는 경우와 없는 경우의 점화효과를 설명을 할 수 있다. 이 모델은 기대가 없는 경우에는, 촉진만, 기대가 작용할 때는 촉진과 억제 모두 발생할 것이라고 예측한다. 기대가 있을 때, 자동점화효과와 전략점화효과는 누적된다. 기대 처리가 시간이 걸린다고 가정하면, 이 모델은 짧은 SOA에서는 촉진효과만 있고 억제효과가 일어나지 않을 것이라 예언하고, 이런 패턴은 흔히 발견된다. 앤더슨의 모델에서 기대가 있는 경우에, 기대와는 다르지만 점화단어와 목표 관련된 목표자극에 대한 점화효과는, 기대하지도 못했고 두 단어 간의 관련성이 없는 경우에 비해 더 적은 억제를 보일 것이다. 예상 밖의 목표자극 때문에 발생하는 억제가 두 자극의 관련성에 의한 활성화확산의 촉진적 효과에 의해 일부 상쇄되기 때문이다. 이러한 패턴은 닐리(Neely, 1997)와 패브로와 시걸로위츠(Favreau & Segalowitz, 1983)에 의해 관찰된 바가 있다. 이 모델은 점화자극과 관련이 있고 예측할 수 있는 목표자극이, 예측은 되지만 관련이 없는 목표자극보다 점화효과가 클 것이라고 한다. 이는 패브로와 시걸로위츠에서 관찰되었지만 닐리는 오히려 반대의 결과를 얻었다. 그렇지만 닐리의 결과는 점화효과가 가장 컸던 경우에만 겨우 유의미하여, 결론적으로는 패브로와 시걸로위츠의 결과를 더 신뢰할 수 있다. 적어도 닐리의 결과에서는 예상하지 못했고 점화자극과 관련이 없었던 목표자극에 대한 억제효과가, 예상하지 못했지만 관련이 있었던 목표자극보다 컸는데, 이는 활성화확산이 700ms 이상의 SOA에서 영향력을 발휘한다는 점을 나타낸다. 반면에, 예상-관련목표자극과 예상-무관련목표자극이 비슷한 수준의 촉진효과를 가지고 있다는 점은 활성화확산이 같은 SOA에서 영향력을 발휘하고 있지는 않다는 점을 나타낸다.

이런 여러 발견을 ACT* 모델로 설명해 볼 수는 있는데, 참가자가 다른 조건에 비해 기대-관련조건에서 점화자극에 대해 주의를 덜 기울였다고 가정하면 된다(Neely, 1977, pp. 239–240). 닐리의 실험에서 참가자는 기대-관련 조건에서 점화자극을 보았을 때에는 다른 범주로 주의를 돌릴 필요가 없었던 반면(무전환-기대-관련), 다른 조건에서 점화단어를 보았을 때에는 주의를 돌리게끔 지시받았다(전환-기대-무관련, 전환-무기대-관련, 전환-무기대-무관련). 주의를 돌려보라는 지시는 주의 무전환 조건보다 분명 주의 초점을 더 요구했을 것이다(상상을 해 보자면, 참가자는 스스로에게 이런 말을 반복할 것이다. "그래, 점화자극이 신체의 한 부분일 때는 건물의 일부를 생각해야 해. 점화자극이 신체의 일부일 때는 건물의 일부를 생각해야…"). 2장에서 논의했던 것처럼 활성화는 점화자극이 주의의 초점을 받고 있을 때만 확산되며, 이 과정에서 발생하는 어떤 방해든 활성화확산을 감소시킬 여지가 있다.

앤더슨의 모델은 연합 관련 쌍이나 범주-구성원 관련 쌍에서의 어휘판단과제나 명명과제에서의 촉진효과와 억제효과 양상을 설명하는 데 쓸 수 있다. 연합 관련 쌍이나 범주-구성원 관련 쌍이 달라지는 차원이 있다면, 그것은 예상 목표자극 집단의 크기일 것이다(Becker, 1980). 평균적으로, 점화자극 이후에 나올 것으로 예상되는 목표자극 집단의 크기는 범주-구성원 관련 쌍보다 연합 관련 쌍 집단일 경우에 더 작다. 예를 들어, 검사 목록에 많은 수의 반의어 쌍이 들어 있다면 '덥다' 같은 점화자극에 대한 예상 목표자극 집합에는 아마 '춥다' 딱 한 단어만 포함될 것이다. 반면에 검사 목록에 많은 수의 범주-구성원 관련 쌍이 들어 있고 현재 주어진 범주명에 여러 구성원들을 대는 것이 가능하다면, '새'와 같은 예상 목표자극집합에는 '참새', '제비', '독수리' 등의 여러 구성원들이 포함될 것이다. ACT*에서 무언가를 기대한다는 행위는, 곧 'X가 기대됨'이라는 생각이 작업기억에 계속 활성화되어 있다는 의미다. 작업기억의 용량 한계는 동시에 활성화될 수 있는 생각의 양에 상한선을 부과한다. 여기에 더해 자극에서 유래한 활성화는 기대되는 것의 수가 증가할수록 더 많은 작업기억 내의 여러 요소들로 분산된다. 이런 자원의 제약은 ACT* 모델에서, 기대세트(expectancy set)의 크기가 증가할수록 더 적은 촉진효과와 더 많은 억제효과가 예상되게끔 한다(Anderson, 1983a, pp. 103-104). 기대에 기반한 점화효과가 SOA가 늘어남에 따라 증가한다고 가정해 보면, ACT* 모델이 긴 SOA 조건을 사용하는 어휘판단과제의 범주-구성원 관련 쌍에서 억제효과가 증가하는 이유를 설명할 수 있다. 앤더슨이 명명과제에 대해 자세히 분석한 것은 아니지만 비슷한 단어를 확인하는 절차 수준만으로도 명명과제를 구현할 수 있다고 보았다(Anderson, 1983a, p. 105). 이런 구현 방식은 SOA와 재료에 상관없이 명명과제에서 촉진효과가 지배적일 것이라는 점을 정확하게 예측하는 한편, 기대효과에 대해서는 설명하지 못한다(Balota, Black & Cheney, 1992).

앤더슨(Anderson, 1983a)는 SOA가 기대효과를 조절할 수 있음을 언급했지만, 관련조건 비율에 대해서는 논의하지 않았다. 또한 이 모델은 의미매칭 과정을 설명하지 않았다. 하지만, 관련조건 비율에 기대와 의미매칭 과정을 조절할 수 있다는 것은 이 모델의 구조와 전반적으로 일맥상통한다. 예를 들어, 이 모델은 단어 반응에서 의미매칭이 촉진효과를 만들지 못하고, 억제효과만 만들어 내는 이유를 설명할 수 있다. 의미매칭이 구현되는 과정은 목표자극에서 점화자극으로의 의미관련성이 없는지를 조사하고, 관련성이 없는 경우에 비단어라고 하는 반응을 편향시킨다. 이러한 목표자극에서 점화자극으로의 의미관련성이 없는지를 조사하는 과정은 목표자극이 점화자극과 연관되어 있을 때에는 작동하지 않는다.

베커(Becker)의 모델은 전형적인 전략점화를 설명하는 모델이라고 할 수 있다. 3장에서 논의했듯이, 이 모델에서 의미세트(semantic set)를 형성하는 과정은 전략적이라기보다는 자동적이라고 생각한다(Becker & Killion, 1977, p. 395; Becker, 1979, pp. 253-254). 그러나, 베커 자신은 의미세트의 형성이 어떤 때에는 인지 통제하에서 이루어지는 전략적인 것이라고 생각했다(Becker, 1980; Eisenberg & Becker, 1982). 만약 의미세트는 자동적으로 형성되고 인지 통제하에 유지한다는 가정을 세운다면, 베커의 모델은 의미점화에서 나타나는 촉진과 억제효과의 패턴을 설명할 수 있다.

의미세트가 전략적으로 형성된다고 가정한 사람들은 베커 모델이 짧은 SOA에서의 점화효과를 설명할 수 없다고 생각한다. 그러나, 의미세트의 형성이 점화자극 재인의 자동적 결과물이라면 베커 모델은 짧은 SOA에서의 점화효과를 어려움 없이 설명할 수 있다. 베커 모델은 의미세트에 대한 검증이 이뤄지면 특징 분석 과정을 거칠 필요가 없기 때문에 의미점화가 나타난다고 설명한다. 의미세트는 중립점화자극으로는 만들어지지 않는다. 중립점화자극 뒤에 나타나는 목표자극은 감각세트(sensory set)의 구성원인지 확인을 한 다음에 재인될 수 있다. 점화자극 처리와 목표자극 처리 사이의 지연은 단어점화자극에 대한 의미세트의 형성을 진전시키며 촉진효과를 유도한다. 만약 무관련점화자극이 제시된다면 반대의 효과가 발생한다. 목표자극을 제시받았을 때, 이것이 무관련점화자극에 의해 형성된 의미세트의 구성원 중에 있는지 찾아야 한다. 무관련점화의 의미세트 안에 목표자극은 당연히 없을 것이므로, 이러한 탐색은 무의미하다. 따라서 억제는 촉진의 비용(cost)으로 볼 수 있다. 무관련점화자극에 의해서 생성된 의미세트의 구성원이 많을수록 억제효과는 더욱 커지게 된다.

참가자들이 범주 A의 점화에 뒤이어 범주 B의 구성원이 목표자극으로 주어질 것을 기대했으나 실제로는 범주 A에서 목표자극이 제시되는 닐리(Neely, 1977)의 전환-예상하지 않음-관련(shift-unexpected-related) 조건을 생각해 보자. 참가자들은 신체관련점화자극에 뒤이어 건물 관련 단어(예: 창문)가 목표자극으로 제시될 것이라고 예측했으나 실제로는 신체 범주의 구성원인 '심장'이 목표자극으로 제시될 수 있다. 점화-목표자극의 네 가지 조합을 모두 평균 냈을 때, SOA가 250ms인 경우, 20ms의 촉진효과가, SOA 2000ms인 경우, 55ms의 억제효과가 관찰된다. 베커의 모델에 따르면, 짧은 SOA에서의 촉진효과는 점화자극에 따른 관련 목표자극의 자동 생성 때문에, 긴 SOA에서의 억제적 효과는 점화자극의 제시 후 전략적으로 생성한 다른 범주의 의미세트에 목표자극이 포함되어 있지 않기 때문에 발생한다.

베커의 모델은 촉진과 억제의 크기가 의미세트의 크기에 비례할 것이라고 예측한다(Becker, 1980). 의미세트가 커질수록 정답을 찾기까지 고려해야 할 아이템이 평균적으로 많아지기에 촉진효과는 감소할 것이다. 닐리(Neely, 1991)는, 억제는 충분히 크기가 큰 의미세트가 형성되었을 때, 그리고 점화와 목표자극이 의미적으로 관련된 조건에서 발생한다고 예측하였다. 그러나, 실제 연구 결과는 억제의 크기가 의미세트의 크기에 비례해 증가한다. 베커(Becker, 1980)는 이러한 예측을 반의어와 범주-구성원 쌍을 이용하여 검증했다. 베커는 반의어 쌍의 점화자극이 제시된 후에는 작은 의미세트가, 범주명 점화가 주어진 경우에는 큰 의미세트가 생성될 것이라고 추론했다. 실험 결과, 반의어 쌍에 대해서는 촉진적 효과와 미미한 억제적 효과를 발견하였고, 범주-구성원 쌍에 대해서는 반대의 패턴을 얻었다.[14]

베커는 1050ms의 비교적 긴 SOA를 사용했다(Becker, 1980). 앞서 논의되었듯, 추후 연구들은 점화가 짧은 SOA에서 범주-구성원 쌍에 있어 촉진 우세 결과가 나타남을 보였다. 이러한 결과는 의미세트의 생성에는 어느 정도 시간이 소요되고, SOA가 세트의 크기를 제한할 수 있다고(den Heyer, Briand & Smith, 1985) 가정하여 베커의 모델로 설명될 수 있다. 범주-구성원 쌍에서 촉진의 크기는 SOA에 영향을 받지 않는 것으로 보인다(Neely, 1991, Table4-각주 5 참고). 따라서, 의미세트 크기의 감소에 따라 증가하는 촉진적 효과는 범주명 점화자극에 의해 생성된 의미세트에서 구성원 타겟을 찾을 확률의 감소에 의해 상쇄될 것이라고 할 수 있다.

베커는 그의 모델을 명명과제에 적용하지는 않았다. 하지만 어휘판단 및 명명과제에서 발생하는 의미점화가 동일한 절차에 의해 일어난다고 가정한다면, 베커의 모델은 두 과제에서 나타나는 억제와 촉진효과패턴을 모두 예측할 수 있다(Lorch, Balota & Stamm, 1986). 이전에 논의하였듯이, 이 예측은 상당한 지지를 받고 있다. 하지만 범주-구성원 쌍이 긴 SOA에서 제시되는 경우, 어휘판단에서는 억제 위주의 점화효과가 나타나고, 명명과제에서는 촉진 위주의 점화효과가 나타나는 현상은 이런 베커 모델의 예측과 맞지 않는다. 로치와 그 동료들은(Lorch et al., 1986)은 베커의 모델이 의미세트와 감각세트의 탐색이 병렬적이라면, 어휘판단과제 및 명명과제에서의 다양한 억제패턴을 설명할 수 있을 것이라고 제안했다. 또한 이들은 의미세트에 목표자극이 없을 때, 어휘판단과제에서의 억제가 비단어 반응에 대한 편향성에 의해 발생한다고 주장했다. 그러나 이러한 예측은 연합 관련 쌍에서도 범주-구성원 쌍과 동일한 억제패턴을 예측한다. 그 대신, 이 모델은 (a) 명명과제보다 주로 어휘판단과제에서 사용되고, (b) SOA가 증가할 때, 그 효과가 증가하며, (c) 촉진보다 억제가 더 크게 나타나며, (d) 다른 유형의 의미 관계 또는 연합관계보다 범주-구성원 쌍으로 나타나는 대집합-부분집합 관계에 대해서 더 민감한 등의 특성을 지닌 의미매칭 절차로 타당성을 갖출 수 있다.

관련조건 비율효과에 대한 데이터가 베커가 그의 모델을 개발할 당시에 활용 가능했음에도 불구하고, 나는 베커가 논문에서 관련조건 비율 효과가 베커의 검증(verification) 모델에서 어떻게 설명이 되는지 기술한 것을 본 적이 없다. 앞에서 논의했던 대로, 관련조건 비율과 SOA는 상호작용한다. SOA가 짧은 상황에서는, 관련조건 비율이 큰 영향을 주지 않지만, SOA가 길 때는, 관련조건 비율이 커질수록 촉진이나 억제가 증가한다. 베커의 모델은 점화효과가 짧은 SOA에서는 주로 자동 생성 절차 및 확인 절차에 의해 결정되고, 긴 SOA에서는 앞의 두 절차에 전략적 조절이 추가된다고 가정할 때, 비로소 이러한 상호작용을 설명할 수 있다. 앞에서 서술한 대로, 짧은 SOA는 의미세트의 크기를 제한할 수 있으며, 촉진우세패턴을 형성하고 전략적 기대(expectancy)를 방지한다. 긴 SOA에서는 전략적 기대 절차가 개입한다.

플라우트의 모델(Plaut, 1995, 1997; Plaut & Booth, 2000; Plaut, McClelland, Seidenberg & Patterson, 1996)은 연합 관련 쌍과 범주점화효과, 그리고 SOA로 인한 촉진과 억제효과패턴을 설명하기 위해 고안된 유일한 분산네트워크모델(distributed network model)이다. 이 모델은 두 영역에 동시에 적용되지는 않지만, SOA의 기능으로서 연합 관련 쌍과 범주 관련이 있는 아이템들에 대한 여러 촉진 및 억제패턴을 설명할 수 있다(Plaut & Booth, 2000, p. 814). 이 모델의 독특한 특징은 전략점화 메커니즘을 상정하지 않고도 억제와 촉진패턴을 설명할 수 있다는 점이다.

이 모델에서 연합점화(associative priming)는 훈련 동안 점화자극이 목표자극과 빈번하게 같이 나타날 때, 네트워크가 점화자극에서 목표자극의 의미 표상으로 효율적인 전환 과정(transition)을 학습하여 발생한다. 연합점화는 점화자극의 지속 시간이 길어짐에 따라 크기가 증가하는데, 이는 점화자극의 지속 시간 연장으로 인한 점화자극의 활성화된 패턴이 목표단어의 활성화패턴과 더 유사해지기 때문이다. 대부분의 단어는 강한 연합어가 몇 개 없으므로, 네트워크는 특정 패턴을 선행하는 대부분의 불일치패턴을 훈련 동안 무시하도록 학습한다. 그 결과, 관련 없는 점화자극으로부터의 억제는 거의 없으며, 연합점화는 SOA에 관계없이 촉진 위주가 된다.

범주점화(categorical priming)는 네트워크가 의미론적으로 관련된 점화자극에 의해 선행될 경우, 목표단어 처리를 더 빠르게 시작하기 때문에 발생한다. 범주점화효과는 점화자극 제시 시간이 짧은 경우에 가장 크며, 점화자극의 처리가 진행될수록 점차 감소하는 경향을 보인다. 점화의 감소는 네트워크의 이력현상(hysteresis)에 의해 발생한다. 훈련 동안, 네트워크는 특정한 패턴으로 귀결하게 되는데, 그래서 주된 패턴에서 약간의 차이가 있는 것들은 가장 가까운 안정된 패턴으로 교정돼서 학습된다. 실험 중에 목표단어가 점화자극 뒤에 나타날 때, 네트워크는 점화자극의 패턴에서 목표단어의 패턴으로 전환해야 한다. 네트워크가 특정 활성화패턴으로 안정화되면서, 연관되지 않은 활성하패턴으로 이동하는 데 더 큰 관성 혹은 방해현상을 보이게 된다. 즉, 네트워크가 한 정보 처리 방식(활성화패턴)에 익숙해지고 그 상태에 머물러 있게 되면, 다른 종류의 정보 처리 방식으로 전환하는 것이 더 어렵거나 느려진다. 따라서 점화자극 제시 시간이 짧으면, 네트워크는 좀 더 효율적으로 목표패턴으로 전환할 수 있게 되지만, 점화자극 제시 시간이 길면, 네트워크는 목표패턴으로 전환하는 데 시간이 좀 더 필요하다. 전반적인 결과에 의하면, 범주점화는 SOA가 짧을 때, 상대적으로 약하게 나타나면서 촉진 우세의 성향을 보이고, SOA가 길 때 강하게 나타나면서 억제 우세의 성향을 보인다.

이 모델의 첫 번째 문제점은 범주 관련이 있는 아이템들에 대한 촉진이

SOA에 따라 감소한다는 예측이다. 실제로 범주 관련 쌍에 의한 촉진효과는 SOA에 의해 영향을 받지 않는다(10장과 닐리의 1994년 연구, 표4의 각주5 참고). 또 다른 문제는 이 모델이 짧은 SOA에서도 범주점화보다 연합점화가 더 크다고 예측한다는 점이다. 이러한 관계는 연합관계를 공유하지 않는 범주-구성원 쌍에서는 유지가 되지만, 일정 수준으로 연합된 범주-구성원 쌍에 대해서는 유지되지 않는다. 마지막으로, 이 모델은 어휘판단과제와 명명과제에서 유사한 촉진 및 억제패턴을 예측하는데, 이는 두 과제가 모두 글로 쓰여진 단어의 의미 정보를 찾아내는 과정을 수반하기 때문이다. 하지만 실제로는 범주-구성원 쌍의 경우, 어휘판단과제와 명명과제에서 다른 패턴이 발생한다. 그러나 연합점화와 범주점화에 대한 이 모델의 설명을 평가할 때, 고려해야 할 중요한 사항이 있다. 플라우트의 시연에서, 범주 관련이 있는 쌍들은 같은 범주의 구성원으로 이루어진 쌍('robin'-'sparrow')이지 범주-구성원 쌍이 아니라서 어쩌면 위의 평가가 적절하지 않을 수도 있다는 것이다.

플라우트의 모델은 아직 의미매칭에 해당하는 기제까지 포함하지는 못했지만, 관련조건 비율효과에 대해서는 설명할 수 있을 것으로 보인다(D. C. Plaut, personal communication, 26 August 2003; Plaut & Booth, 2000). 설명의 세부사항은 아직 엄밀하게 밝혀지지 않았지만, 기본적인 뼈대는 다음과 같을 것이라 생각한다. 반응 시간을 네트워크가 안정화되는 시간으로 간주하는 것이 아니라, 반응 시간이 어휘 체계 외부에 있는 반응 체계(response system)에 의해 결정된다고 보는 것이다(Usher & McClelland, 2001). 어휘판단에 대해서는 이 반응 체계를 2개의 유닛으로 구성된 4번째 층으로 구현할 수 있다. 이 중 한 유닛은 'yes'유닛으로, 현재 목표자극에 대한 의미스트레스(semantic stress)의 수준을 입력받게 되고, 다른 한 유닛은 'no'유닛으로, 모든 목표자극에 대한 평균 의미스트레스 수준을 입력받게 된다(〈그림 9.2〉). 이 'yes'와 'no'유닛은 이들 입력의 상대적인 강도를 기준으로 삼아 서로 경쟁하는 관계다. 연결망은 이 유닛 중 하나의 활성화가 반응 기준을 초과하게 되었을 때 반응을 시작한다. 이런 반응체계에서, 'yes'와 'no' 유닛 간의 경쟁은 두 유닛이 비슷한 크기의 입력을 받고 있을 때, 해소되기까지 더 긴 시간이 필요하다. 그러므로 모든 조건이 동일하다면, 높은 압력을 갖는 단어에 대해서는 평균에 가까운 압력을 발휘하는 단어보다 반응이 더 빨리 일어날 것이고, 낮은 압력을 발휘하는 비단어의 경우는 평균에 가까운 압력을 발휘하는 비단어보다 더 빠른 반응이 일어날 것이다.

의미스트레스는 평균적으로는 무관련점화자극이 앞에 나온 목표자극에서보다 관련점화자극에 따라 나온 목표자극에서 더 크다. 무관련점화자극에 뒤에 나온 단어 목표자극과 비단어목표자극에 대한 압력 수준은 관련 시행의 비율에 영향을 받지 않기 때문에, 모든 목표자극에 대한 평균적인 압력은 높은 관련조건 비율 리스트에서가 낮은 관련조건 비율 리스트의 경우보다 높을 것이다. 그러므로 'no' 유닛으로의 입력은 낮은 관련조건 비율에서보다 높은 관련조건 비율에서 강할 것이다. 'no' 유닛으로의 상대적으로 강한 압력 반응 기준이 높아지게끔 하고, 높아진 반응 기준으로 인하여 관련점화조건과 무관련점화조건에서 각각의 목표자극에 대한 반응 시간의 차이가 증가하게 된다(〈그림 9.3〉). 관련조건 비율의 이런 효과에 대한 모델은 높은 관련조건 비율 리스트에서보다 낮은 관련조건 비율 리스트에서 반응 시

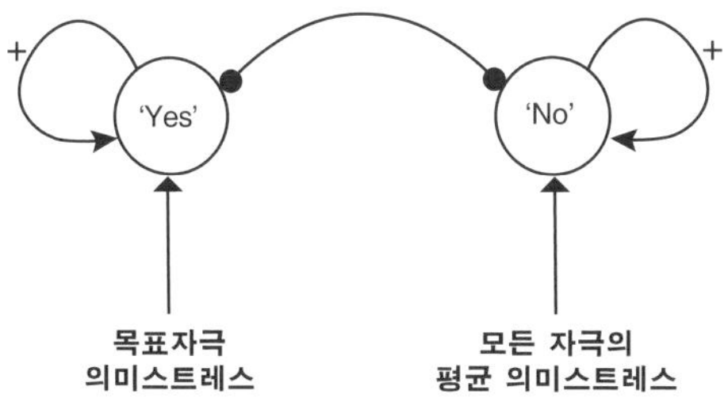

그림 9.2. 의미점화에 대한 플라우트의 모델에 대응하는 경쟁적 반응 체계에 대한 묘사. 'yes'유닛에 대한 입력은 현재 목표자극에 대한 의미스트레스이고, 'no'유닛에 대한 입력은 모든 목표자극에 대한 평균 의미스트레스로 단어와 비단어 모두 포함한다. 각 유닛은 스스로에게 활성화를 다시 보내 순환시키고 다른 유닛에는 억제 신호를 보낸다. 플라우트와 부스(Plaut & Booth, 2000, Fig. 16A)에서 발췌.

간이 빠를 것이라고 예측하는데, 이는 높은 관련조건 비율 리스트에서보다 낮은 관련조건 비율 리스트에서 반응 기준이 더 높기 때문이다. 관련된 논문을 읽어보니 이런 예측이 확인되는 경우도 있었고 반증되는 경우도 있었다(de Groot, 1984; den Heyer, Briand & Dannenbring, 1983; Neely, Keefe & Ross, 1989; Perea & Rosa, 2002; Seidenberg, Waters, Sanders & Langer, 1984; Tweedy, Lapinski & Schvaneveldt, 1977). 이런 연구들의 가장 큰 한계는 이 모델의 예측을 평가함에 있어, 관련조건 비율이 피험자 간 변인(between-subject variable)으로서 조작

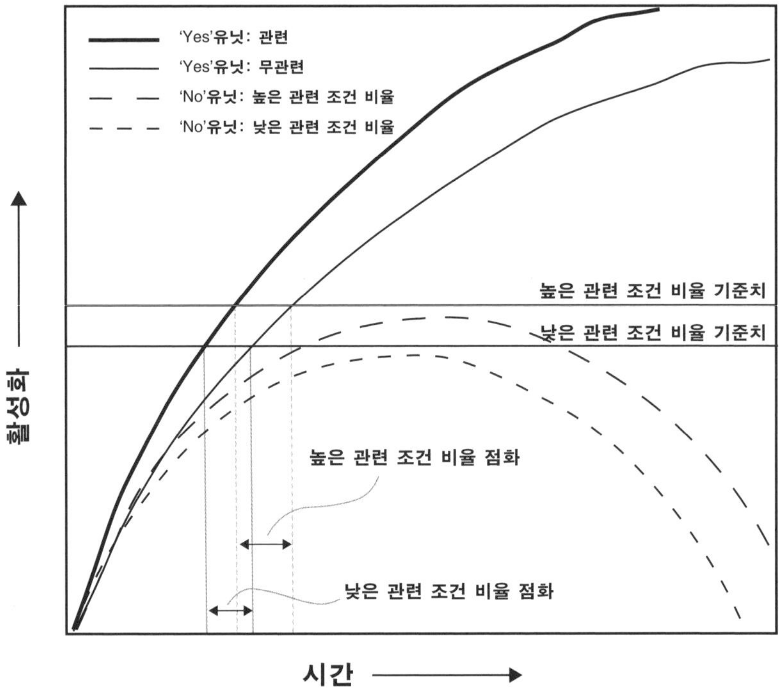

그림 9.3. 경쟁 반응 체계에서의 반응유닛 활성화를 시간과 입력 강도 차원의 함수로 표현. 관련점화자극에 따라 나오는 목표자극은 무관련점화자극이 선행하는 목표자극에서보다 'yes'유닛에 강한 입력을 가한다. 따라서 'yes'유닛의 활성화가 무관련조건에서보다 관련조건에서 기준치를 더 빠르게 충족시킨다. 'no'유닛에 대한 입력의 크기는 관련조건 비율이 증가함에 따라 함께 증가한다. 따라서 반응 기준이 보다 높아져야만 단어를 비단어로부터 구분지을 수 있다. 그 결과로 의미점화의 크기가 커지게 된다. 플라우트와 부스(Plaut & Booth, 2000, Fig. 16B)에서 발췌.

되었다는 점이다. 반응 시간에 대한 피험자 간 비교는 신뢰롭지 못하다. 내가 아는 바로는, 출판된 연구 중 딱 한 편 연구에서만 관련조건 비율이 피험자 내 변인으로 조작되었다(Bushell, 1996). 이 연구에서 플라우트의 모델의 예언을 지지하는 연구 결과가 확인되었지만, 반응 시간에서의 차이는 작았다. 무관련점화조건에서의 평균 반응 시간은 각각 관련조건 비율이 0.2 일 때 676ms였고, 관련조건 비율이 0.8일 때 689ms였다.

다단계활성화모델(multistage activation model)의 지지자들은 자동점화와 전략점화의 전통적 구분에 대한 연구 이슈를 직접 다루지 않았다(Stolz & Besner, 1999). 여러 처리 과정의 어디에서 그리고 언제든 주의가 주어질 수 있으며, 이런 관점에서 다단계활성화모델에 따르면 의미점화는 절대 자동적일 수 없다. 하지만 주의 조절(attentional control)에 대한 이 관점이 '의식적' 반응 조절(conscious control)을 의미하지는 않는다. 스톨츠와 닐리(Stolz & Neely, 1995)는 로고겐 모델에 기초한 시스템 구현 연구에서 관련조건 비율의 역할을 상위 노드(node)로 들어오는 피드백을 조절하는 것으로 보았으며, 이러한 설명은 IA모델에도 적용될 수 있다(Smith & Besner, 2001, 17장). 하지만 다단계활성화모델에서 SOA, 관련조건 비율, 비단어 비율, 과제 종류, 점화-목표자극의 관계 등의 합산된 효과는 연구되지 않았다.

서두에서 했던 조심스러운 코멘트를 상기하며 이 장을 마무리하겠다. 자동적, 전략적 처리의 전통적인 구분은 이 두 처리 과정이 서로 독립적임을 가정한다(Posner & Snyder, 1975a). 따라서, SOA의 증가에 따라 자동 처리는 감소하고, 전략적 처리는 증가해야 한다. 또한 자동 처리, SOA 증감, 그리고, 전략적 처리 간에는 상호작용이 관찰되지 않아야 한다. 하지만 이 가정과는 다르게, 전략적 처리 과정이 자동 처리에 영향을 주고, 그리고 이는 SOA에 따라 변한다는 증거가 있다.

닐리(Neely, 1977)의 실험조건을 모사하여, 밸로타, 블랙과 체니(Balota, Black & Cheney, 1992)는 명명과제를 사용하여 점화-목표자극 쌍의 관련성,

기대, SOA를 조작한 실험을 시행하였다. 그들은 전통적 시각과 마찬가지로, 관련성의 효과는 자동 처리를, 기대에 따른 효과는 전략적 처리 과정을 반영한다고 보았다. 실험 결과, 목표자극을 예측한 조건에서 관련성의 효과는 SOA의 증가에 따라 감소하였고, 목표자극을 예측하지 못한 경우에는 관련성의 효과나 SOA에 따른 차이는 미미한 것으로 나타났다. 기대로 인한 효과는 SOA에 따라 증가했지만, 점화-목표 쌍이 관련되지 않은 경우에만 그러했다. 관련성, 기대, SOA에 따른 이러한 3차 상호작용은 독립적인 두 개의 처리 과정을 상정하는 모델과 부합하지 않는다. 밸로타와 동료들은 중립적 점화자극이 제시된 시행이 아닌, 관련성이 없고 예측하지 못한 점화-목표 쌍이 기저조건으로 설정된 다른 실험들에서도(Burke, White & Diaz, 1987; Favreau & Segalowitz, 1983; Neely, 1977) 마찬가지의 결과를 얻었음을 지적하였다. 밸로타와 동료들의 결과는 자동 처리와 전략적 처리의 구분이 완전히 옳지 않다는 것을 지적하지는 않지만, 이 자동적 처리와 전략적 처리의 관계가 지금까지 가정됐던 것보다 더 복잡하다는 것을 시사한다. 예를 들어, 밸로타와 동료들은 낯선 점화-목표단어 쌍에서보다 익숙한 점화-목표 쌍에서의 주의 할당이 더 효율적이라고 가정하였다. 그래서 주의 할당이 원활하지 않은 관련성이 없는 점화-목표 쌍에서는 기대효과가 크고, 반면에 주의 할당이 원활한 관련성이 존재하는 쌍에서는 기대의 효과가 적은 것이라고 추측했다.

15, 16, 17장에서도 논의되겠지만, 의미점화와 관련된 다른 연구들 역시 이와 유사한 결론에 도달하였다. 기대의 전략적 처리와 가장 강하게 관련된 독립 변인인 관련조건 비율이 전의식 의미점화(subliminal semantic priming)에도 영향을 미친다는 증거가 있다(14장 참고)! 보드너와 마송(Bodner & Masson, 2003; 2004)은 점화자극을 45ms로 매우 짧게 제시하여 의식적 지각이 불가능하도록 실험을 진행하였다. 그 결과, 관련조건 비율이 0.8일 때 의미점화 크기가 24ms였고, 관련조건 비율이 0.2일 때 의미점화의 크기가 13ms였다.

즉, 관련조건 비율이 높을 때 의미점화가 더 컸다. 비슷한 효과는 높은 근접성(proximity) 그룹과 낮은 RP 그룹 모두 의미론적으로 관련된 시행을 같은 비율(0.20)로 받았을 때도 발생했는데, 높은 RP 그룹은 추가적으로 60%의 시험에서 반복점화자극을 받았다. 사후 실험 인터뷰와 점화자극을 지각할 수 있는 정도에 대한 평가 결과는(실험 참가자들은 점화자극이 무엇이었는지를 보고하지 못했다), 이런 위의 의미점화 결과가 점화자극을 의식적으로 인지했기 때문에 출현한 것이 아니라는 사실을 보여 준다. 보드너와 마송은 이러한 결과가 특히 점화의 활성화확산(spreading activation)이론을 약화시킨다고 주장하였다. 그들의 결과는 관련조건 비율효과에 대한 전통적 해석의 관점에 대해 문제를 제기하여, 실제로도 근본적인 점화기제 자체를 뒤흔들고 있다. 플라우트의 모델은 일단 차치하고라도, 관련조건 비율 효과를 노드 자체 내에서의 활성화패턴으로 설명할 수 있는 점화모델은 없다.

보드너와 마송(Bodner & Masson, 2003; 2004)의 연구 결과는 매우 인상적이지만 이 결과를 해석하는 데에 세심한 주의를 기울여야 한다. 체스먼과 메리클(Cheesman & Merikle, 1986)은 스트룹점화과제에서 일치 시행의 비율을—이 과정은 의미점화과제에서 관련조건 비율을 조작하는 것과 유사함—조작했고, 점화자극이 겨우 알아볼 수 있을 정도로 짧게 제시될 때, 일치 시행의 비율이 점화효과의 크기에 영향을 미치지 못한다는 것을 발견했다. 이 결과는 보드너와 마송(Bodner & Masson, 2003; 2004)의 연구 결과와는 다르게 관련조건 비율이 짧은 시간대에 일어나는 점화효과에 영향을 주지 못했음을 의미한다. 이 연구에서, 체스먼 등(Cheesman & Merikle, 1986)은 참가자가 점화자극을 의식할 때에만 일치 시행 비율의 조작이 영향을 미친다고 주장했다. 또한, 페리어와 로사(Perea & Rosa, 2002)는 보드너와 마송의 실험과 유사한 절차를 사용했지만, 66ms 정도로 짧은 SOA에서 나타나는 의미점화의 관련조건 비율 효과(0.82 vs 0.18)의 증거를 찾지 못했다. 보드너와 마송은 페리어와 로사 실험의 참가자가 많은 수의 점화자극을 의식적으로 인지하였고, 의식적 지각이 관련조건 비율의 무의식적 영향을 방해하였기 때문에, 관련조건 비율 효과가 발생하지 않았을 가능성을 고려하였다. 14장에서 논의한 것처럼, 다른 관련조건 비율 수준에서, 같은 크기의 의미점화효과를 어떻게, 그리고 왜 만들어 내는지를 명확하게 설명하지는 못하지만, 짧게 제시되는 점화자극에 대한 의식적 지각이 의미점화에 영향을 미친다는 연구 결과들이 있다. 마지막으로 지적할 것은, 보드너와 마송의 실험은 관련조건 비율과 비단어 비율이 혼입되어 있다는 것이다. 현재까지 우리는 의미점화에 영향을 미치는 변인이 무엇인지 명확하게 알지 못한다. 비록 무의식적인 의미점화에 비단어 비율(NR)이 영향을 미친다고 생각하는 데에 어느 정도 주저함이 있을 수도 있지만, 이러한 주저함은 우리가 무의식적인 의미점화에 관련성 비율(RP)의 영향을 보고 놀라게 되는 것과 같은 선입견에서 비롯된 것이다!

10 연합점화와 순수 의미점화

1장에서 다루었듯, 의미점화는 연합관련성(associative relatedness), 의미관련성(semantic relatedness) 등 다양한 관계로 인한 점화효과를 일컫는다. 연합관련성은 자유연상어규준(free-association norm)에 의해 정의된다(Nelson, McEvoy & Schreiber, 1991; Postman & Keppel, 1970). 자유연상과제(free association task)에서 산출된 단어들은 연합적 관계를 갖는다. '강아지'-'고양이'가 그 예가 될 수 있는데, 13장에서 언급했듯 연합은 '강아지'를 봤을 때 '고양이'가 떠오를 확률과, 거꾸로 '고양이'를 봤을 때 '강아지'가 떠오를 확률은 일반적으로 동일하지 않다. 그래서 연합관련성의 강도는 방향에 따라 다른 확률을 갖는 비대칭적 관련성을 가진다.

의미관련성에 대한 정의는 많은 수정을 거쳤다. 초기 연구에서는(Hines, Czerwinski, Sawyer & Dwyer, 1986; Lupker, 1984), 의미관련성을 갖는 단어들은 반드시 동일 범주의 구성원들이어야 한다고 생각했다(예: 신체 일부, 가구, 옷 등). 배티그와 몬터규(Battig & Montague, 1969)의 연구가 한 예이다. 객체-일부 관계(예: '낙타'-'혹'), 기능적 관계('차'-'운전') 등 다른 종류의 관련성은 비의미적인 것으로 분류되었다. 최근 연구들은(McRae & Boisvert, 1998; Moss, Ostrin, Tyler & Marslen-Wilson, 1995) 의미관련성의 범위를 넓혀, 한 단어를 정의하는 데 사용되는 단어들까지 의미관련성을 갖는 것으로 보았다. 이 책에서는 의미관련성을 범주관련성, 객체-일부 관계, 기능적 관계, 동의어와 반의어 관계 등을 모두 포함하는 의미로 사용한다. '순수하게' 의미적으로만 관련된 단어들은 연합관련성이 없다는 것을 말한다.

연합관련성을 갖는 단어들은 어휘판단과제, 명명과제 및 유사한 어휘과제들에서 서로 의미점화를 일으킨다. 하지만 연합이 없을 때도 점화가 일어나는가에 대해서는 논쟁이 있었다. 피슐러(Fischler, 1977b)가 처음으로 연합관련성이 없는 단어쌍들로 점화 실험을 한 결과, 점화효과, 즉 순수한 의미점화효과가 신뢰성 있게 관찰되었다. 하지만, 뒤이은 여러 연구들은(Lupker, 1984; Moss, Ostrin, Tyler & Marslen-Wilson, 1995; Shelton & Martin, 1992) 다양한 조건에서 순수한 의미점화효과를 얻지 못했다. 이에 따라 셸턴과 마틴(Shelton & Martin, 1992)은 자동점화가 의미적이 아니라 연합적이라고 결론지었다. 한편으로, 맥리아와 보이스버트(McRae & Boisvert, 1998)는 점화가 연합적으로 관련된 쌍에서만 발생한다는 이러한 결론은 점화-목표 쌍의 의미적 연관성이 약했기 때문이라는 증거를 제시하였다.

최근에 나온 메타 분석이 이러한 논쟁을 잠재울 수 있다. 루커스(Lucas, 2000)는 순수하게 의미적으로 관련된 점화자극-목표자극 쌍을 실험 자극으로 사용하고, 스트룹과제, 어휘판단과제, 혹은 명명과제로 실험한 26개의 연구를 조사하였다. 대부분의 연구는 연합적으로 관련된 점화자극과 목표자극 쌍이 포함되었다. 코언(Cohen, 1977)의 기준에 따른 효과의 크기는, 각 표본의 피험자 수에 따라 가중치가 부여되었는데, 순수 의미점화의 경우 0.25, 연합점화의 경우는 0.49 정도였다. 이에 따라, 검토된 연구에서 순수한 의미점화가 있다는 것과 연합점화가 의미점화보다 상당히 크다는 명확한 증거가 있는 셈이다. 연합적으로 관련된 점화자극과 목표자극 쌍이 의미적으로도 관련되어 있기 때문에, 연합점화효과 크기가 더 큰 것으로 해석할 수도 있다. 이후에 이루어진 또 다른 연구들의 결과에 의하면, 순수 의미점화의 효과 크기는 특정한 어휘판단과제 유형이나 관련성 비율, SOA의 영향을 받지 않는다. 이러한 점은 순수 의미점화가 전략적으로 조절되지 않는다는 점을 시사한다.

루커스(Lucas, 2000)는 순수 의미점화가 의미관련성의 유형에 따라 바뀌는지를 조사하였다. 범주관련성, 유의어관련성, 반의어관련성, 그리고 스크립트관련성(script relations)은 0.20에서 0.27 정도 되는, 유사한 크기의 평균 효과를 지닌다. 반면, 기능관련성을 지닌 범주는 0.55의 평균 효과 크기를 보인다. 이러한 결과는 기능관련성이 단어의 의미를 결정하는 데 중심적인 역할을 한다는 가설을 지지한다. 지각적으로 관련된 점화자극-목표자극 쌍은 0.05의 매우 낮은 효과 크기를 보인다. 그러나, 지각적으로 관련된 점화를 해석하는 데 주의를 요하는데, 그 이유는 오로지 두 개의 연구에서만 이러한 부류의 지각적 점화효과를 연구했기 때문이다.

요약하자면, 순수 의미점화에 대한 상반된 증거들이 혼재되어 있음에도 불구하고, 루커스(Lucas, 2000)의 메타 분석은 순수 의미점화가 실제로 존재하는 현상임을 시사하고 있다. 이 결론은 이론적으로 매우 중요한데, 분산네트워크모델 등의 여러 모델들이 순수 의미점화효과를 예측하기 때문이다. 루커스의 분석은, 의미관련성만 있는 경우와 비교해서, 연합관련성에 의한 의미점화효과는 두 배 정도 된다는 것을 보여 준다. 마지막으로, 순수 의미점화는 의미관련성 종류에 따라 변하고, 특히 기능적 관련성에 의한 점화는 매우 크다.

순수 의미점화와 매우 큰 연합관련성점화는 적어도 세 가지 방식으로 설명할 수 있다. 먼저, 순수 의미점화는 의미관련성의 중복으로 발생하고, 반면에 매우 큰 연합관련성점화효과는 두 단어가 함께 얼마나 자주 나타났는가에 의해 결정된다. 원칙적으로 이 설명은 모든 점화모델에서 적용할 수 있지만, 이를 구체화하지는 않았다. 하지만 플라우트의 모델은 이러한 기제들을 의미관련성의 중복과 두 단어가 함께 얼마나 자주 나타났는가에 의한 원리로 구분하여 네트워크 시스템으로 구체화하였다. 연합관련성이 의미관련성과 관련없이 형성된다고 설명하려면, 의미관련성이 없을 때 연합점화가 나타난다는 결과를 찾아야 한다. 하지만, 이런 종류의 증거를 찾기가 매우 힘들다. 예를 들어, 페처와 라이메이커스(Pecher& Raaijmakers, 1999)는 실험실에서 학습된 연관 관계에서 약한 점화효과를 발견했지만, 그 효과는 맥락 의존적이었다. 이들 연구에서는 학습 단계에서 사용된 어휘판단이나 지각식별(perceptual identification)이 검사 단계에서도 똑같이 사용되었기 때문에 맥락 의존적이다. 새로 배운 연합관계에 대한 점화는 학습과 검사 단계에서 사용하는 과제가 같을 때 컸고, 두 단계에서 사용하는 과제가 다를 때 약했다(학습 단계의 과제와 검사 단계의 과제가 다를 때에도 점화효과가 있긴 했지만 통계적으로 유의미한 수준은 아니었다). 위 결과는 관찰된 점화효과가 전이-적합형처리(transfer-appropriate processing) 원칙을 따른다는 것을 의미하고, 일화기억의 역할을 보여 준다.

순수 의미점화와 연합주도점화에 대한 두 번째 설명은, 단어와 연합적으로 관련된 단어의 수가 단어마다 다른 것으로 설명할 수 있다. 이러한 차이는 자유연상과 의미점화과제에서 잘 나타난다. 이 설명에 대해서는 13장에서 더 자세히 다룰 것이지만, 근본적인 가정은 자유연상에서 단서로, 의미점화에서는 점화자극으로 제시될 때, 단어의 유효성은 그 단어와 연합적으로 관련되어 있는 단어의 수에 따라 달라진다는 것이다. 점화자극과 관련된 단어가 많을수록, 점화단어로 활성화되어 전달되는 정보량은 줄어들게 된다(ACT*의 Fan effect 참조). 연합적으로 관련된 단어의 수가 적은 단어들은 연합적으로 관련된 단어의 수가 많은 단어보다 더 나은 단서와 점화자극이 될 수 있다. 연합관련성을 갖는 점화자극과 목표자극의 의미 관련 쌍은 상대적으로 다른 연합 관련 단어를 적게 가지고 있을 수 있다. 반면, 순수 의미관련성의 점화자극과 목표자극의 의미 관련 쌍은 상대적으로 다른 연합 관련 단어를 많이 가지고 있을 수 있다. 아마도 이 추측은 대규모의 말뭉치 자유연상 데이터를 기반으로 검증할 수 있을 것이다.

세 번째 설명은 연합 관련 단어들은 비연합적 단어들보다 더 많고 더 강한 의미관련성을 공유한다는 것이다. 의미적으로는 전혀 관련이 없는데 연합적으로 관련된 단어쌍을 찾기가 매우 어렵다. 이 관점에서 순수의미관련

단어와 연합관련 단어로 이분법적으로 분류하는 것은, 사실은 연속체인 것을 인위적으로 범주화한 것에 불과한 것일 수도 있다. 순수 의미점화와 매우 큰 연합점화에 대한 세 번째 설명은 모든 점화모델에서 구체화될 수 있다.

11 중재된 의미점화와 직접의미점화

중재점화(mediated priming)는 직접적으로 연합되거나 의미적으로 관련되지는 않았지만 다른 단어를 거쳐서 목표자극과 점화자극이 관련되어 점화가 일어나는 것을 의미한다. 예를 들어, 자유연상 기법에 기반하여, '갈기(mane)'와 '호랑이(tiger)'는 서로 직접 연상시키는 단어는 아니지만 두 단어 모두 '사자(lion)'의 연합자다. 점화자극과 목표자극 간의 연합관련성은 연합관계가 형성되는 단계의 수로 나타낼 수 있다. 즉, '호랑이-줄무늬'는 1단계 연합관계고, '사자-줄무늬'는 '호랑이'를 거쳐서 만들어지기 때문에 2단계 연합관계이며, '갈기-줄무늬'는 '호랑이'와 '사자'를 거쳐 형성된 것이기 때문에 3단계 연합관계에 해당한다. 점화모델은 중재된 점화를 예측할 수 있는지 여부에 따라 나눌 수도 있다.

초기 연구에 의하면, 두 단계 정도 떨어져 있는 단어 간의 점화효과는 명명과제에서는 일어나지만 어휘판단에서는 일어나지 않는다(Balota & Lorch, 1986; de Groot, 1983). 그렇지만, 이후의 여러 연구들은 의미매칭과 같은 과제와 관련된 전략적 처리를 제한한 경우에 2단계, 심지어는 3단계의 중재 연관성에서도 점화효과가 어휘판단과제에서 나타나는 것을 보고하였다. 예를 들어, 맥너마라와 알타리바(Mcnamara & Altarriba, 1988)는 아이템이 컴퓨터 화면에 하나씩 나타날 때, 어떤 경우에는 앞에 단어와 바로 이어 나오는 단어 간 2단계 연합 관련 쌍이 있었고, 어떤 경우에는 2단계 연합 관련 쌍이 없도록 조절하여, 어휘판단과제에서도 2단계 연관성의 매개점화가 나타나는 것을 보고하였다. 제시 속도는 80-100ms 정도로 빠른 편이었다. 이 과제에서 실험 참가자의 입장에서는 점화자극과 목표자극을 구분할 수 없었다. 그리고 때때로 단어 앞에는 바로 비단어가 나오곤 했다. 이 연구에서 의미매칭 전략은 그다지 영향을 주었다고 보기 어려운데, 왜냐하면 거의 모든 목표단어들이 무관련한 맥락에서 나왔기 때문이다(RP, 즉 관련 쌍 비율이 낮은 상황을 가정). 이 과제의 또 다른 장점은 실험 참가자가 점화자극과 목표자극 모두를 어휘판단 할 수 있을 정도의 수준까지 깊게 처리하였다는 것이다. 이 과제의 이러한 특징은 상대적으로 작은 점화효과를 얻고자 할 때 유용하다. 하지만 이 과제의 단점은 점화자극과 목표자극 간의 간격을 정확하게 통제할 수 없다는 점이다.

중재점화는 활성화확산모델로 예측할 수 있다. 예를 들어, 〈그림 2.1〉(이 책 22쪽)의 네트워크를 활용하면, ACT* 모델은 무관련점화자극 조건에서 '갈기'의 활성화 수준이 1.45인 것을 예측할 수 있고, '갈기'에 의해 점화된 경우는 1.61이 된다는 것을 계산할 수 있다.

대부분의 모델은 중재점화를 설명하기에 용이하지 않다. 베커의 검증모델에서, 의미세트는 점화와 직접적으로 연관된 연합적, 의미적 관련이 있는 단어들로 구성되어 있기 때문에 중재점화를 설명할 수 없다. 복합단서(Compound-Cue) 모델의 몇몇 버전들은 두 단계 중재점화를 설명할 수 있지만, 세 단계 점화를 설명할 수는 없다(McNamara, 1992b). SAM에서, 점화-목표자극이 직접적으로 연합되지는 않았더라도, 두 단어는 같은 연합단어를 공유하여 복합단서의 친숙성이 증폭된다. 이로 인해 두 단계 점화가 발생한다. 대부분의 분산네트워크모델은 점화와 목표자극이 의미적 특징을 공유해 점화가 발생한다고 가정하기 때문에, 중재점화를 설명할 수 없다. 플라우트의 모델(1995; Plaut & Booth, 2000)은 연합적 점화메커니즘으로 중재점화를 설명할 수 있을 것으로 보이지만, 이는 검증되지 않았다. 로고겐(logogen) 기반 다단계활성화모델에서, 의미시스템 내 활성화가 연합적, 의미적 단계로 확산된다면 중재점화를 설명할 수 있을 것이다. IA(interactive activation model)

모델은 의미시스템 내에서 활성화확산이 일어난다고 가정하지 않는다. 따라서 점화자극의 어휘적 표상과 직접적으로 연결된 의미 표상만이 의미시스템 내에서 부분적으로 활성화될 것이다.

그러나 매개점화 결과를 해석하는 데에는 심각한 문제가 있다. 만약 점화자극과 목표단어가 어떤 방식으로든 직접적으로 관련되어 있다면, 모든 모델들은 그들 사이의 점화를 예측한다. 이 문제는 주목받지 못한 것이 아니다. 예를 들어, 맥너마라(1992b)는 세 단계 연합 체인의 모든 단어에 대한 자유연상을 수집했다(예: '갈기'-'사자'-'호랑이'-'줄무늬'). 최소 81명의 실험 참가자들이 점화자극에 대한 연상을 제공했고, 최소 35명의 실험 참가자들이 다른 단어들에 대한 연상을 제공했다. 연속적 연합(예: '갈기'-'사자', '사자'-'호랑이')의 평균은 0.39였고, 비연속적 연합(예: '갈기'-'호랑이', '갈기'-'줄무늬')의 평균은 0.004였다. 비연속적 연합이 0이고, 추가적인 사슬을 갖는 단어는 점화-목표자극으로 쓰이지 않도록 하였다(세 단계 점화-목표는 두 단계 점화-목표가 아니었다). 이렇게 생성된 아이템들로 실험한 결과, 평균 점화효과는 10ms였고, 이는 모든 아이템의 효과와 정확히 일치한다. 의미적으로 연관이 있을 수 있는 것과 의미적 연관이 전혀 없는 것으로 재료들을 나누어 본 결과, 각각 8ms와 10ms의 점화효과가 발생하였다. 하지만 이렇게 열심히 다른 종류의 의미관련성을 통제하려고 노력하였음에도 불구하고, 점화-목표 쌍 간에 연합적 혹은 의미적 연관이 없도록 완전히 통제되지는 않았을 가능성이 있다는 점을 시인한다.

이 문제를 다루는 가장 좋은 방법은 특정 모델의 맥락에서 이 이슈를 조사해 보는 것이다. 예를 들어, 맥너마라(McNamara, 1992b)는 기억 모델인 '연상 기억의 탐색(Search of Associative Memory, SAM)'(Gillund & Shiffrin, 1984)을 사용하여, 만약 세 단계 점화자극과 목표단어 사이의 직접적 연합이 관찰된 점화의 크기를 만들어 낼 정도로 상호 관련성이 높다면, 이러한 점화자극과 목표단어는 자유연상과제에서 관찰된 것보다 훨씬 높은 빈도로 상호 연합으로 나타났어야 한다. 그러나 실제 결과는 그렇지 않았다. 이 분석은 점화자극과 목표단어가 직접적으로 관련되어 있지 않다는 것을 증명하지는 않는다. 그러나 이러한 결론은 점화모델(즉, SAM과 결합된 복합단서모델)에 국한되는 것이고 다른 모델에서는 결론과 다를 가능성도 있다. 이 연구의 기여는 특정 모델이 매개점화와 자유연상 결과 모두를 설명하는 데 어려움을 겪을 것임을 보여 준다는 데 있다.

유사한 접근법으로 라이브지와 버기스(Livesay & Burgess, 1988)는 '언어에 대한 초공간유사모델(Hyperspace Analogue to Language, 이하 HAL)'을 사용하여 매개점화와 연합관련성 간의 상관성을 조사하였다. HAL은 의미기억을 여러 차원의 특정 값의 조합으로 나타낸다(예를 들면, '사과'는 색깔 차원에서 어떤 값을 갖고, 또한 크기 차원에서도 어떤 값을 갖게 되는데, 이 값들의 조합이 사과의 의미 표상을 나타낸다). HAL은 두 단계를 거치는 점화자극과 목표자극의 관련성을 의미 거리로 계산한다. 이런 방법은 밸로타와 로치(Balota & Lorch, 1986)가 개발하고, 후에 맥너마라와 알타리바(Mcnamara & Altarriba, 1988) 등이 사용한 방법이다. HAL을 적용한 분석 결과, 2단계의 중재점화자극과 목표자극에서의 평균적인 의미관련성 강도는 무관련점화자극과 목표자극에서의 의미관련성 강도보다 높았다. 그렇지만, 중재점화효과의 크기와 점화자극과 목표자극이 함께 출현할 가능성의 정도 간에는 상관이 없었다. 이런 결과는 매쿤과 랫클리프(McKoon & Ratcliff, 1992)의 예측과는 다른 것이다.

또 다른 유사한 연구로 크빌라와 콜크(Chwilla & Kolk, 2002)는 네덜란드어로 3단계 점화-목표자극 쌍을 만들었다. 점화자극과 목표자극이 2 개의 중재 단어로 연합되어 있음을 자유연상기법을 통해 보여 주었다. 몇 번의 실험을 통해 신뢰성 있는 3단계 점화효과가 나타나는 결과를 얻었다. 크빌라와 콜크는 '잠재 의미 분석(Latent Semantic Analysis, LSA)' 프로그램을 사용해 영어로 번역된 점화자극과 목표자극의 의미 거리를 계산했다. 그들은 무관련 자극쌍보다 3단계 점화 및 목표자극쌍에서 의미 거리가 짧아서 관련성이 더 강했음을 발견했다. 3종의 연구 결과를 보았듯이, 모든 점화모델은 위 재료에서 나타나는 중재점화효과를 예측할 수 있다.

요약하면, 중재점화는 여러 연구에서 보고되기는 했지만, 실제로 존재하는 현상인지에 대해 아직도 모호성이 있다. HAL과 LSA를 이용해서, 통제 자극쌍보다 연합적으로도 관련이 없고, 의미적으로 관련성이 없는 중재점화자극과 목표자극쌍을 만드는 것이 아마도 다음 연구 단계일 것이다. 위의 재료를 이용해서 중재점화효과를 찾으면, 점화가 활성화확산(spreading activation) 기제를 통해서 일어난다고 하는 것을 강력하게 지지하는 근거가 될 수 있다. 반대로, 만약 HAL이나 LSA를 활용해 측정된 의미적 관련성에서만 점화효과가 나타난다면, 중재점화는 점화효과를 설명하는 현상으로서 존재할 수 없을 것이다.

12 지연효과

지연(lag)은 점화와 목표자극 사이에 제시되는 아이템 수를 가리킨다. 표준적인 점화 패러다임은 지연을 사용하지 않는다. 점화자극 제시에 뒤이어 곧바로 목표자극이 제시된다. 1개 지연(lag)점화과제에서는, 점화와 목표자극 사이에 하나의 무관련단어가 삽입된다(예: '사자'-'식탁'-'호랑이'). 다양한 연구에서 1개, 2개 혹은 그 이상의 지연을 이용하여 의미점화를 조사하였다. 지연효과(lag effect)에 관한 초기 연구는 결과가 일관적이지 않다(리뷰를 원한다면 Joordens & Besner, 1992; Masson, 1995; Neely, 1991 참고). 최근 연구들은 하나 이상의 지연이 있을 때 의미점화효과가 발생함을 보였다. 밸로타와 폴(Balota & Paul, 1996), 조든스와 베스너(Joordens & Besner, 1992), 그리고 맥너마라(McNamara,1992b)는 어휘판단과제(lexical decision task), 단어명명과제(word naming task) 혹은 2개 모두의 과제에서 지연이 있을 때에도 의미점화효과가 나타나는 것을 보고하였다. 평균적으로, 어휘판단과제와 단어명명과제에서 1개의 지연이 주어졌을 시 점화효과(두 과제에서 각각 13ms vs 26ms, 5ms vs 10ms)는 지연이 없을 때 점화효과의 절반이었다(지연이 1일 때 단어명명과제에서의 점화효과가 없는 경우도 있었다. Masson[1995]을 참고할 것). 맥너마라(McNamara, 1992b)는 어휘판단과제에서 2개의 지연이 제시됐을 때에는 의미점화효과를 얻지 못했다.

1개 지연에서 점화효과가 발생하는 것을, 활성화확산모델을 이용하여, 두 가지 방식으로 설명할 수 있다. 한 방법은, 활성화가 시간이 지남에 따라 감소하는데, 지연이 1개일 때까지는 활성화가 기저조건 이상으로 유지되지만, 지연이 2개 이상일 때에는 그렇지 못하기 때문이라는 설명이다. 물론 여기에서의 지연은 점화와 목표자극 간 삽입된 아이템의 수에 따른 것이지, 시간에 따른 것은 아니다. 따라서 위의 설명은 지연과 활성화 감소 간의 우연적인 상관관계에 기반한 것일 수도 있다. 지연의 수와 활성화 감소를 독립적으로 조절한 연구는 현재까지 없다. 그러나 이러한 설명은 활성화가 매우 빠른 속도로 쇠퇴한다는 랫클리프와 매쿤(Ratcliff & McKoon, 1988)의 연구 결과를 고려하면 설득력이 약하다. 다른 설명은 ACT*의 관점과 부합하는데, 이 모델에서는 목표자극이 제시되었을 때, 점화자극이 여전히 활성화의 근원이라고 본다. 이에 따르면, 지연에 따른 의미점화효과의 크기는 점화가 여전히 활성화의 근원일 확률에 비례한다.

혼합-단서모델(Compound-Cue Model)은 지연효과를 복합단서의 크기와 그 단서 조합의 확률로 설명한다. 1개 지연의 의미점화효과가 있는 경우는, 점화자극, 무관련 자극(지연), 목표자극 등 이 3개 아이템의 단서 조합 확률이 유의한 정도로 크다는 것을 의미하고, 2개 지연 시 점화가 발생하지 않는 것은, 단서가 4개 아이템을 포함하는 경우로, 이때에는 확률적으로 이런 단서 조합의 가능성이 매우 희박하다는 것을 가리킨다.

근접성모델(Proximity Model)에서는, 점화자극의 의미패턴이 지연자극의 의미패턴으로 완전히 대체되지 않는다는 가정을 통해 지연점화를 설명할 수 있다. 마송(Masson, 1995)과 플라우트(Plaut, 1995)는, 단어명명과제에서 1개 지연 시 의미점화효과를 관찰한 조든스와 베스너(Joordens & Besner, 1992)의 결과를, 근접성모델의 위와 같은 가정을 통해 설명하였다. 이론상, 베커의 검증모델(Becker's Verification Model)과 다단계활성화모델(Multistage Activation Model)에서도 비슷한 메커니즘이 사용될 수 있다.

1개의 개입자극은 점화의 의미세트를 대체하거나 의미 표상을 완전히 없애지 않아서 지연점화가 나타난다는 설명이다.

하지만 1개 지연 시 의미점화효과만 설명하는 위의 모델과는 달리, 베커와 조든스 등은 의미점화가 하나 이상의 지연에서도 관찰될 수 있다고 제안한다. 베커와 조든스(Becker, Moscovitch, Behrmann & Joordens, 1997; Joordens & Becker, 1997)는 이론적으로 봤을 때(5장에서 다룬 분산네트워크학습 모델을 참고할 것), 점화자극과 목표자극 간에 강한 의미적 연관성이 있고, 과제가 높은 정도의 의미 처리를 요구하는 경우, 2개 이상의 지연에서도 의미점화효과가 발생할 수 있다고 가정하였다. 베커와 조든스는 점화-목표자극 쌍이 의미적으로 유사하고(예: '배'-'노', '튤립'-'장미') 목표자극에 대해 상당한 의미 처리가 요구되는 과제를 사용하였다. 베커 등(Becker et al., 1997)은 제시된 단어가 생물 범주에 속하는지 무생물 범주에 속하는지 결정하는 생물·무생물 판단과제(animacy decision task)를 사용하였다. 조든스와 베커(Joordens & Becker, 1997)는 단어와 매우 유사하거나 실험 전에 학습된 비단어를 제시하여 의미처리를 깊게 하도록 유도하는 어휘판단과제를 사용하

표 12.1. 지연 수에 따른 의미점화의 변화

	지연 수						
연구/실험	0	1	2	4	8	10[a]	21.5[a]
베커/1						43	
2							35
3	92			42	71		
평균 점화 크기	92			42	71	43	35
조든스/1					8		
2h	45	38	31	34	41		
2p	27	17	-10	11	12		
3				43	4		
4					63		
평균 점화 크기[b]	41	38	31	38	29		

a 평균 지연 수.
b 평균은 조든스/2p를 포함한 것이 아니다.
주: 참고 문헌은 베커, 모스코비치, 베어만, & 조든스(Becker, Moscovitch, Behrmann, & Joordens, 1997)와 조든스&베커(Joordens & Becker, 1997)이다. 베커 등은 생물·무생물 결정에 1차 실험에서 각 목표자극당 5개의 점화자극을 사용했고, 1개의 점화자극을 2, 3차 실험에서 각 타겟당 사용했다. 조든스와 베커는 1, 2h, 3차 실험에서 어휘결정과제를 사용했다. 이들 실험에서 비단어(nonwords)는 유사동음이의어(pseudohomophones)였다(예: 'brane'). 그리고 2차 실험에서만 발음만 가능한 비단어를 사용했으며(예: 'brene'), 그리고 4차 실험에서는 실험 전에 미리 학습한 비단어를 사용하여 연구하였다.

였다. 이 중 많은 수의 연구에서 매우 긴 지연이 있을 때에도 의미점화효과가 관찰되었다(〈표 12.1〉 참고).

여러 개의 개입자극이 점화자극과 목표자극 사이에 나타나는 긴 지연에서의 의미점화를 분산연결망학습모델(Distributed-Network Learning Model)은 설명하고 그 효과를 예측할 수 있지만, 그 외의 다른 점화모델은 설명하기가 매우 어렵다. 원론적으로, 활성화확산모델은 활성화 감소가 매우 천천히 발생한다는 가정을 통해 이러한 점화를 설명할 수 있지만, 이 가정은 활성화가 빠르게 소멸한다는 다른 연구 결과들과 배치돼서 현실성이 없다. 게다가, 소멸이 매우 느려서 활성화가 기억 속에 오래 남아 있다고 가정하면, 가장 근본적인 의미점화효과를 설명하는 데에도 문제가 발생한다. ACT*에서, 긴 지연에서의 점화는 활성화의 근원인 아이템들이 리허설 없이 오랜 시간 동안 유지될 수 있다는 것을 의미한다. ACT*에서는 이 기간을 Δt로 표현한다. 하지만, 매우 비슷한 패러다임에서 Δt가 400ms에서 10여 초까지 너무나도 큰 변동성을 가지는 이유를 설명하는 것은 매우 어렵다. 복합단서모델(Compound-Cue Model)은 21.5 수준의 지연에서의 점화를 설명하기 위해 23-24개 항목의 단서를 필요로 한다. 이렇게 큰 단서는 결과를 신뢰할 수 없게 한다. 근접성모델, 다단계활성화모델, 베커의 검증모델 등도 마찬가지로 모두 적절한 장기 지연효과에 대한 설명을 제공하지 못한다. 이 기제에 따르면, 점화자극과 목표자극 사이에 의미 표상과 의미 세트가 너무 많이 활성화된다.

그러나, 장기 지연 의미점화효과에 대해, 현상 자체를 의심하는 이유로 적어도 두 가지가 있다. 첫째는 이런 결과가 안정적으로 늘 재현되지 않는다는 것이다. 조든스와 베커(Joordens & Becker, 1997)는 2개의 실험에서는 8개 지연의미점화효과를 얻었지만, 다른 두 번의 실험에서는 얻지 못했다. 다음으로, 그리고 더욱 중요한 사실은, 이 연구에서 관찰된 지연점화효과는 특별한 상황 속에서 관찰되었다는 것이다. 예를 들어, 조든스와 베커는 두 번째 실험에서 지연 수준을 0, 1, 2, 4, 8로 다양하게 했다. 장기지연의미점화효과를 관찰하려고, 그리고 의미 정보 처리를 깊게 하도록 유도하려고, 매우 어려운 비단어(예: 'brane'; 'brain'과 발음이 동일하여 실제 단어로 착각할 확률이 높다)를 포함한 어휘판단과제를 사용하였다. 〈표 12.1〉에서 볼 수 있듯이, 지연 수가 많아져도 의미점화효과가 거의 감소하지 않았다. 또 다른 조건에서는 장기 지연 의미점화가 일어나지 않도록 설계되었다. 여기에서는 구별이 쉬운 비단어(예: brene)가 포함된 어휘판단과제를 사용하였다. 〈표 12.1〉에서 보듯, 지연 수준이 0일 때는 유의미한 점화가 나타났지만, 지연 수준이 1.8일 때에는 그렇지 않았다. 이 결과는 의미점화가 장기 학습 요소와 단기 연합 요소를 가졌다는 것을 암시한다. 쉬운 비단어 조건에서의 점화는 연합 요소 때문인 것으로 보이는 반면, 어려운 비단어 조건에서의 점화는 두 요소가 조합되어 발생하는 것으로 보인다. 하지만, 위에서 제시된 이중처리모델(two-process model)의 예측도 베커의 결과와 일치하지 않는다. 이는, 심지어 어려운 비단어를 사용했을 때에도, 모델은 지연 수가 많아지면 의미점화효과의 감소를 예견하는데, 실제 결과는 그렇지 않기 때문이다. 지연이 0일 때, 연합과 학습 점화가 모두 발생하지만, 지연이 길어지면 학습점화만 발생할 것이다. 혹시 조든스와 베커가 구성한 것보다 더 강력한 조작을 한 실험이라면 예측된 차이를 찾을 수도 있을 것이다.

나는 조든스와 베커의 결과를 재현한 다른 연구를 찾지 못했다. 질렌버그와 페처(Zeelenberg & Pecher, 2002)는 깊은 의미 처리를 유도하려고, 어휘판단과제에서 12개의 점화자극만 사용하고, 점화자극이 2초 동안 제시되는 조건에서도, 장기지연의미점화를 얻을 수 없었다(심지어, 한 실험에서는 점화자극의 의미 처리를 극대화하기 위해 참가자들에게 각 점화자극마다 유쾌한 정도를 평가하도록 했었다). 어휘판단과제에서 쓰였던 비단어들은, 조든스와 베커(Joordens & Becker, 1997)처럼 유사 동음 비단어는 아니었지만 그래도 발음할 수 있는 것들로, 어휘판단을 어렵게 하는 것들이었다.

베커와 조든스 등에 의해 보고된 장기 지연 의미점화효과는 볼츠(Woltz, 1990; 1996)와 휴스와 휘틀시(Hughes & Whittlesea, 2003)가 보고한 의미전이효과(semantic transfer effect)와 유사해 보인다. 볼츠의 실험에서 참가자들은 두 단어가 유의어인지를 판단했다('moist'-'damp' vs 'moist'-'blue'). 유의어 쌍이 반복되는 경우에 판단이 빨라지는 현상은 400번도 넘는 시행의 지연이 있을 때에도 여전히 나타났다. 휴스와 휘틀시는 의미범주화과제(semantic categorization task)에서 비슷한 의미전이효과를 찾았다. 이 과제에서, 참가자는 두 범주 명칭 사이에 놓인 한 단어를 보고 단어가 속하는 범주를 골라야 한다('동물'-'호랑이'-'비타민'). 점화 시행은 동일한 범주 이름을 가지고 있고 가운데 위치한 단어가 이전에 제시되었던 것과 의미적으로 관련된 시행이 이전에 나타났던 경우이다('동물'-'호랑이'-'비타민' ⇨ '동물'-'사자'-'비타민') 이 과제에서 점화는 90개의 시행이 이루어진 후에도 나타났다.

이러한 의미전이효과는 강력한 일화기억 구성 요소를 가지고 있으며, 판단에 영향을 주기 때문이고, 상당한 정도의 의미 처리를 요구하기 때문에 나타나는 것이다. 월츠는 의미비교과제(semantic comparison task)를 사용하여 점화 시행 'soggy-wet'에 뒤이은 시행 'moist-damp'에서의 유의어에 따른 의미점화는 빠르게 사라진다는 것을 발견하였고, 사실상 5회 시행이 지나면 완전히 사라진다는 것을 보고하였다. 즉, 동일한 유의어 쌍이 반복되는 경우에는 여러 시행 후에도 여전히 의미전이효과가 나타나지만, 동일하지 않은 유의어 쌍이 앞에서 나타난 경우에는 의미점화가 오래 지속되지 않는다. 월츠는 심지어 의미비교과제(semantic comparison task)에서의 단어들이 어휘적으로 동일한 쌍의 구성원으로서 제시되었을 때조차도 의미점화효과가 발생하지 않는다는 것을 발견하였다(moist-moist, damp-damp; 감각-지각적으로 중첩되는 부분을 최소화하는 방법으로 점화자극을 청각으로 목표자극을 시각으로 제시하는 방법을 사용하였다). 유사하게, 휴스와 휘틀시(Hughes & Whittlesea, 2003)는 좌우에 제시된 단어 중에 어느 것이 가운데에 제시된 단어의 범주

단어인지를 선택하는 과제와 좌우에 위치한 단어가 가운데 제시된 단어의 속성인지 여부를 판단하는 과제 간에 점화가 나타나지 않는 것을 보고하였다. 예를 들어, 참가자가 '과일'-'사과'-'새'를 점화 단계에서 '과일'이 정답인 과제를 수행하고 테스트 단계에서는 '까다'-'오렌지'-'쉭 소리'에서 '오렌지'의 속성인 '까다'를 선택하는 과제 수행에서 과제 간에 전이되는 의미점화효과를 발견하지 못했다. 유사하게 이런 종류의 범주 과제와 단어명명과제 그리고 어휘판단과제에서도 과제 간의 의미점화 전이효과를 발견하지 못했다.

종합해 보자면, 이러한 결과물들은 장기간에 걸쳐 발생하는 의미전이효과가 추상적인 의미 표상의 활성화에 따른 것이 아니라, 이전에 시행된 특정 인지 과정의 재연 때문에 나타난다는 것이다(Kolers,1973; 1976). 휴스와 휘틀시(Hughes & Whittlesea, 2003; Whittlesea & Jacoby, 1990도 참고)는 기억의 처리에 대한 설명(processing account of memory)이 어쩌면 모든 의미점화효과를 설명할 수도 있을 것 같다고 생각하였다. 이 설명에 의하면, 점화자극을 처리하는 것은 학습 경험이고(즉, 기억이고), 이는 곧 유사한 자극에 대해 비슷한 정신 활동들을 수행하는 것에 대한 기반을 제공하는 것이다. 이런 학습에 의한 설명은 의미점화가 일어나는 이유는 목표자극에서 점화자극으로의 위와 같은 인지처리 학습 기반을 참고하는 것을 통해서 나타나는 것이다(마치 앞에서 설명한 의미매칭[semantic matching]처럼). 휴스와 휘틀시가 만일 이 책을 썼더라면 의미점화를 이전의 전통적인 설명과는 굉장히 다르게 해석했을 것이다.

일단 이런 논평은 제쳐 두고, 만약 장기 지연 의미점화효과가 추가적인 실험에서도 지속적으로 보고되고, 그리고 베커와 조든스 그리고 그 동료들이 찾아낸 신기한 결과를 성공적으로 설명할 수 있다면, 장기 지연 의미점화효과(long-term semantic priming)는 분산 네트워크 학습모델을 지지하는 강력한 증거가 된다. 반면에, 다른 점화모델로는 설명 불가능한 강력한 증거이기도 할 것이다. 또한 새로운 설명인 휴스와 휘틀시의 의미점화에 대한 학습모델이 타당하려면, 장기와 단기 지연 의미점화효과(long- and short-term semantic priming effect) 두 가지 모두를 설명할 수 있어야 한다

13 순행성의미점화와 역행성의미점화

단어 간의 연합은 비대칭성을 띤다. 예를 들어 '빛'이라는 단어는 '램프'라는 단어와 빈번하게 연합단어로 나타난다. 반면에, '램프'라는 단어는 '빛'이라는 단어와 연합단어로 잘 나타나지 않는다(Nelson & Schreiber, 1991). 역행성 점화는 점화자극에서 목표자극으로 이어지는 연합관계는 약하지만 목표자극에서 점화자극으로 이어지는 연합관계는 강한 것을 의미한다(예: '빛'-'램프'). 코리엇(Koriat, 1981)은 역행성의미점화를 조사한 최초의 연구였으며, 코리엇은 순행성의미점화(예: '램프'-'빛')와 역행성의미점화(예: '빛'-'램프')에서 동일한 양의 점화를 얻었다. 이러한 결과는 굉장히 놀라운 것이다. 왜냐하면 만약 점화가 연합관계의 강도에 따라 달라진다면 후행 방향보다는 순행 방향이 더 강해야 하기 때문이다.

역행성의미점화를 보고한 연구는 현재까지 8개이다. 이들을 시간 순서대로 나열하면 다음과 같다: 코리엇(Koriat, 1981), 세이든버그, 워터스, 샌더스, 랭어(Seidenberg, Waters, Sanders & Langer, 1984), 피터슨와 심프슨(Peterson & Simpson, 1989), 셸턴과 마틴(Shelton & Martin, 1992), 크빌라, 하호르트, 브라운(Chwilla, Hagoort & Brown, 1998), 톰프슨-실, 커츠, 가브리엘리(Thompson-Schill, Kurtz & Gabrieli, 1998), 카한, 닐리, 포사이스(Kahan, Neely & Forsythe, 1999), 그리고 허치슨(Hutchison, 2002). 이 연구들에 대한 정독은 다음의 관찰 및 결과들을 보여 주고 있다.

여러 결과들을 비교하는 데 있어서 한 가지 난점은 연구들마다 다른 실험자극들이 사용되었다는 점이다. 일부 연구들은 비대칭적으로 연합적이고 의미적인 관련된 점화자극과 목표자극들을 사용했다('램프'-'빛', '독수리'-'새'). 다른 연구들은 의미적으로 무관련한 복합어들을 사용하기도 했다('fruitfly'에서 '과일'-'파리', 'sandbox'에서 '모래'-'박스'). 그리고 심지어 또 다른 연구들은 상기한 두 종류의 자극을 모두 사용한 경우도 있다. 이전에 검토된 순수한 의미점화에 대한 결과들을 고려해 보면, 연합강도에 대한 차이와 무관하게 순행성 및 역행성의미점화 모두에서 일부 의미점화효과들을 확인할 수 있을 것이라고 기대해 볼 수 있겠다. 반면에, 전략적으로 매개되지 않는 한, 의미적으로 무관련한 복합어에 대해서는 자동적 의미점화가 발생할 수 없을 것이라고 예측된다. 세이든버그, 워터스, 샌더스, 랭어(Seidenberg, Waters, Sanders & Langer, 1984)가 처음 사용하고, 후에 셸턴과 마틴(Shelton & Martin, 1992), 톰프슨-실, 커츠, 가브리엘리(Thompson-Schill, Kurtz & Gabrieli, 1998)가 작성한 논문에서 사용된 20개의 복합어 중, 18개의 점화단어가 넬슨, 매커보이, 슈라이버(Nelson, McEvoy & Schreiber, 1991)의 자유-연상 표준(free-association norms)에 등재된 것들이었다. 순행 방향에서의 연합강도는 0의 최빈치(modal value)의 값을 지니고 평균값으로는 0.02 정도의 수치를 지닌다. 이러한 항목들이 의미적으로도 연합적으로도 관련되지 않았다는 점을 고려할 때, 이 항목들 간의 자동점화는 기대할 수 없다.

복합어에 대한 순행성 및 역행성의미점화가 전략적 절차에 의해 생성된다는 것을 보여주는 증거들이 있다. 셸턴과 마틴(Shelton & Martin[1992]의 실험2, 표 13.1 참조)은 순차 어휘판단과제를 시행한 결과, 순행성 및 역행성의미점화를 얻지 못했다. 톰프슨-실, 커츠, 가브리엘리(Thompson-Schill, Kurtz & Gabrieli, 1998)는 실험 3에서 발생하기만 하면 자동점화라고 말할 수 있는 실험조건하에 단어명명과제를 사용하여 복합어에 대한 점화효과를 탐색하였다(RP = 0.50, SOA = 200ms). 그렇지만 순행성 및 역행성 방향상에서의 의미점화효과는 나타나지 않았다. 복합어에 대해서 신뢰성 있는 의미점화효과를 보고한 연구들(Chwilla, Hagoort & Brown, 1998; Kahan, Neely & Forsythe, 1999;

Seidenberg, Waters, Sanders & Langer, 1984; Shelton & Martin, 1992, 실험 2, "쌍" 제시)은 높은 수준의 관련조건 비율(RP), 높은 수준의 비단어 비율(NR), 혹은 긴 SOA 등의 전략적 절차와 관련된 과제 변수들을 채택했다. 단어명명과제가 전략적 절차로부터 자유롭지 않다는 실험 증거가 있기 때문에, 단어명명과제와 어휘판단과제를 사용한 혼합 과제 실험도 이 책에 포함시켰다(Keefe & Neely, 1990).

표 13.1. 어휘판단과제에서 보고된 순행성과 역행성 점화(단위: ms)

연구/실험	순행성	역행성	SOA(ms)	자극	관련조건 비율	비단어 비율
코리엇/3	34	35	650	SR	.50	.67
세이든버그/3	27	21	500	C	.50	.50
피터슨/2b		22	0[a]	C & SR	.50	.67
2b		26	200[a]	C & SR	.50	.67
1b	40	37	500	C & SR	.50	.67
셸턴/2s	3	-26	500[b]	C	.09[c]	na
2l	38	19	750	C	.24	.45
2h	32	25	750	C	.76	.72
크빌라/1	48	35	0[a]	C & SR	.75	.80
1	30	22	500[a]	C & SR	.75	.80
톰프슨-실/1	24	17	250	SR	.50	.67
2	25	17	250	SR	.36	.6
가힌/1		20	150	C	.80	.875
1		30	150	SR	.80	.875
1		24	500	C	.80	.875
1		26	500	SR	.80	.875
허치슨/1	36	-4	700[b]	SR	.50	.50

a 청각 점화자극 후에 목표자극이 제시될 때까지의 자극 제시 간 간격.
b 어휘판단과제에서의 반응-자극 간 간격, 즉 시행 간 간격.
c 관련된 점화자극이 제시된 조건에서의 목표자극이 단어일 비율.
주: 위의 결과는 앞에서 제시한 코리엇(Koriat, 1981), 세이든버그, 워터스, 샌더스, 랭어(Seidenberg, Waters, Sanders, and Langer, 1984), 피터슨와 심프슨(Peterson and Simpson, 1989), 셸턴과 마틴(Shelton and Martin, 1992), 크빌라, 하호르트, 브라운(Chwilla, Hagoort, and Brown, 1998), 톰프슨-실, 커츠, 가브리엘리(Thompson-Schill, Kurtz, and Gabrieli, 1998), 카한, 닐리, 포사이스(Kahan, Neely, and Forsythe, 1999), 그리고 허치슨(Hutchison, 2002) 등 8개의 연구를 요약한 것이다. 셸턴과 마틴(1992)은 3종류의 과제를 사용하였다. 어휘판단과제 결과는 2s로 표시하였고, 낮은 RP(관련조건 비율)의 쌍 제시 실험은 2l로 표시하였고 높은 쌍 제시는 2h로 나타냈다. C = 복합어(compounds) SR = 의미적으로 관련된 복합어가 아닌 조건을 의미한다.

기대(expectancy) 및 의미매칭(semantic matching)이 복합어에 대한 의미점화효과에 대해 중요한 역할을 하는 것처럼 보인다. 특히, 높은 수준의 관련조건 비율인 경우, 참가자들이 어떠한 방식으로든 목표자극과 점화자극이 관련이 있을 것이라고 기대할 수 있다. 참가자들은 반응하기 전에, 점화자극으로부터 목표자극으로 이어지는, 혹은 그 반대 방향에 대한 관계성을 확인해 볼 것이다. 단어명명과제가 의미매칭 전략의 영향을 잘 받지 않는다고 가정할 수 있지만, 위에서처럼 전략적 처리가 발생할 수 있는 조건들이 어느 정도 적절하게 갖춰져 있다면 단어명명과제도 그러한 전략들의 영향으로부터 자유롭지 않을 것이다. 단어명명과제에서도 전략적 절차에 의해 영향을 받을 수 있다는 사실은 카한과 그의 동료들(Kahan et al., 1999)의 명명 조건과 톰프슨-실과 그의 동료들(Thomson-Schill et al., 1998, 실험 3)의 명명 조건을 비교하면 알 수 있다. SOA는 거의 동일했으며(150ms vs 200ms), 유사한 실험 자극들이 사용되었다. 하지만 카한 등의 실험에서 관련조건 비율은 0.80이었으며, 비단어 비율은 0.875이었다. 반면 톰프슨-실 등의 실험에서 관련조건 비율은 0.50이었다(비단어 비율은 비단어를 사용하지 않았기 때문에 산정되지 않았다.). 복합어에 대한 역행성의미점화는 카한 등의 실험에서는 13ms의 크기를 나타냈고, 반면에 톰프슨-실 등의 실험에서는 -2ms의 크기였다(〈표 13.2〉 참고).

비대칭적으로 연합되고 동시에 의미적으로 관련된 쌍들은 양쪽 방향으로 서로 점화효과를 보이는 것으로 생각된다. 그렇지만, 점화효과가 후행성 방향보다는 순행성 방향에서 더 크게 나타나는지에 대해서는 분명하지 않다. 오로지 4개의 연구에서만 의미적으로 관련된 쌍에서의 양쪽 방향에서 점화효과를 보고했다(Koriat, 1981; Chwilla et al., 1998; Thompson- Schill et al., 1998; Hutchison, 2002). 관련 데이터는 〈표 13.1〉에서 볼 수 있다. 그리고 해당 표에서는 크빌라, 하호르트, 브라운(Chwilla, Hagoort & Brown, 1998)이 보고한 61ms의 순행성의미점화효과와 27ms의 역행성의미점화효과를 볼 수 있다. 단어명명과제에서 톰프슨-실 등은 의미 관련 쌍에 대해서 11ms의 순행성의미점화효과와 13ms의 역행성의미점화효과를 보고하였다. 절차와 과제 차이를 무시한다면, 비대칭적으로 연합된 관련 아이템에 대해서 의미점화효과는 평균적으로 순행성 방향에서는 32ms, 후행성 방향에서는 18ms의 크기를 보인다. 이러한 결과패턴은 연합적이고 동시에 의미적인 관련성이 점화에 기여한다면 기대할 수 있는 것들이다.

한 가지 고려해야 할 중요한 사항은, 순행성 및 역행성 의미점화효과의 크기를 비교할 때, 의미점화효과의 방향은 목표단어 빈도와 혼입(confounding)될 수 있다는 점이다. 주로 순행성 목표자극보다는 후행성 방향에서의 목표자극이 저빈도단어 군에 속하는 경우가 많다. 이러한 혼입은 역행성의미점화효과를 더 크게 편향시킬 수 있는데, 그 이유는, 과거 문헌들을 살펴보면, 의미점화효과가 고빈도단어보다는 저빈도단어에서 더 크게 나타나기 때문이다(17장 참고).

단어명명과제에서의 역행성의미점화효과는 SOA에 따라 달라진다. 〈표

표 13.2. 단어명명과제에서 보고된 역행성의미점화(단위: ms)

연구	SOA(ms)				자극	관련조건 비율	비단어 비율
	0	150	200	500			
세이든버그				-7	C	.50	
피터슨	22[a]		7[a]	-6	C & SR	.50	
톰프슨-실			-2		C	.50	
			13		SR	.50	
카한		13		5	C	.80	.875
		13		4	SR	.80	.875
평균 점화크기		22	13	6	-1		

a 청각 제시 점화자극을 표시한다. 이 경우에 SOA는 점화자극과 목표자극 간의 간격을 의미한다.
주: <표 13.2>의 연구 요약은 세이든버그, 워터스, 샌더스, 랭어(Seidenberg, Waters, Sanders, and Langer, 1984), 피터슨와 심프슨(Peterson and Simpson, 1989), 톰프슨-실, 커츠, 가브리엘리(Thompson-Schill, Kurtz and Gabrieli, 1998), 카한, 닐리, 포사이스(Kahan, Neely and Forsythe, 1999)을 정리한 것이다.
C = 복합어(compound), SR = 의미적으로 관련된 복합어가 아닌 조건을 의미한다. 비단어 비율 칸이 비어 있는 경우는 비단어가 검사 리스트에 없었다는 것을 의미한다.

13.2〉에서 보인 것처럼, 단어명명과제에서의 역행성의미점화효과는 SOA/ISI의 크기에 따라 감소한다. 이러한 효과는 점화자극과 목표자극 간의 의미관련성 종류에 의해 조절되지 않는 것처럼 보인다. 과거 실험들의 특기할 만한 사항은 모두 관련조건 비율이 0.50이나 그 이상이었고, 이러한 관련조건 비율은 전략적 절차가 역행성의미점화가 SOA에 따라 변화하는 데 영향을 줄 수 있음을 의미한다. 단어명명과제에서 왜 의미점화가 짧은 SOA에서는 나타나고 긴 SOA에서는 나타나지 않는지에 대해서는 그 이유가 아직 불분명하고, 또한 따라서 전략적 처리가 단어명명과제에 어떻게 영향을 주어서 이런 SOA에 따른 차이가 나타나는지도 잘 이해하지 못하고 있다. 단어명명과제에서 나타나는 이런 희귀한 역행성의미점화를 설명하려면 더 많은 연구가 필요하다.

역행성의미점화 현상이 다소 이상해 보이지만 분명한 것은 이런 역행성의미점화패턴이 나타난다는 사실이다. 자동점화는 복합어 조건에서는 나타나지 않는다. 왜냐하면 자동점화가 나타나려면, 복합어(예: 'sanbox')를 일부부인 점화단어와 목표단어가 연합적이고 의미적인 관련성을 가지고 있어야 한다. 그렇지만 복합어의 일부로 구성된 점화단어와 목표단어 간에는 이런 관련성이 매우 낮거나 없다(예: 'sanbox'에서 'sand'와 'box'는 의미관련성이 거의 없다). 사실 관련성 비율, 비단어의 비율, SOA 등을 자동점화가 발생하는 조건으로 실험을 세팅하면 역행성의미점화는 어휘판단과제와 단어명명과제에서 출현하지 않는다. 자동적 의미점화는 비대칭적으로 연합되고 의미적으로 관련된 쌍에 대해서 발생해야 하며, 실제로 이러한 항목들에 대해 의미점화는 순행 방향과 역행 방향으로 모두에서 발생한다. 그러나 이들 점화와 목표자극 쌍이 지니고 있는 순행과 역행 방향의 연합강도에 비례해서 의미점화의 크기가 변하는지에 대해서는 아직 연구 결과가 많지 않아서 결론적으로 말하기는 어렵다.

ACT*는 비대칭적 점화가 나타나는 이유에 대해 두 가지 방식으로 설명할 수 있다. 한 가지 방식은 노드의 강도가 다르기 때문에 비대칭성이 생긴다는 것이다. 다른 조건이 모두 같다면, 더 강한 노드는 약한 노드보다 더 활발하게 활성화를 전달하기 때문에 더 나은 점화자극이 될 수 있다. 하지만, 이 설명은 자유연상이나 의미점화에서의 비대칭성의 방향성과 일치하지 않는다. 비대칭적으로 연합된 쌍에서, 순행 방향으로 볼 때, 보통 점화단어는 목표단어보다 단어빈도가 낮다—그리고, 추정컨대, 노드 강도 또한 낮다(예: '황새[stork]'-'아기[baby]', '흰개미[termite]'-'나무[wood]'). 더 나은 설명 방식은 비대칭적으로 연합된 점화자극과 목표자극 쌍은 연합자의 수가 다르다고 가정하는 것이다. ACT*에서, 노드 A에서 노드 B로 연결되는 연합강도는 A에 연결된 모든 노드들의 강도를 합한 것에 의해 나눠진 B의 강도로 정의된다([노드 B 강도]/[노드 A에 연결된 모든 노드 강도의 합]). 이러한 정의는 A에서 시작되는 활성화의 강도는 A와 직접 연결된 모든 노드의 강도에 따라 상대적으로 나눠진다는 것을 의미한다. 만약 A와 B가 직접 연결되어 있지만, A가 B보다 적은 노드와 연결되어 있다면, B가 A에 대한 점화자극인 경우보다는 A가 B에 대한 점화자극인 경우가 더 좋은 점화자극이다. 예를 들어, 〈그림 2.1〉(이 책 22쪽)에서, '갈기(mane)'와 '사자(lion)'의 모든 노드가 같은 강도를 가지고 있다고 가정해 보자. '갈기(mane)'와 '사자(lion)'가 모두 활성화의 근원이 될 때, '사자(lion)'의 활성화 크기는 3.4이며, '사자(lion)'만 활성화 근원일 때, '사자(lion)'의 활성화 크기는 1.9이다. 두 활성화의 크기 차이는 1.5만큼의 순행성의미점화효과를 만들어 낸다. 반대로, '사자(lion)'와 '갈기(mane)'가 모두 활성화의 근원이면, 1.5의 활성화 강도를 갖고' '갈기(mane)' 혼자 활성화의 근원이면, 1.2의 활성화 강도를 갖게 된다. 두 활성화의 크기 차이는 0.3만큼의 역행성의미점화효과를 만들어 낸다. 이런 비대칭성은 '갈기(mane)'가 점화자극일 때에는 모든 '갈기(mane)'의 활성화가 '사자(lion)'로 전달되지만, '사자(lion)'가 점화자극일 때에는 전체 '사자(lion)'의 활성화 강도의 1/5만 '갈기(mane)'로 전달되기 때문에 나타난다. 이런 비대칭성의 방향은 자유연상과 의미점화에서 나타나는 것과 일치한다.

베커 모델은 개념 표상의 적절한 특징을 포함시킴으로써 연합적 점화와 의미점화를 설명할 수 있어야 한다. 그러나, 베커 모델로 비대칭점화효과를 어떻게 설명할 수 있을지 논리를 구성하기가 어렵다.

복합단서 모델의 예측은 기반이 되는 기억 모델에 따라 달라진다. 의미점화 연구에서 주로 사용된 두 가지 기억 모델은 SAM(Gillund & Shiffrin, 1984)과 TODAM(Murdock, 1982)이다. SAM은 역행성의미점화를 예측하며, 적절한 매개변수 값을 사용할 경우, 순행성의미점화가 역방향 점화보다 더 크다고 예측한다. 〈그림 4.1〉(이 책 39쪽)에서 D와 E'의 연결 강도가 0.7에서 0.2로 줄어들면, 이제 D는 E와 다른 무관련 항목(예: F－L)과 더 이상 관련이 없으나, E는 D와 강하게 연결되어 있다. 단서{D E}의 친숙도는 3.77이고 단서{E D}의 친숙도는 3.59이다. 이것들이 관련조건이다. 친숙도가 일반적인 예상과 달리 역전되는 것은 D에서 E로의 연결 강도가 약화되었기 때문에, E의 친숙도가 D의 친숙도보다 높기 때문이다. 관련 없는 점화자극은 그 친숙도가 관련 있는 점화자극의 친숙도와 일치하도록 선택되어야 한다. 예를 들어, E에 대한 무관련점화자극의 총 친숙도는 D와 같아야 한다. 이를 위해 〈그림 4.1〉의 매트릭스를 사용하여, S(H, I′)도 0.2로 조정한다고 가정해 보자. 이제 항목 H는 그 친숙도가 D와 같은 3.7이므로 E의 점화자극으로 사용될 수 있다. {H E}를 포함하는 단서의 친숙도는 3.59이며, 이는 3.77-3.59 = 0.18의 역행성의미점화효과를 낳는다. K는 E처럼 두 항목과 관련이 있으므로 E와 같은 친숙도를 가진다. {K D}의 친숙도는 3.40으로, 3.59-3.40 = 0.19의 순행성의미점화효과를 낳는다. 다른 매개변수 값은 역행성과 순행성 의미점화 사이에 더 큰 차이를 초래한다. 예를 들어, 〈그림 4.1〉에서 각 단서 자체(예: A-A′)로부터의 연결 강도가 1에서 10으로 증가한다면, 예측된 역행성 및 순행성의미점화효과는 각각 0.63과 1.32가 될 것이다.

TODAM도 역시 역행성의미점화를 예측하지만, 연합(association)이 교환

연산(commutative operation)으로 모델링되기 때문에 비대칭적 의미점화를 설명하는 데 어려움이 있다. TODAM에서 의미점화를 설명하기 위해서는, 복합단서는 최소한 목표자극과 점화-목표자극 연합을 포함해야 한다(Dosher & Rosedale, 1989; McNamara, 1992a, 1992b; McNamara & Diwadkar, 1996). 예를 들어, 점화자극 B와 목표자극 A가 주어졌을 때, 단서는 {A + AB}를 반드시 포함해야 한다. 여기서 A와 B는 각각 자극 A와 B를 나타내는 벡터이며, AB는 이 벡터들의 합성곱(convolution)을 의미한다. 단서의 친숙도는 점화-목표자극 연합이 기억에 있을 때 그렇지 않을 때보다 높지만, 합성곱이 교환 가능하다는 사실(즉, AB = BA)로 인해, 친숙도는 점화와 목표자극의 순서에 영향을 받지 않는다.

순행성의미점화와 역행성의미점화는 자유연상에서의 비대칭성으로 정의되며, 이는 일종의 단서회상(cued recall) 형태로 볼 수 있다. TODAM은 연합 쌍을 구성하는 구성원들이 서로 다른 수의 연합자를 가질 경우 비대칭적인 단서 회상을 예측할 수 있다(Kahana, 2002). 이 기제는 이전에 ACT*에 대해 논의된 것과 유사하다. 특히, B가 A보다 적은 연합자를 가지고 있는 경우(예: 각각 '황새'와 '아기'), B는 A를 회상하는 데 있어 A보다 더 나은 단서가 될 것이다(예: '황새'에 대한 응답으로 '아기'가 나올 확률이 '아기'에 대한 응답으로 '황새'가 나올 확률보다 높다).

단서 회상과 달리, TODAM에서 항목재인(item recognition)은 (그리고 일반적으로 어휘결정까지 포함하여) 오직 단서의 친숙도에만 의존한다. 단서의 친숙도에 대한 기댓값은 다른 항목이나 기억 속 연합 정보에 의해 영향을 받지 않는다. 그러므로 B가 A보다 적은 연합자를 가지고 있어도, 평균적으로 순행성의미점화 단서({A + AB})와 역행성의미점화 단서({B + BA})의 친숙도는 동일할 것이다. 친숙도 분포의 분산은 항목과 기억 속 연합 정보에 의해 영향을 받지만, 이러한 영향은 비대칭점화를 설명하기에는 너무 작다. 항목의 연합자 수가 증가함에 따라 해당 항목에 대한 친숙도 분포의 변동성도 증가한다. 부분적 일치(예: A vs AC)는 완전한 불일치(예: B vs AC)보다 더 많은 변동성을 도입하기 때문에 변동성이 증가한다(Weber, 1988, 표 2 참고). 변동성 증가는 각 부분적 일치에 대해 1/N의 크기로 발생하며, 여기서 N은 항목을 나타내는 데 필요한 특성의 수이다. N은 모델의 매개변수로, 일반적으로 일화기억회상(episodic recall)과 일화기억재인(episodic recognition) 데이터에 맞추어 200에서 500 사이에서 설정된다(Weber, 1988). 따라서 변동성의 증가는 매우 작아 비대칭적 의미점화를 모델링하는 데는 도움이 되지 않는다. 요약하자면, TODAM의 기본 형태로는 비대칭적 점화를 쉽게 설명하기 어렵다.

모든 분산네트워크모델은 의미적으로 연관된 점화자극과 목표자극에서 나타나는 의미점화를 예측하지만, 오직 플라우트와 부스의 모델(Plaut & Booth, 2000)만이 역행성의미점화보다 더 큰 순행성의미점화를 예측하는 연합적 기제를 가지고 있다.

다단계활성화모델은 구현 방법에 따라 비대칭적 점화효과를 설명할 수도 있다. 로고겐 기반모델에서는 의미 체계가 의미 표상 간의 비대칭적인 연합강도를 허용해야 한다. IA 모델에서, 핵심은 어휘 수준에서 의미 수준으로의 피드포워드연결(feedforward connection)이 점화자극에서 목표자극으로, 그리고 목표자극에서 점화자극으로 갈 때 강도가 서로 다른 것으로 본다.

요약하자면, 순행성과 역행성의미점화는 의미점화모델을 검증하는 중요한 분야가 될 수 있다. 예를 들어, 자동점화조건(즉, 짧은 SOA, 낮은 RP, 중립적 NR)하에서, 비대칭적으로 연관되고, 의미론적으로 관련된, 점화자극과 목표자극에 대한 비대칭적 의미점화를 설득력 있게 설명하는 것은 여러 점화모델에 도전이 될 것이다.

14 의식점화와 무의식점화

무의식점화(unconscious priming)는 의미점화 연구에서 이런 점화가 있는지에 대해 매우 빈번하게 논의되어 온 이슈이다. 이슈는 점화자극을 확인할 수 없거나 혹은 그런 자극이 제시되었는지에 대해서 알 수 없는 상황에서도 의미점화가 가능한지에 대한 논쟁으로, '의식적 자각(awareness) 없이도 지각(perception)이 일어날 수 있는가?'에 대한 질문이다. 그 질문은 아주 오래전부터 주목을 받아 온 이슈는 아니지만, 분명 심리학이 태동한 연대에 보고된 현상으로, 가장 초기의 실험들 중 일부는 19세기에 출판되었다(Adams, 1957에서 인용). 지각에 관한 질문에 부정적인 답이 점화에 관한 질문에도 부정적인 답을 수반할 수는 있지만, 그 반대는 꼭 그렇지 않다. 예를 들어, 어떤 단어의 의미에 접속(access)하는 것은 자각(awareness) 없이도 일어날 수도 있지만, 의미점화는 자각이 있을 때만 발생할 수 있다. 본 저자는 의미점화에 대해 이 책에서 다루는 것이 목적이라서, 위에서 잠깐 문제를 제기한 지각과 의식 등에 대한 폭넓은 주제를 다루지는 않겠고, 논의의 주제를 좁혀서 단지 의미점화가 점화자극을 자각할 때에만 가능한 것인지에 대해서만 논의하려 한다.

점화자극 제시 후에 차폐자극을 제시하는 역행차폐(backward masking)가 홀랜더(Holender, 1986)의 실험에서 보고된 이후에 전의식의미점화(subliminal semantic priming)를 연구하는 방법으로 널리 사용되게 되었다. 점화자극이 몇십 ms 정도의 짧은 시간 동안 제시된 후, '####'와 같은 패턴의 차단 마스크가 뒤따라 제시된다. 목표자극은 차폐자극 이후에 제시되며, 피험자는 목표자극을 소리 내서 빨리 명명하는 단어명명과제(naming task)를 수행하거나 목표자극이 단어인지를 판단하는 어휘판단과제(lexical decision task)를 수행한다. 무의식의미점화 연구에서 가장 중요한 작업은 피험자가 점화자극에 대해서는 자각(awareness)이 없는데도 의미점화가 나타나는 점화자극과 차폐자극 간의 시간 간격을 찾는 것이다. 이 같은 연구를 진행하기 위해 우선 필요한 작업은 점화자극을 자각한다는 개념과 측정하는 방법을 정의하는 것이다.

맥밀런(Macmillan, 1986)이 지적했듯이 감각 혹은 지각 역치(sensory or perceptual threshold)에 대한 개념적 정의가 충분히 정교하게 이루어지지 않았다. 그러나 연구자가 원하는 정도의 지각적 자각을 보이는 자극의 강도나 자극의 제시 시간의 최대치를 경험적으로 정의할 수는 있다. 애덤스(Adams, 1957)에 따르면, 19세기 이후로, 사람들이 우연 수준 이상으로 자극에 정확하게 반응하지만, 피험자들은 자신이 단지 추측으로 반응했다고 주장한다는 사실이 보고되었다. 체스먼과 메리클(Cheesman & Merikle, 1984)은 두 종류의 자각을 구분하고, 각 종류의 자각에 기반한 자각역치(awareness threshold)를 분류하였다. 한 종류의 자각 기준은 주관적 역치(subjective threshold)이다. 만일 피험자가 점화자극을 지각할 수 없다고 보고하면 피험자가 정말로 그 점화자극을 자각하지 못한 것으로 보는 견해이다. 주관적 역치는 피험자가 점화자극을 지금 자각할 수 없다고 보고하는 여러 자극 제시 강도 중에 가장 높은 최대 수준으로 정해진다. 다른 정의에 따르면, 피험자가 점화자극에 대한 강제 선택 결정(예: '있다'-'없다', '단어'-'비단어')을 신뢰성 있게 할 수 없는 경우, 그들은 점화자극을 인지하지 못한 것으로 간주된다. 객관적 역치(objective threshold)는 피험자에게 점화자극에 대해 강제선택(forced-choice decision)을 해야 하는 어떤 과제를 시켰을 때, 반응 수준이 거의 우연 수준에 이르는 정확률을 보이는 자극의 강도들 중에 가장 강한 수준이다.

많은 연구자들은 객관적 역치로 자각을 정의하는 것을 꺼리는데, 왜냐하면 객관적 역치는 현상학적인 경험을 설명할 수 없기 때문이다(Fowler, 1986;

Kunimoto, Miller & Pashler, 2001; Paap, 1986). 주관적 역치로 자각을 정의하는 것의 근본적인 문제는 자각을 판단하는 준거가 알려져 있지 않다는 것이고, 피험자의 보고가 여러 종류의 반응편향(response bias)에 의해 영향을 받을 수 있다는 것이다(Eriksen, 1960). 예를 들어, 한 번 보고 자각이 되었는지 평가하고, 두 번째에도 자극을 제시하고 자각되었는지 평가하고, 이런 시행을 여러 번 반복한 후에 피험자가 자각할 수 없다고 보고한 자극 제시의 강도들 중에 가장 큰 것을 선택하여 산출된 주관적 역치는 객관적 역치보다 자극 제시 강도가 상당히 높다(Cheesman & Merikle, 1984; Kunimoto, Miller & Pashler, 2001). 그러나, 주관적 역치와 객관적 역치를 피험자들의 반응정확성과 반응확신성을 분리하여 분석하는 신호탐지이론의 분석방법(signal-detection analysis)을 사용하여 추정하면 큰 차이가 나지 않는다(Kunimoto, Miller & Pashler, 2001). 쿠니모토, 밀러, 그리고 파슐러(Kunimoto, Miller & Pashler,2001)에서, 주관적 역치 방법과 객관적 역치 방법을 이용해서 두 종류의 역치를 계산해서 비교하면, 자극 제시후에 차폐자극 제시 때까지의 시간 간격(SOA)이, 역치 간의 차이가 평균 3.2ms밖에 되지 않았다. 다르게 표현하면, 객관적 역치로 표현되는 자각이 주관적 역치로 표현된 자각보다 약 3ms 정도 빠르다는 것이다. 이런 결과는 사람들이 자신의 감각변별판단(sensory discrimination judgement) 능력을 평가절하하고 있고(Bjorkman, Juslin & Winman, 1993), 실제로는 자극을 부분적으로 자각했는데도 추측하고 있다거나 아니면 그 자극을 식별할 수 없다고 보고한다는 것을 의미한다. 주관적 역치의 또 다른 문제점은 단어와 그림 같은 복잡한 자극에 대한 주관적 역치를 결정할 때, 피험자들이 자극에서 추출한 일부 정보에 기반한 불완전한 자각을 보고한 값들 중의 최대치로 잡은 것에 관한 것이다(Holender & Duscherer, 2004; Lupker, 1986). 무의식의미점화(unconscious semantic processing)는 사람들이 자각보다 낮은 전의식 수준에서 제시된 자극에 대해서 재구조화하거나 추측하여 부분적으로 자각할 때 일어난 것일 수도 있다.

점화자극에 대한 자각(awareness)은 어느 시점에서든 측정되어야만 한다. 가장 빈번하게 사용하는 방법은 본 실험 전에 실험에 참가하는 피험자의 자각역치(awareness threshold)를 측정하고 이 역치를 이후에 이루어지는 의미점화 실험에서 사용하는 것이다. 이런 방법에서 있을 수 있는 문제점은 실험이 진행되는 되는 동안 피험자가 실험에 익숙해지거나 적응이 되는 등의 이유로 역치가 감소할 수 있다는 것이다(Holender, 1986). 이런 상황이 발생되면 자각역치보다 낮은 수준에서 제시되었을 것으로 생각한 자극의 강도가 실제로는 역치보다도 더 큰 것일 수도 있다. 이런 문제 때문에 어떤 연구자들은 본 실험을 마친 이후에 자각역치를 다시 측정해서 실험 전에 측정된 것과 차이가 없는지를 확인하기도 한다. 이상적인 경우는 매 시행마다 피험자가 점화자극을 자각하는지를 검사해서 알고 통제하는 것인데, 실제로 몇몇 연구에서는 의미점화의 매 시행마다 피험자로 하여금 점화자극을 식별(identify)하거나 어떤 종류의 결정을 요하는 과제를 시켜서 피험자가 점화자극을 자각하지 못했다는 것을 확실히 구별하기도 한다.

역순차폐를 이용한 무의식의미점화(subliminal semantic priming) 연구의 시작은 1980년대 초이다. 초기 연구들은 점화자극이 식별(identification)될 수 없었거나 혹은 점화자극이 있었는지조차도 탐지(detection)될 수 없었던 조건에서도 의미점화가 일어난다는 것을 보고하였다(Balota, 1983; Carr, McCauley, Sperber & Parmelee, 1982; Fischler & Goodman, 1978; Fowler, Wolford, Slade & Tassinary, 1981; Marcel, 1983; McCauley, Parmelee, Sperber & Carr, 1980). 홀렌더(Holender, 1986)는, 이 분야의 연구를 리뷰한 후에, 무의식의미점화효과는 일관성이 없고, 보고된 무의식의미점화는 점화자극이 아마도 의식 수준에서 식별되었을 가능성이 있다고 결론지었다. 홀렌더(Holender, 1986)의 주장은 체스먼과 메리클(Cheesman & Merikle, 1984)이 좀더 예민한 측정으로 점화자극에 대한 자각이 있었는지를 평가했을 때에도 무의식의미점화가 나타나지 않는 것을 보고함으로써 지지를 받았다.

무의식점화에 대한 두 번째 세대의 연구는 점화자극의 자각을 개선된 방법으로 정의하고 평가하였다. 다겐바흐, 카, 빌헬름슨(Dagenbach, Carr, & Wilhelmsen, 1989)은 점화자극의 자각역치를 설정하기 위해 네 가지 과제를 사용하였다: (1) 탐지(detection): 참가자들은 차단 마스크 전에 단어가 제시되었는지 혹은 빈 화면이었는지 결정해야 함. (2) 제한된 탐지(constrained detection): 참가자들은 차단 마스크 전에 특정 단어가 제시되었는지 혹은 빈 화면이었는지 결정해야 함. (3) 단어-단어 구별(word-word discrimination): 참가자들은 두 대안적인 단어 중 어느 것이 차단 마스크 전에 제시되었는지 결정해야 함. (4) 의미적 유사성(semantic similarity): 참가자들은 두 단어 중 어느 것이 차단 마스크 전에 나타난 자극과 의미적으로 연관되어 있는지 결정해야 함. 한 참가자는 이 네 과제 중 최대 두 과제에 참여하였다. 이러한 역치 중 하나는 의미점화 실험의 단계 전후에 평가되었다(실험 1-3에서는 탐지 역치; 실험 4에서는 탐지 역치 또는 의미유사성 역치). 의미점화 데이터의 핵심 분석은 재테스트에서 역치가 감소하지 않은 피험자들을 기반으로 이루어졌다(Hines, Czerwinski, Sawyer & Dwyer, 1986이 사용한 유사한 접근법과 마찬가지로). 피험자들이 점화자극을 의식적으로 인지하지 못했다는 것을 추가적으로 확인하기 위해, 첫 번째 역치 설정 세션 종료 시, 피험자들에게 방금 추정된 역치(또는 실험 1에서는 두 역치 중 긴 것)에서 제시된 일련의 단어들을 보여 주고 그 단어들의 정체를 추측하도록 요청했다. 피험자들은 어떤 단어도 식별하지 못했다. 의미점화 단계 동안 피험자들의 점화자극에 대한 인식을 모니터하기 위해, 다겐바흐 등은 피험자들이 전체 시행 중 약 1/5에서 목표자극에 대한 반응을 한 후 점화자극의 정체를 추측하도록 요구했다. 점화자극의 식별률은 목표자극과 의미적으로 관련된 조건에서 무관련조건보다 더 높았다(그러나 구체적인 수행 수준은 보고되지 않았다). 저자들은 관련 쌍에서의 식별 정확율이 높았던 이유는 목표자극을 통해 점화자극을 자유연상(free association)해 냈기 때문이라고 해석하였다(후에 더 논의하겠음).

위의 연구에서 두 종류의 현상이 흥미롭다. 첫째, 점화자극이 탐지 역치 조건으로 제시된 조건에서 유의미한 의미점화가 나타났다. 예를 들어, 실험 1에서는 탐지 및 제한된 탐지 과제에 참여한 피험자들에게 탐지 역치에서 32ms의 의미점화가 관찰되었고, 실험 4에서는 탐지과제 조건에 있는 피험자들에게 탐지 역치에서 27ms의 의미점화가 관찰되었다. 중요한 것은, 이러한 결과들이 두 역치 설정 세션 모두에서 우연에 가깝거나 우연 수준에 있던 피험자들에 대해 얻어진 것이라는 점이다. 두번째, 역치-세팅과제가 의미점화 시기의 점화에 영향을 주었다는 사실이다. 모든 실험에서 세부적인 양상은 일관되지 않았지만, 일반적인 경향은 탐지과제를 사용하여 역치를 추정할 때 SOA가 길어짐에 따라 의미점화가 감소했고, 의미유사성과제를 사용했을 때는 의미점화가 덜 강력해지거나 심지어 부정적인 경향(즉, 억제 현상이 관찰됨)을 보였다는 것이다.

다겐바흐 등(Dagenbach et al., 1989)이 점화자극을 객관적 역치에서 제시하고 피험자들이 점화자극을 의식적으로 인지하지 못하도록 특별한 조치를 취했음에도 불구하고, 그들의 실험은 심각한 한계를 가지고 있다. 첫 번째 한계는, 역치 설정 단계와 의미점화 단계 동안 제시된 자극의 순서가 동일하지 않았다는 것이다. 특히 점화자극이 역치 설정 단계에서 의미적으로 관련된 목표자극과 함께 제시되지 않았다. 연구 결과들에 따르면, 매우 짧게 제시된 점화자극은 의미적으로 관련되지 않은 목표자극이 제시된 경우보다 관련된 목표자극이 제시된 경우에 더 정확하게 식별되고, 단어-비단어 구별이 빠르게 이루어지며, 더 정확하게 인식된다. 또한, 이러한 연구들은 의미점화의 크기가 점화자극의 인식 여부와 정적으로 상관되어 있음을 보여 주었다. 이 결과들은 의미점화 단계에서 관련된 목표자극을 뒤따르는 점화자극이 목표자극에 의한 처리 촉진으로 인해 역치 이상으로 인식됐을 가능성을 제기한다. 의미적으로 관련된 목표자극의 맥락에서 추정된 자각역치는 관련 없는 목표자극의 맥락에서 추정된 것보다 훨씬 낮을 것이며, 이는 의미점화 자체를 없앨 정도로 충분히 낮을 수 있다.

허시먼과 듀랜티(Hirshman & Durante, 1992)는 점화자극 확인과 목표자극 어휘판단 시행을 번갈아 가며 제시함으로써, 위에서 언급된 문제를 해결하려고 시도하였다. 각 시행은 피험자가 점화자극을 식별해야 하는지, 아니면 목표자극에 대한 어휘결정을 해야 하는지를 알려 주는 단서로 시작되었다. 이 절차는 표준 역치 설정 절차에 비해 여러 가지 장점이 있다. 단서제시를 제외하고, 실험조건과 자극은 점화자극 식별과 목표자극 어휘결정 시행에서 동일하다. 또한, 점화자극 식별과 의미점화가 동시에 측정되지만, 그들은 서로 다른 시행에서 수집된 응답을 기반으로 한다. 이 절차의 장점은 브리앤드 등(Briand et al., 1988), 다겐바흐 등(Dagenbach et al., 1989), 다크(Dark, 1988), 다크와 벤슨(Dark & Benson, 1991, 실험 1, 2, 3에서는 해당되지 않음) 등이 사용한 동시 응답 절차에 비해, 점화자극 식별이 목표자극에 대한 어휘결정에 방해가 되지 않으며 그 반대도 마찬가지라는 것이다.

허시먼과 듀랜티(Hirshman & Durante, 1992)는 몇 가지 중요한 결과를 얻었다. 첫째, 점화자극 식별율이 매우 낮아도 의미점화가 나타났다. 예를 들어, 실험 2에서 점화자극을 33ms 동안 제시했을 때, 의미점화는 평균 43ms였고, 점화자극 식별율은 평균 6%였다. 둘째, 점화자극이 의미적으로 관련된 목표자극에 의해 따라올 때와 무관련목표자극에 따라올 때보다 더 자주 식별되었다(예를 들어, 실험 2에서 각각 7% 대 4%). 셋째, 다겐바흐 등(Dagenbach et al., 1989)이 제안한 것처럼 점화자극 식별이 자유연상에 기반을 둔 것이라는 증거는 없었다. 자유연상 전략은 점화자극 식별 오류 중 적어도 일부가 목표자극과 의미적으로 연관될 것이라고 예측하지만, 실제로 점화자극을 33ms 동안 제시했을 때의 오류 중 목표자극이나 점화자극과 의미적으로 연관된 경우는 전혀 없었다.

점화자극 식별률이 0% 이상이기 때문에, 점화자극이 식별된 소수의 시행에서 의미점화가 발생했을 수 있다. 허시먼과 듀랜티(Hirshman & Durante,

1992)는 이와 같은 설명에 대한 여러 가지 예측을 검토했으나 어떤 것도 지지하는 증거를 찾지 못했다. 특히, 점화자극 식별율과 의미점화의 크기 사이에는 피험자 간에 상관관계가 없었다. 또 다른 대안적 설명은 의미점화효과가 사실상 점화자극 식별 효과일 수 있다는 것이다. 이 설명은 점화자극 식별 자체가 목표자극의 어휘결정 지연 시간을 감소시킬 수 있다는 가정에 기반한다. 이 설명이 맞다면 의미점화효과와 점화자극 식별효과는 정적으로 상관되어야 한다. 하지만 실제로는 상관관계가 부적이었고, 통계적으로 유의미한 수준에 근접했다. 이 결과는 점화자극 식별이 목표자극의 어휘결정에 방해가 됐을 수 있음을 시사한다(예: Fischler & Goodman, 1978). 뒤이은 연구에서 사전 단서를 사용한 연구 패러다임을 이용하여, 듀랜티와 허시먼(Durante & Hirshman, 1994)은 점화자극 식별율이 증가함에 따라 차폐의미점화의 크기가 감소한다는 증거를 제시했다.[15]

무의식점화 연구의 세 번째 세대는 추가적인 방법론적 혁신으로 특징지어진다. 가장 중요한 혁신은 그린발트, 클링거, 슈(Greenwald, Klinger & Schuh, 1995)가 무의식점화를 평가하기 위해 선형회귀 분석을 사용한 것이다. 점화자극이 목표자극에 미치는 무의식적 영향은 점화자극의 지각 가능성을 독립 변수로 사용하여 예측된다. 예를 들어, 짧게 제시된 점화자극에 의한 의미점화는 같은 제시 및 표시 조건에서 점화자극의 자각 가능성을 측정하여 예측할 수 있다. 무의식점화는 통계적으로 유의미한 y절편을 통해 나타난다: 점화자극의 자각 가능성(x)이 0일 때, 의미점화(y)는 0이 아니다. 이 접근법의 주요 장점은 무의식점화효과를 찾는 작업이 모든 피험자에 대해 점화자극 인식의 우연적 수행 수준을 확립하는 것에서부터 점화자극 인식 측정의 피험자 간 변이를 활용하여 그 측정과 의미점화 측정 사이의 기능적 관계를 이용하는 것이다.

이 회귀 분석 방법은 다수의 연구자들에 의해 비판받았다(Dosher, 1998; Merikle & Reingold, 1998; Miller, 2000). 대표적인 비판은 이 방법이 강한 가정을 필요로 한다는 것인데, 이에는 관계의 선형성, 의미점화와 점화자극 자각 가능성의 합리적인 제로 포인트, 그리고 점화자극 자각 가능성 측정(x)에서의 측정 오류 부재 등이 포함된다. 또한, 의미점화와 점화자극 자각 가능성 측정이 유사한 자극, 절차, 응답 척도를 사용하여 비교 가능한지에 대한 우려도 제기되었다(Reingold & Merikle, 1988). 이에 대응하여 그린발트와 동료들은 기준과 예측 변수 간의 다른 기능적 관계를 고려하고, 데이터에 대한 가정이 덜 엄격한 회귀분석 방법을 사용했다(Greenwald & Draine, 1998; Klauer & Greenwald, 2000 참조). 비록 의견 차이가 있을 수 있지만, 이러한 비판과 응답을 검토해 본바, 기술적 이유만으로 회귀분석 방법을 사용하지 않을 이유는 없어 보인다.

그린발트와 그의 동료들(예: 드레인 & 그린발트, 1998; 그린발트, 드레인 & 에이브럼스, 1996)은 적절한 실험조건하에서 강력한 무의식점화효과를 얻을 수 있다고 주장했다. 이 실험들은 몇 가지 비전형적인 특징을 가지고 있다:

1. 반응-창 절차를 사용한다. 참가자들은 목표자극 제시 후 매우 짧은 시간 내(예: 133ms)에 반응해야 한다. 이 방법을 사용하면, 정확도가 너무 높지 않은 천장(ceiling) 아래로 유지되므로, 민감도(d')와 같은 측정치를 사용해 점화를 평가할 수 있다. 이 방법은 속도-정확도 교환(speed-accuracy tradeoff)이 무의식점화효과를 모호하게 할 수 있다는 우려 때문에 사용되었다(예: Wickelgren, 1977). 이 절차에서는 목표자극 제시 후에 132ms처럼 매우 짧은 시간 내에 반응하게 하여(실제로 인간이 반응할 수 있는 가장 빠른 반응 시간) 최대 속도의 반응 시간을 유지하도록 유도하고, 그래서 최대 속도의 반응 시간 상황에서의 오류율을 측정한다. 이런 절차의 장점은, 반응 시간을 최대 속도 시간으로 고정한 상황에서 점화효과를 점화과제 수행의 오류율로 측정하여, 반응 시간과 오류율을 하나의 차원으로 통합할 수 있다는 것이다. 이런 측정법으로 발생되

는 부가적인 이점은 자각 가능성과 의미점화가 오류율이라는 동일 차원의 측정치로 표현될 수 있어서 이들을 직접 비교할 수 있다는 것이다(Eriksen, 1960; Reingold & Merikle, 1988).

2. 표준의미점화과제(예: 어휘결정 또는 명명) 대신, 그린발트와 그의 동료들은 평가적 또는 성별판단과제를 사용했다. 예를 들어, 가치평가판단과제에서 참가자들은 단어가 긍정적 또는 부정적 의미를 가지는지 판단한다(예: '행복' 대 '구토'). 점화효과는 점화자극과 목표자극이 같은 범주(예: '행복'-'사랑')에 속하는 시행과 다른 범주(예: '구토'-'사랑')에 속하는 시행을 비교하여 평가된다.
3. 점화자극은 패턴 마스크("샌드위치 마스킹")에 의해 전후로 가려지며, 짧은 점화자극-목표자극 SOA(예: 100ms)를 일반적으로 사용한다.
4. 이전에 설명된 바와 같이 선형 회귀분석을 사용하여 무의식점화를 평가한다.

이러한 방법을 사용하여 그린발트와 그의 동료들은 무의식점화의 증거를 얻었다. 예를 들어, 실험 1에서 드레인과 그린발트(Draine & Greenwald, 1998)는 긍정-부정평가과제를 점화과제로 사용하고, 이어지는 점화자극지각가능성변별과제(단어인지 아닌지를 판단하는 과제; 단어 vs X와 G의 문자열)를 점화자극 지각 가능성의 측정치과제로 사용했다. 이 과제들에서 사용된 자극과 절차는 유사했으며, 특히 목표단어도 점화자극지각가능성과제에서 제시되었다. 점화자극을 각각 33ms와 50ms의 시간 동안 제시했을 때 신뢰할 수 있는 점화효과가 관찰되었다(민감도[d'] = 0.24 및 0.21). 회귀 분석에서의 절편은 양의 값이었고 통계적으로 유의미했다. 코언(Cohen, 1977)의 d′ 기준으로 볼 때, 절편 효과는 상당한 수준이었다(33ms에서 0.79, 50ms에서 0.54). 이러한 발견은 참가자들이 점화자극을 단어 또는 XG 문자열인지 거의 감지하지 못하는 민감도로 접근했을 때에도, 점화자극이 그 범주 소속에 일관된 방식으로 응답할 확률을 증가시켰음을 나타낸다.

클링거, 버튼, 그리고 피츠(Klinger, Burton & Pitts, 2000)는 앞선 연구 결과를 재현했으며, 이러한 현상이 반응일치성 효과(response congruency effect)로 가장 잘 설명될 수 있다는 것을 보여 주었다(De Houwer, Hermans, Rothermund & Wentura[2002]도 참조). 또한, 그들의 실험 결과는 이 패러다임에서 '사자-호랑이(lion-tiger)'와 같은 종류의 의미점화가 발생하지 않음을 나타냈다. 클링거 등의 세 번째 실험에서는 어휘판단과제가 점화과제와 점화자극 지각 가능성 측정에 사용되었다. 점화과제의 각 시행에서, 차폐(masking)된 점화자극으로 단어 또는 비단어가 제시되었고, 목표자극으로 단어 또는 비단어가 제시되었다. 참가자들은 목표자극이 단어인지 비단어인지를 판단했다. 단어 점화자극-단어 목표자극 쌍의 절반은 의미적으로 관련되어 있었고, 나머지 절반은 관련 없었다. 정확하게 동일한 자극과 동일한 제시 방법이 점화자극의 지각 여부를 측정하는 과제에서도 사용되었다. 점화자극의 지각 여부를 측정하는 과제와 점화과제와의 유일한 차이점은 점화자극의 지각 여부를 측정하는 과제에서는 매우 짧게 제시된 점화자극이 단어였는지를 판단하는 것에서만 달랐다.

연구 결과는 단어와 비단어에 대한 반응이 점화자극의 어휘적 상태에 영향을 받았음을 보여 주었으며, 이는 점화자극의 단어-비단어 구분 민감도가 거의 0에 가까웠을 때에도 마찬가지였다. 구체적으로, 참가자들은 점화자극이 감지되지 않았음에도 불구하고, 단어로 제시된 점화자극에 의해 활성화된 단어를 비단어점화자극에 의해 활성화된 단어보다 '단어'라고 응답할 가능성이 더 높았다. 회귀분석을 사용하여, 단어 목표자극 시행에서의 절편은 0.44였고, 비단어목표자극 시행에서의 절편은 0.54였다. 이러한 발견은 그린발트와 그의 동료들의 결과를 재현한 것이다.

단어점화자극과 단어목표자극 쌍만을 이용하여 의미점화효과를 조사하였다. 회귀 방정식에서 단어변별과제의 측정치를 독립 변수로 하고 의미점화민감도(d′)을 종속 변인으로 하여 의미점화의 크기를 조사하였다. 이 경우에 y절편, 즉 의미점화는 거의 0에 가까웠다. 즉, 점화자극을 의식적으로 지각하지 못하면 의미점화는 없었다.

후속 연구에서는 점화자극과 목표자극 간의 관련성을 긍정-부정 가치 판단 차원과 생물-무생물의 생물성 차원으로 조절하였다. 그 결과, 두 종류의 판단 기준 중에 현재 판단에 사용하고 있는 판단 기준과 관련된 목표 자극에 대해서만 의미점화가 나타났다. 즉, 목표자극을 긍정-부정 차원에서 판단하는 경우에는 긍정-부정 차원의 의미점화만 나타났고, 목표자극을 생물-무생물 차원에서 판단하는 경우에는 생물-무생물 차원의 의미점화만 나타났다. 이런 결과는 이 연구 패러다임에서의 무의식점화는 반응 일치 효과라는 것을 증거한다. 클링거 등(Klinger et al., 2000)은 이런 결과를, 스트룹(Stroop)효과 설명에서처럼, 반응경쟁(response competition)때문에 나타난 것으로 설명하였다(Logan, 1980 참조).

또 다른 흥미로운 사실은 위의 연구 패러다임에서, 긍정-부정으로 분류하거나 생물-무생물 분류 과제에서 발견되는 무의식점화효과는 점화자극이 이전에 목표자극으로 제시되었는지의 여부에 따라 변한다는 것이다. 에이브럼스와 그린발트(Abrams & Greenwald, 2000)는 목표자극으로 제시되었던 점화자극은 큰 의미점화를 일으키고, 목표자극으로 제시되지 않았던 점화자극은 매우 미약한 점화를 발생시키거나 의미점화를 발생시키지 않는다는 것을 보고하였다(Abrams, Klinger & Greenwald, 2002; Damian, 2001도 참고). 그러나 나카슈와 드안(Naccache & Dehaene, 2001)은 대비되는 결과를 발표하였다. 나카슈와 드안은, 목표자극으로 보았든 경험하지 않았든 간에 관계없이 그린발트와 그의 동료들이 사용했던 과제를 사용했을 때와 유사한 점화를 발견하였으며, 이 점화의 크기가 유의미하다는 결과를 보고하였다. 나카슈와 드안은 피험자들에게 목표 숫자 혹은 숫자 이름이 5보다 크거나 작은지를 판단하라고 지시하였으며, 기준점인 5는 목표자극으로 제시되지 않았다.

목표자극으로는 1, 4, 6, 9만이 사용되었다. 앞과 뒤로 차폐된 점화자극도 숫자, 숫자 이름 혹은 '$' 같은 무관련기호였다. 1부터 9 사이의 숫자 혹은 숫자 이름이 점화자극으로 사용되었다. 그래서 2, 3, 7, 8은 목표자극으로 제시된 적이 없는 점화자극이었다. 목표자극이 5보다 큰지를 판단한 반응 시간은 점화자극과 목표자극이 함께 5보다 크거나 혹은 작은 경우(congruent)가, 즉 두 자극이 동일한 방향에 있는 경우가, 점화자극은 5보다 작고 목표자극은 5보다 큰 것처럼 동일한 방향에 있지 않은 경우(incongruent)에서보다 빨랐다. 중립조건과 비교할 때, 동일 방향으로 점화자극과 목표자극이 제시되지 않은 경우에는, 즉 불일치 조건에서는, 오히려 느린 방해 효과(즉 불일치 효과)가 나타나지만, 두 자극이 동일 방향으로 나타난 경우에는, 즉 일치 조건에서는, 유의미한 촉진효과가 나타나지 않았다. 이런 점화효과는 점화자극의 친숙도(familiarity)에 따라 변하지 않았다. 또한, 두 자극이 동일 방향으로 나타난 일치 조건(congruent trials)에서는 점화자극과 목표자극 간의 차이가 작아질수록 반응 시간은 더 빨라졌다(즉, 2-1쌍이 4-1쌍 보다 빨랐다). 두 수 간의 차이가 적을수록 연합강도가 증가한다고 가정해 보면, 점화자극과 목표자극 간의 차이가 작아질수록 반응 시간이 더 빨라지는 현상은 점화자극과 목표자극의 연합강도가 증가할수록 의미점화가 증가하는 현상과 유사하다.

또한, 나카슈, 블랜딘, 그리고 드안(Naccache, Blandin & Dehaene, 2002)은 숫자 분류 패러다임에서의 차폐점화효과가 주의를 기울이는지 여부에 따라 변화한다는 것을 보고하였다. 통상적인 무의식점화 실험에서 피험자는 목표자극이 언제 나타날 것인지를 안다. 또한 알려 주면, 지각적으로 분간할 수 없는 점화자극이 나타나는 시기도 안다. 그래서 목표자극이나 점화자극이 나타날 무렵이면 피험자는 온 주의를 기울인다. 한 실험에서, 나카슈와 그의 동료들은 목표자극이 언제 나타날지에 대한 예측 가능성을 조작하였다. 이들은 차폐 점화효과는 목표자극이 언제 나타날지를 예측할 수 있을 때에만 출현하는 것을 발견하였다. 다른 실험에서는 시각 단서를 제시하여 목표자극이 언제 나타날지를 3번 중에 1번 예측할 수 있도록 실험을 설계하였다. 차폐점화는 단서가 있는 경우에만 나타나고 단서가 제시되지 않은 경우에는 발생하지 않았다. 랙터, 포스터, 그리고 루스러프(Lachter, Forster & Ruthruff, 2004)는 마찬가지로 주의를 기울이지 않으면 차폐된 점화자극이 반복점화(repetition priming)를 일으키지 않는다는 증거를 제시하였다.

무의식점화에 대한 제3세대의 연구를 무엇이라고 단언적으로 평가하기는 쉽지 않다. 한편으로는 그린발트와 그의 동료들이 무의식점화 연구의 새로운 표준이 되는 이론과 방법을 개발하였다. 다른 한편으로는, 클링거와 그의 동료들의 연구들을 포함한 다른 연구들은 다겐바흐 등(Dagenbach et al., 1989)과 허시먼과 듀랜티(Hirshman & Durante, 1992)의 연구와 같은 매우 특별한 무의식점화 연구 결과와 일치하지 않는 결과를 보고하였다. 또한 드안와 그의 동료들의 연구 결과는 그린발트와 그의 동료들이 보고한 무의식점화 연구 결과와 다르다. 드안과 그 동료들의 연구와 그린발트와 그 동료들의 무의식점화 연구는 여러 측면에서 차이가 있다. 드안과 동료들의 연구는 한 종류의 과제만을 사용하였으며 사용된 자극 세트도 매우 작은 수의 한정된 자극만을 사용하였다. 반면에 그린발트와 동료들의 무의식점화 연구는 다양한 종류의 과제와 여러 종류의 자극을 사용하였다. 이러한 차이는 매우 중요할 수 있다. 예를 들어, 쿠이드르와 뒤푸(Kouider & Dupoux, 2004)는 자극 세트가 작고 실험 참가자가 어떤 자극이 제시될지 알 수 있을 때, 즉 실험 참가자가 부분적으로 점화자극을 인지하는 경우에, 스트룹과제에서 점화효과가 나타난다고 보고하였다. 부분적으로 점화자극을 인지하는 경우, 'gener'와 같이 실제 색깔 단어 'green'과 유사한 점화자극은 일치 점화효과(congruency priming effect)를 발생시켰다. 연구 결과들이 서로 다른데 이 차이가 어디에서 비롯된 것인지 이해하기 위해서는 사용되는 과제, 자극, 여러 종류의 점화자극 등을 체계적으로 변화시키면서 여러 변수 간의 상호작용을 조사해야 한다.

마지막으로 지적하고 싶은 것은 무의식점화를 오래전부터 심리생리학적 그리고 신경생리학적 측정치(psychophysiological and neurophysiological measures)로 관찰해 왔다는 사실이다(18장 참고). 드안 등(Dehaene et al., 1998)은 숫자 분류 과제에서 보이는 일치성점화효과(congruency priming effect)를 ERP와 fMRI로도 측정하였다. 그렇지만 불행하게도 ERP와 fMRI 연구 결과는 그렇게 인상적이지는 않았다. 점화자극 지각 여부는 다른 실험에서 다른 실험 참가자를 대상으로 이루어졌으며, 이 실험에서 사용된 점화자극 제시 시간은 0보다 큰 민감도(d')를 보였다. 이는 피실험자들이 부분적으로 점화자극을 지각했다는 것을 의미한다(Dehaene et al., 1998, 표 1 참고). 평균 민감도(d')은 탐지과제에서는 0.2였고 변별과제에서는 0.2로 통계적으로 볼 때 0보다 유의미하게 크다고 볼 수는 없지만, 이런 차이를 찾아낼 수 있는 통계적 파워는 0.3 아래로 매우 낮았다(Agresti, 1990 참고).

그렇다면 무의식점화에 대해 최종적으로 말할 수 있는 결론은 무엇인가? 앞에서 설명한 여러 이유로, 그린발트와 그 동료들이 도입한 범주판단과제로 보고된 의미점화는 통상적으로 말하는 의미점화와는 다소간의 차이가 있다. 현재로서 말할 수 있는 최선은 이들이 사용했던 범주판단과제가 매우 훌륭하고 그리고 더 깊게 연구해 볼 가치가 있다는 것이다. 다겐바흐 등(1989)과 허시먼과 듀랜티(1992)가 도입한 방법론에 여러 가지 단점이 있을 수 있지만, 이 연구들을 완전히 배제하는 것은 적절하지 않다. 최소한, 이들의 실험은 실험 참가자들이 점화자극을 볼 수 없다고 주장하며, 점화자극을 탐지하고 분류하며 식별하는 데 어려움을 겪는 매우 짧은 시간 동안 점화자극이 제시되어도 의미점화를 얻을 수 있음을 보여 준다.

옳은 것인지 그른 것인지는 모르겠지만, 점화에 관한 모델들은 무의식점화를 다루지 않는다. 콜린스와 로프터스(Collins & Loftus, 1975)는 활성화의 확산을 설명할 때 의식에 관한 언급을 하지 않았다. 한 번에 단 하나의 개념만 처리될 수 있다는 주장은 '인간 중앙 처리의 직렬적 본성' 때문이라고 해석될 수 있으며, 이는 점화자극이 의식적으로 처리되어야만 점화효과가 발생한다는 의미로 해석될 수 있다. 그러나, 이러한 해석은 본문의 다른 부분에서 큰 지지를 얻지 못한다. 실제로, 이 책 전반에 걸쳐 점화효과가 반드시 의식적 처리를 필요로 한다는 주장은 뒷받침되지 않는다. 앤더슨(Anderson, 1983a, p. 309)은 의식과 무의식점화 모두를 인정한다. 복합-단서모델의 내용 설명을 되짚어 보면, 이 모델은 점화가 일어나려면 점화자극을 의식선상에서 지각해야 한다는 가정을 하고 있는 것처럼 보인다. 그렇지만 점화자극의 특질을 찾아내서 목표자극의 특질과 조합하는 작업은 점화자극이 의식선상에서 지각되지 않는 경우에도 가능하다. 베커(Becker)의 모델은 점화효과를 설명하기 위해 의식선상의 조절이 필요하다고 가정하지만, 이런 가정은 옳지 않다. 분산네트워크모델들도 의미점화가 반드시 의식선상에서만 이루어진다고 주장하지 않는다. 네트워크의 활성화는 의식 없이도 어느 한 지점으로 모여서 적절한 패턴을 형성할 수 있기 때문이다. 마지막으로 다단계활성화모델도 의식선상만의 점화를 주장하지는 않는다(Stolz & Besner, 1999 참고).

마지막으로 정리하면서, 무의식점화에 관심이 있다면, 좀더 넓게 말해서 의식 없는 지각에 관심이 있다면, 에릭슨(Eriksen, 1960), 홀렌더(Holender, 1986), 맥밀런(Macmillan, 1986), 라인골드와 메리클(Reingold & Merikle, 1988), 그린발트, 클링거, 그리고 슈(Greenwald, Klinger & Schuh, 1995)의 연구를 공부하는 것으로 시작할 것을 조언한다. 이들 논문은 무의식점화에 관련된 이론과 연구 방법론에 대한 필수적인 내용을 담고 있기 때문이다.

15 점화자극-과제 효과

매우 짧게 점화자극이 제시되어 의식선상에서 알아보지 못하는 점화자극이 제시되는 상황에서도 의미점화가 나타난다. 의미점화는 여러 상황에서도 일관되게 나타나는 강하고 변함없는 현상처럼 보인다. 이런 의미점화의 특성을 고려해 보면, 점화자극에 대해 어떤 종류의 과제를 수행해도 의미점화가 여전히 나타날 것이라고 추측하는 것은 당연하다. 그러나, 위의 예측과는 다르게 점화자극을 대상으로 어떤 과제를 수행하면 의미점화가 변한다는 연구 결과가 보고되었다. 헤닉, 프리드리히, 그리고 켈로그(Henik, Friedrich & Kellogg, 1983)와 스미스, 시어도어, 그리고 프랭클린(Smith, Theodor & Franklin, 1983) 연구에서, 점화자극에 어떤 특정 낱자(letter)가 있는지를 찾는 과제를 수행하면, 의미점화가 눈에 띄게 감소하는 현상이 보고되었다. 또한 점화자극에 어떤 낱자가 반복되는지를 찾도록 해도 의미점화가 감소하며(Smith, Meiran & Besner, 2000 참고), 점화자극 주변 영역에 시각자극이 있는지를 찾도록 하는 경우에도 의미점화가 감소하였다(Smith, Theodor & Franklin, 1983 참고).[16] 점화자극에 대한 반응을 요구하지 않는 경우(Neely, 1977), 명명하는 경우(Henik, Friedrich & Kellogg, 1983), 단어인지 비단어인지 분류하는 경우(Tweedy, Lapinski & Schvaneveldt, 1977) 또는 생물인지 무생물인지와 같은 어떤 종류의 의미 결정을 하는 경우(Smith, Theodor & Franklin, 1983) 등 모든 조건에서 의미점화가 일관되게 나타난다는 사실을 고려하면, 이러한 연구 결과들은 더욱 놀라운 것이다. 유사하게 스트룹과제에서도 점화자극-과제효과가 보고되었다(Parkin, 1979 참고).

점화자극-과제효과(prime-task effect)에 대한 연구는 아래처럼 5가지로 결론지을 수 있을 것 같다(Maxfield, 1997 참고):

1. 점화자극-과제효과는 단지 점화자극에 대해 얕고 피상적인 처리 때문에 나타나지는 않는다. 키아페, 스미스, 그리고 베스너(Chiappe, Smith & Besner, 1996)는 점화자극의 색깔을 식별하는 것이 어휘결정과제에서 의미점화의 크기를 줄이지 않는다는 것을 보여 주었다.
2. 두 번째 결론은 낱자 탐색과 그리고 이와 유사한 과제를 점화자극에 대해 수행하면, 이런 과제 수행이 점화자극의 초기 의미활성화 혹은 점화자극의 의미 연합으로 연결된 자극의 활성화를 방해하기 때문에, 점화자극-과제효과가 나타난다는 것이다. 점화자극-과제효과가 나타나는 근본적인 메커니즘은 낱자탐색과제가 완전히 활성화된 표상의 감소나 적극적인 억제와는 관련이 없는 것처럼 보인다. 이렇게 생각하는 이유는, 점화자극과 목표자극 간의 SOA가 200-240ms로 점화자극의 의미활성화가 소멸되거나 의미활성화를 억제하기 어려운 조건에서도 점화자극-과제효과가 나타나기 때문이다(Henik, Friedrich, Tzelgov & Tramer, 1994; Smith, Bentin & Spalek, 2001). 또한, 낱자탐색과제에 필요한 낱자를 제시하기 전에, 시각 혹은 청각으로 미리 점화자극을 제시해 주면, 그래서 미리 점화자극의 의미를 활성화시키면, 점화자극-과제효과가 나타나지 않고, 원래의 의미점화가 나타난다(Friedrich, Henik & Tzelgov, 1991; Stolz & Besner, 1996). 점화자극에 대해 수행되는 낱자탐색과제가 이미 활성화된 의미 혹은 연합된 의미 등의 활성화를 억제시키는 것이었다면, 점화자극-과제 수행은 의미점화를 감소시키거나 나타나지 않도록 했어야 한다. 프리드리히 등(Friedrich et al., 1991)에서, 실험자는 점화자극을 피험자에게 점화자극-과제에 필요한 탐색 낱자를 제시하기 전에 읽어 주었다. 이처럼 미리 점화단어를 읽어 주어서 그 의미를

활성화시킨 경우에, 이후에 점화자극에 대해 낱자탐색과제를 하더라도 의미점화효과는 크게 나타났다. 점화자극-과제효과를 나타내지 않는 다른 종류의 과제에서처럼, 예를 들어 점화자극을 소리 내서 읽었을 때처럼, 정상적인 큰 의미점화가 나타났다. 스톨츠와 베스너(Stolz & Besner, 1996)에서는 점화자극-과제의 탐색 낱자 제시 200ms 전에 시각으로 점화자극을 제시한 경우에도 청각에서처럼 의미점화가 계속 유지된다는 사실을 보고하였다. 이런 결과는 청각 혹은 감각의 문제가 아니라는 것을 증거한다. 지금까지 설명한 점화자극-미리보기 효과는 점화자극에 대한 낱자탐색 과정이 점화자극의 활성화된 의미를 억제하지 않는다는 것을 제시하는 증거이다.

3. 점화자극 단어가 어휘 접근된다는 증거가 있다. 다르게 말하면, 점화자극-과제효과는 낱자 수준의 정보 처리 결과로 출현하는 것 같지는 않다는 것이다. 점화자극과 목표자극이 반복되어 나타나는 반복점화(repetition priming)와 점화자극과 목표자극 간의 관련성이 형태론적인 경우(예: prime mark, target MARKED)에, 점화자극에 대해서 낱자탐색과제를 수행해도 이들의 점화효과는 감소하지 않는다(Friedrich, Henik & Tzelgov, 1991; Stolz & Besner, 1998). 반복점화효과와 형태론적 점화효과가 단순히 개별적인 낱자의 중복 때문에 나타나지 않는다는 것을 보고한 연구는 대단히 많다(예: Feldman & Moskovljevic, 1987). 흥미로운 사실은 점화자극이 단어이고 목표자극이 그림인 경우에, 단어 점화자극에 대해 낱자탐색과제를 시키면, 위에서 보고된 점화자극-과제효과가 나타난다는 것이다. 즉, 점화단어를 대상으로 낱자 수준의 탐색과제를 시키면, 의미적으로 관련된 목표 그림에 대한 의미점화가 상당히 감소된다는 것이다. 그렇지만 점화자극이 '테이블'이라는 단어이고, 목표자극이 '테이블 그림'으로 마치 '테이블' 단어가 반복되어 나타나는 단어 반복점화 패러다임과 유사한 경우에는, 이런 점화자극-과제효과가 사라

지지 않는다.

4. 점화자극-과제효과는 의미 분석과 탐색 정보 처리(generic search process) 간의 경쟁 때문이 아니다. 브라운, 로버트, 그리고 베스너(Brown, Roberts & Besner, 2001, 실험 3)는 가운데에 점화자극이 제시되고, 이 점화자극의 위에는 숫자열이 제시되고 그리고 점화자극 아래에는 탐색 숫자(probe digit)가 제시되는 점화자극 디스플레이를 사용하였다(낱자탐색과제에서 하는 것처럼, 탐색 숫자를 여러 개 반복시켜서 점화자극 위에 제시된 숫자열의 크기만큼으로 조절하였다). 점화자극-과제는 숫자 탐색이었다. 숫자 탐색과제는 가운데에 제시되었던 점화자극에 의한 의미점화를 감소시키지 않았다. 유사하게 맥네빈과 베스너(MacNevin & Besner, 2002)는 점화자극에 특별한 색을 가지고 있는 낱자가 존재하는지를 탐색하는 과제를 시키는 경우에도 형태소점화(morphological priming)와 의미점화를 감소시키지 않는다는 것을 보고하였다. 이러한 결과들은 주의 자원에 대한 경쟁(attentional resources)이 특정한 종류의 정보 처리에만 한정된다는 것을 의미한다(Chiappe, Smith & Besner, 1996; Brown, Roberts & Besner, 2001). 주의 자원이 특정한 종류의 정보 처리에만 한정된다는 의미는, 예를 들어, 지각과제와 인지과제 수행에 요구되는 특정 내적 표상(mental representation)과 정보 처리에만 제한적으로 주의 자원에 대한 경쟁이 나타난다는 것이다. 동일한 도메인에 속한 과제들 간에는 필요한 주의 자원에 대해 서로 경쟁하지만(예를 들어 낱자탐색과제와 단어재인과제는 동일한 주의 자원을 놓고 경쟁한다) 다른 종류의 도메인에 있는 과제들 간에는 경쟁하지 않는다(예를 들어 색깔 혹은 숫자지각과제는 단어재인과제와 동일한 주의 자원을 놓고 경쟁하지 않는다).[17]

5. 점화자극-과제의 효과는 실험이 진행되는 문맥(context)에 따라 변한다. 헤닉, 프리드리히, 첼고브, 그리고 트레이머(Henik, Friedrich, Tzelgov & Tramer, 1994)는 점화자극과 목표자극 쌍으로 구성된 실험 목록에 관

련된 쌍의 비율이 매우 높은 경우에는 의미점화가 복원되는 현상을 보고하였다.[18] 여러 실험을 통틀어서 의미점화효과를 계산해 보면, 점화자극에 대해 낱자탐색과제를 수행한 후에 어휘판단과제로 측정된 의미점화는 관련된 쌍이 0.2에서 0.5일 때는 4ms이었고, 관련된 쌍의 비율이 0.8일때에는 44ms이었다. 어휘판단과제와 단어명명과제에서의 의미점화 크기는 다르다. 위의 조건에서 측정된 단어명명과제에서의 의미점화는 각각 29ms와 117ms였다. 유사하게, 스톨츠와 베스너(Stolz & Besner, 1996)는 낱자탐색과제 시행과 점화자극을 미리 보는 시행을 무선적으로 섞는 경우에, 의미점화가 두 조건 모두에서 일어난다는 사실을 보고하였다. 스톨츠와 베스너(Stolz & Besner, 1996)는, 통제 조건으로 소리내지 않고 읽거나 소리내서 읽는 통제 조건과 비교하지 않았는데도, 이런 통제 조건을 사용한 다른 연구들에서 보고된 크기 정도의 의미점화를 보고하였다.

위의 연구 결과들을 종합해서 결론적으로 말하면, 의미를 인출하거나 활성화시키는 데에는 주의가 필요하다는 것이다(Lachter, Forster & Ruthruff, 2004; Stolz & Besner, 1999 참고). 의미 표상을 활성화시키는 것은 단어를 읽을 때에 수반되는, 항상 일어나는 정보 처리가 아니고 선택에 따라 일어나지 않을 수도 있는 정보 처리이다. 주의 통제가 일련의 정보 처리 연속 중에서, 어디에서 어떠한 방법으로 영향을 끼치는지를 밝히는지가 현재 연구의 중심 문제이다.

스톨츠와 베스너(Stolz & Besner, 1996; 1998; 1999; Stolz & Neely, 1995)는 점화자극-과제효과와 관련된 연구결과들을 다중활성화모델을 이용해서 설명하였다. 이들은 점화단어에서 특정한 글자가 있는 것을 찾는 과정이 점화단어를 속으로 읽거나 명명하는 과정에 포함된 글자를 처리하는 과정보다 주의를 더 많이 요구하는 것으로 생각하였다. 주의는 현재의 정보 처리에 더 이상 필요하지 않은 표상 수준에서 지금 현재 필요한 정보 처리 표상으로 활성화를 재조정하는 일을 담당한다. 스톨츠와 베스너는, 글자를 탐색하는 과제나 또는 유사한 과제를 수행할 때에, 어휘 수준에서의 활성화가 의미 수준으로 확산되는 것이 차단된다고 주장하였다(〈그림 6.2〉의 경로 B, 이 책 60쪽). 그래서 더 많은 활성화가 어휘 수준에서 가능하다. 어휘 수준에서의 활성화가 피드백 처리 과정 때문에 낱자 수준 표상으로 확산되고(〈그림 6.2〉의 경로 D) 이에 따라 낱자 수준의 활성화도 어휘 수준에서의 활성화처럼 매우 강하다고 주장하였다. 글자 탐색의 효율성은 어휘 수준에서의 활성화가 의미 표상으로 전해지지 않고 오히려 낱자 수준으로 피드백되기 때문에 향상된다. 주의 자원이 얼마나 할당될지는 과제의 난이도에 따른다. 점화자극-과제효과 크기는 낱자 수준에서 이뤄지는 과제의 난이도에 따라 달라진다(Smith, Bentin & Spalek, 2001). 스톨츠와 베스너가 제안한 주의 통제 과정에 기반한 의미점화에 대한 설명은 의미점화를 자동적 처리와 전략적 처리로 분리해 왔던 전통적인 설명과는 질적으로 다르다. 특별히 스톨츠와 베스너의 설명에서는 의식(consciousness)이라고 하는 개념을 필요로 하지 않는다.

브라운 등(Brown et al., 2001)은 어휘 수준에서 의미 수준으로 연결되는 통로는 완전히 차단된다고 아래의 연구 결과에 기초하여 결론지었다. 이 연구에서는 주의를 받지 못한 과제와 무관한 단어가 제시되는 점화자극 디스플레이에서 나타나는 의미점화효과를 조사하였다. 실험 1과 실험 2에서 브라운과 그의 동료들은, 점화단어와 탐색할 글자는 빨간색으로 제시되고, 관련 없는 단어는 하얀색으로 제시되는 점화자극 디스플레이를 사용하였다. 3개의 글자로 이루어진 문자열이 하나는 위에 다른 하나는 그 밑에 제시되었다(실험 1에서는 탐색 글자가 가운데에 제시되고 실험 2에서는 무시해야 할 단어를 가운데 제시하였다). 피험자에게는 빨간색으로 제시된 항목에는 주의를 기울이고, 하얀색으로 제시된 항목에는 주의를 주지 말라고 지시하였다. 점화자극과 목표자극 간의 의미관련성과 무시해야 될 단어와 목표단어와의 의미관련성을 다르게 조절하였다. 피험자가 점화단어를 소리 없이 읽을 때, 점화단어와 목표단어 간의 의미점화가 일어났고, 또한 무시해야 할 단어와 목표단어 간의 의미점화도 나타났다(Fuentes, Carmona, Agis & Catena, 1994; Fuentes & Tudela, 1992 참고). 그렇지만 점화단어에 탐색 글자가 있는지를 조사하는 점화자극-과제를 시행했을 때에는 점화자극으로부터의 의미점화와 무시해야 할 단어로부터의 의미점화 모두가 나타나지 않았다. 브라운과 그의 동료들은 이 연구 결과에 기초하여 〈그림 6.2〉의 통로 B가 완전히 차단되었다고 결론지었다. 차단은 점화자극에만 한정된 것이 아니고 무시해야 될 단어와 같은 다른 자극단어에도 작용한다. 그렇지만 이런 결론은 마리-베파와 그의 동료들(Marí-Beffa, Fuentes, Catena & Houghton, 2000)의 연구 결과와는 일치하지 않는다. 마리-베파와 그의 동료들은, 점화단어에 대해 어떠한 종류의 과제를 수행하던 관계없이, 과제와 무관련하고 주의를 받지 못한 점화단어로부터 목표단어로의 유의미한 의미점화를 보고하였다.

스톨츠와 베스너의 점화자극-과제효과에 대한 설명 이론은 의미 문맥이 글자탐색과제에 영향을 주지 말아야 한다고 강하게 예측한다. 이런 예측에 대한 결과는 지지되기도 하고 반박되기도 한다. 점화자극-과제효과를 처음 발표한 연구들 중에 스미스(Smith, 1979)는 점화단어와 의미적으로 관련된 단어를 미리 보여 주면 점화단어에 대한 글자 탐색이 빨라지는 현상을 발견하였다. 슈바네펠트와 맥도널드(Schvaneveldt & McDonald, 1981)도 유사한 결과를 보고하였다. 그렇지만 블룸과 존슨(Blum & Johnson, 1993) 그리고 스미스와 베스너(Smith & Besner, 2001)는 의미 문맥이 점화단어에 대한 글자 탐색 과정에 효과를 미치지 않는 결과를 보고하였다. 스미스와 베스너는 본인들의 결과와 다른 연구자들의 결과가 왜 불일치하는지에 대해서는 논의하지 않았다.

요약하면, 스톨츠와 베스너의 다중활성화모델은 점화자극-과제효과를 이해할 수 있도록 설명 체계를 제공하였다. 물론 다중활성화모델도 모든 관련된 연구 결과를 설명하지는 못한다. 의미점화를 설명하는 다른 모델들은 점화자극-과제효과를 설명하는 데 어려움이 있다. 이들 모델들의 한계이다. 다중활성화모델을 제외한 다른 모델들의 근본적인 문제점은 의미점화를 설명하는 과정으로 주의의 역할을 적절하게 도입하지 않았기 때문에 혹은 정보 표상의 여러 단계를 설정하여 한 단계로는 활성화가 갈 수 있지만 다른 단계로는 활성화가 차단되는 형식의 설명을 취하지 않기 때문이다. 이러한 문제점은 극복할 수 있는 것이기는 하나, 극복할 수 있는 적절한 설명 논리를 개발하는 것이 매우 어렵다.

점화자극-과제효과를 적절하게 설명하지 못하는 연구들에게서 공통적으로 발견되는 가정은 의미점화가 없는 이유는 점화단어의 의미 표상이 활성화되지 않았기 때문이라는 것이다(Marí-Beffa, Houghton, Estévez & Fuentes, 2000). 이런 가정은 틀린 것일 수도 있다. 마리-베파와 그의 동료들(Marí-Beffa, Houghton, et al., 2000)은 점화단어에 행해지는 낱자탐색과제가 점화단어에 의해서 발생된 의미활성화를 억제할 수도 있다고 제안하였다. 자동적 활성화와 주의에 의한 억제가 서로 반대 작용을 한다. 그래서 서로 상쇄되고 남아 있는 의미활성화가 의미점화효과로 나타난다. 이런 가설을 검증하려고 마리-베파와 그의 동료들(Marí-Beffa, Houghton, et al., 2000)은 단어와 ###S# 같은 기호들로 구성된 열을 포함하고 있는 점화 디스플레이를 이용하는 점화과제 패러다임을 사용하였다. 피험자의 과제는 점화 디스플레이에서 미리 제시해 준 낱자를 단어 혹은 기호열에서 찾는 것이었다. 피험자가 점화 디스플레이를 대상으로 위와 같은 과제를 수행한 후에 어휘판단을 위한 목표단어가 제시되었다. 피험자들이 단어에 대해서 낱자탐색과제를 수행한 경우에는 유의미하지 않고 경향성만 있는 약 23ms의 의미점화가 나타났고, 기호열에 대해 탐색과제를 수행한 경우에는 오히려 -50ms의 부적 혹은 억제점화효과를 나타냈다. 이 결과는 낱자탐색점화자극-과제를 수행하는 경우에 점화단어의 의미가 활성화되는 것을 나타낸 것이 아니고 점화단어 옆에 있는 기호열에 대해서 탐색과제를 수행하는 경우에 점화단어의 의미가 활성화된다는 것을 나타내는 것이다.

마리-베파와 그의 동료들(Marí-Beffa, Houghton, et al., 2000)이 제안한 모델의 결정적인 문제점은 점화자극과 목표자극 간의 200ms 정도로 짧은 SOA 경우에도 점화자극-과제효과가 나타난다는 것이다. 무시해야 하는 점화단어로부터의 부적점화효과는 200ms처럼 매우 짧은 SOA에서는 보통 나타나지 않아야 한다. 오르텔스, 아바드, 노게라 그리고 루피아네즈(Ortells, Abad, Noguera & Lupiáñez, 2001)는 여러 종류의 SOA를 이용해서 무시해야 하는 점화단어에 의해서 생성된 부적점화의 시간적 변화를 조사하였다. 사용한 SOA는 200ms, 300ms, 600ms, 그리고 1000ms였다. 200ms의 짧은 SOA 조건에서는 무시해야 하는 점화단어에 의해서 정적인 점화효과가 나타났다. 600ms의 SOA가 되어야 유의미한 부적점화효과가 나타났다. 마리-베파와 그의 동료들(Marí-Beffa, Houghton, et al., 2000)은 위의 결과를 설명하지 못했다. 그렇지만 의미점화가 없다는 것이 의미접속이 되지 않았다는 것을 의미한다는 설명은 여전히 유효하다.

마무리해 보면, 점화자극-과제효과에 대한 두 종류의 설명을 다음과 같이 간단하게 요약할 수 있겠다. 한 설명은 ROUSE 모델에 기반한 것이다(7장을 참고). 아마도 점화자극-과제효과는 점화자극의 속성을 무시하는 것에서 비롯된 것 같다는 것이다(Huber, Shiffrin, Lyle & Ruys, 2001; Ratcliff & McKoon, 2001). 점화자극-과제 수행 때문에 점화단어에 의해 촉발된 의미 정보가 목표단어를 정보 처리하는 동안 고려되지 않고 그래서 감소된 점화효과가 비롯되었다는 설명이다. 이런 무시(discounting) 현상은 시간상 매우 근접한 그렇지만 목표단어 정보 처리와는 별 관련이 없는 다른 과제를 수행하는 것에서 비롯된 것일 수 있다. ROUSE 모델에서, 무시는 더 큰 주의가 점화자극으로 쏠리는 경우에 더 크다. 점화단어에 대한 낱자탐색 과정이 어려울수록, 점화자극-과제효과가 증폭된다. 즉, 목표단어에서 출현하는 점화효과가 감소하게 된다(Smith, Bentin & Spalek, 2001). 이런 ROUSE 모델의 설명은 추측하는 수준이고 수많은 점화자극-과제효과를 설명하기 위해서는 좀 더 상세하게 논리가 개발되어야 한다.

닐리와 카한(Neely & Kahan, 2001)이 점화자극-과제효과를 설명한 모델이 ROUSE 모델 설명보다 더 그럴듯하다. 닐리와 카한(Neely & Kahan, 2001)은 점화자극-과제효과가 적어도 일부분은 시각 속성 통합에 동원된 공간 주의 때문일 수 있다고 제안한다. 주의가 점화단어의 특정한 시각 속성에 쏠리면 주의를 받지 못한 낱자는 적절하게 정보 처리 되지 못한다. 이런 부적절한 낱자 지각 현상은 점화단어를 적절하게 지각할 수 없게 한다. 점화단어가 부적절하게 지각되면 당연히 점화단어의 의미활성화는 적절하게 일어나지 않는다. 닐리와 카한(Neely & Kahan, 2001)의 설명은 그럴듯하게 보이지만 또한 이 설명이 적용되지 않는 연구 결과들이 많다. 이 모델은 점화단어의 낱자 탐색 시에는 의미점화가 그대로 살아 있는 현상을 설명하지 못하며, 점화단어에 특정 낱자가 있는지를 탐색하더라도 반복점화와 형태소점화가 그대로 유지되는 현상을 설명하지 못한다. 더불어서 점화자극-과제효과가 문맥에 따라 변하는 것도 설명하지 못한다.

16 목록맥락효과

의미점화 연구에서 점화자극과 목표자극 간의 의미관련성으로 조성된 목록 문맥(list context)이 어떤 종류인지가 의미점화의 패턴에 영향을 줄 수 있다는 사실은 아주 오래전부터 알려진 사실이다. 내가 알기로는, 1980년도에 베커(Becker, 1980)가 처음으로 이와 같은 목록맥락효과(list context effect)를 발표하였다. 베커(Becker, 1980)는 점화자극과 목표자극의 관련성이 범주 이름과 범주 구성원 이름의 쌍으로 구성된 목록이 반의어관련 쌍으로 이루어진 목록 이후에 나타난 경우에 의미점화효과가 더 확대되는 사실을 발견했다. 또한 범주 이름과 범주 항목으로 구성된 쌍, 반의어 관련성으로 이루어진 쌍, 의미 연합관련성 쌍이 동일한 목록에서 함께 섞여서 제시되는 경우에도 의미점화효과가 증가되는 현상을 보고하였다. 베커가 이런 연구를 발표한 이후에 유사한 현상들이 여러 연구에서 보고되었다.

일련의 연구는 목록맥락이 심지어는 의미점화가 일어날지 여부를 결정할 수도 있다는 것을 제시하였다. 매쿤과 랫클리프(McKoon & Ratcliff, 1995)는 '가까운(close)-먼(far)'와 같이 반의어 관계에 있는 소수의 점화자극-목표자극 쌍을, '산(mountain)-언덕(hill)'과 같이 대부분의 쌍이 유의어 관계에 있는 목록에 배치함으로써, 목록맥락이 의미점화 발생 여부에 어떻게 영향을 미치는지를 연구하였다. 의미점화 목록에 유의어관련성 쌍이 대부분이고 반의어관련성 쌍은 매우 적은 경우, 반의어관련성에 의한 의미점화는 나타나지 않았다. 이 연구에서 목록을 구성하고 있는 문맥이 되는 관련성의 비율이 특정 종류의 관련성에 의한 의미점화가 나타날지 여부를 결정하였다. 헤스, 포스, 그리고 캐럴(Hess, Foss & Carroll, 1995)도 점화단어와 목표단어 이전에 제시되는 문단이 제공하는 전역적인 문맥(global context)의 종류에 따라 의미점화가 변화하는 현상을 보고하였다.

실험 절차 변화로 실험 문맥을 달리하는 경우에도 유사한 결과가 출현한다. 스미스, 베스너, 미요시(Smith, Besner & Miyoshi, 1994)는 점화자극을 짧게 혹은 길게 제시하였다. 한 조건에서는 짧은 제시 혹은 길게 제시하는 절차로만 구성되게 하였고(pure block 조건), 다른 조건에서는 짧게 제시하는 절차와 길게 제시하는 절차가 섞였다(intermixed block 조건). 점화자극을 짧게 제시한 절차만을 사용한 조건에서의 의미점화는 25ms였지만, 짧게 제시하는 절차와 길게 제시한 절차를 섞은 조건에서는 의미점화가 6ms였다. 그렇지만 반복점화(repetition priming)는 점화자극을 한 절차로만 제시하든 아니면 두 절차를 섞어서 제시하든 영향을 받지 않았다. 스톨츠와 베스너(Stolz & Besner, 1997)는 이런 실험절차문맥효과(procedural context effect)가 목록에 관련된 조건이 차지하는 비율, 의미관련 쌍 비율(RP)과 상호작용하는 결과를 보고하였다. 두 종류의 점화자극 제시 절차가 섞인 조건에서, RP가 0.25일 때, 짧은 제시 때의 의미점화는 유의미하였으나, RP가 0.5일 때에는 짧은 제시 때의 의미점화가 유의미하지 않았다.

15장에서 목록문맥효과 연구 예를 설명하였다. 헤닉 등(Henik et al., 1994)은 RP가 매우 높을 때, 점화자극에 대해 철자탐색 과제(letter search task)와 같은 점화자극-과제(prime-task)를 수행해도 의미점화가 여전히 나타나는 것을 제시하였으며, 스톨츠와 베스너(Stolz & Besner, 1996)는, 점화자극을 대상으로 철자탐색과제와 단순히 점화자극을 미리 보는 절차를 섞는 경우에, 점화자극에 대해 철자탐색과제를 수행하면, 사라지던 의미점화가 다시 나타나는 것을 보고하였다.

여러 이론들은 이러한 목록문맥 효과와 실험절차문맥 효과가 하향정보처리(top-down processing)에 의해서 의미점화가 영향을 받는 것으로 설명하였다. 베커(Becker, 1980)는 피험자가 두 종류의 정보 처리를 수행할 수 있다고 제안하였다. 첫 번째 정보 처리는 예측 전략(prediction strategy)이고, 두 번째 정보 처리는 기대 전략(expectancy strategy)이다. 예측 전략을 사용하는 경우에 점화자극과 문맥에 가장 적절한 소수의 의미 속성들을 발생시킨다. 이 과정은 소수의 의미 집합을 생성하고, 따라서 촉진 위주의 의미점화패턴을 생성한다. 기대전략은 점화자극의 많은 의미에 적절한 더 많은 수의 의미 특성을 생성하는 것이 특징이다. 이 과정은 큰 의미 집합을 생성하고, 따라서 억제 위주의 의미점화패턴을 생성한다. 이러한 처리 모드의 상대적 균형은 목록에 의해 생성된 문맥에 따라 달라진다. 베커(Becker)의 실험에서, 목록문맥 효과는 비대칭적이었다. 반의어에 의해 생성된 문맥은 범주-예시 쌍에 대한 촉진과 억제의 상대적 크기에 상당한 영향을 미쳤지만, 범주-예시 쌍에 의해 생성된 문맥은 반의어에 대한 의미점화패턴에 상대적으로 적은 영향을 미쳤다. 베커(Becker)는 목록문맥 효과가 비대칭적으로 나타나는 이유에 대해 설명을 제시하지 않았다.

매쿤과 랫클리프(McKoon & Ratcliff, 1995)는 활성화확산(spreading-activation)과 복합단서모델(compound cue models)을 포함한 여러 가능한 설명을 고려하였으나, 이들 중 어느 것도 목록문맥 효과를 적절하게 설명하지 못한다고 결론 내렸다. 헤스 등(Hess et al., 1995)은 모든 의미점화효과가 전역적 문맥에 의해 결정된다고 결론지었다. 그러나 이 결론은 방어하기 어렵다. 9장에서 설명한 바와 같이, 의미점화는 매우 불리한 조건에서도 발생하는 너무 많은 증거가 있다.

스미스 등(Smith et al., 1994)은 점화자극을 짧게 제시한 시행과 길게 제시한 시행이 함께 섞여서 실험이 진행되는 경우에, 짧게 제시한 조건에서의 의미점화가 매우 작게 나타나는 현상을 신호탐지이론(signal detection theory)으로 설명하였다. 스미스 등은 심성어휘 시스템 내에서의 의미활성화가 매우 변화가 심한 경우에 짧은 제시에 의해서 생성된 작은 의미활성화는 확산되지 않는다고 설명하였다. 점화자극을 긴 시간 동안 제시하는 것은 심성어휘 시스템 내에서의 의미활성화를 크게 할 것이고, 이렇게 생성된 커다란 의미 활성화는 짧게 제시한 조건과 길게 제시한 조건이 섞여 있는 실험에서 의미 활성화의 변산을 크게 할 것이다.

스톨츠와 베스너(Stolz & Besner, 1997)는 중심-주변(center-surround) 주의 기제를 사용해서 목록맥락 효과를 설명하려고 시도하였다. 스톨츠와 베스너는, 어떤 의미가 과제와 관련이 있고 피험자가 어떤 항목들의 정보를 처리하는데 어려움을 갖는 경우에, 피험자들은 핵심 아이템 정보 처리는 증진시키고 주변에 관련된 아이템들은 억제하는 주의 과정을 사용한다고 설명하였다. 스미스(Smith et al., 1994)의 실험에서 0.50의 높은 관련성 비율은 그 의미관련성을 부각시킨다. 길고 짧은 점화 제시 조건들이 함께 섞여서 실험이 진행되는 경우에, 점화자극을 짧게 제시하는 조건은 상대적으로 지각하기가 어렵다. 그래서 스미스의 실험에 참가한 피험자들은 이런 조건에서 점화자극을 짧게 제시한 조건의 정보 처리는 어렵기 때문에 이 부분의 정보 처리를 증진시키려고 중심-주변 주의 원리를 사용한다. 스톨츠와 베스너 중심-주변 주의 원리를 점화자극과 목표자극에 적용해 보자. 점화자극이 핵심 자극이고 목표자극이 관련된 주변 항목이다. 점화자극의 의미활성화가 매우 큰 경우에는 주변 자극인 목표자극의 의미점화에 의해서 발생되는 방해를 극복할 수 있지만, 점화자극의 의미활성화가 적은 경우에는 목표자극의 방해를 극복할 수가 없다. 이러한 경우에는 방해 효과만 있을 것이다. 전체 실험에서 어떤 시행에서는 점화자극의 의미활성화가 유지되어 목표자극으로의 의미활성화확산이 있는 경우도 있고, 어떤 다른 시행에서는 목표자극의 방해를 극복하지 못해서 점화자극의 의미활성화가 없는 경우도 있을 것이기 때문에, 모든 시행의 의미점화를 합산하면 그 양은 매우 적거나 아니면 없을 것이다. 스톨츠와 베스너의 이러한 설명이 맞으려면, 점화자극 제시 시간이 짧은 조건으로만 구성된 순수 블록 실험에서는 짧게 제시된 점화자극을 지각하는 데 아무런 어려움이 없거나 아니면 피험자들이 점화자극을 지각하기에 어렵다라고 생각하지 않아야 한다. 스톨츠와 베스너의 위와 같은 설명은, 스미스 등이 제안하였던 것처럼, 피험자가 어떠한 일정한 준거에 근거하여 목록문맥과 관련된 정보 처리를 수행한다고 가정해야 한다

스톨츠와 베스너는 중심-주변 주의 가설과 신호 탐지 가설을 점화자극과 목표자극 간의 관련성 비율을 목록에서 감소시키는 것으로 검증할 수 있다고 생각했다. 관련성 비율을 감소시키면 그 관련성이 부각되지 않기 때문에, 따라서 피험자는 중심-주변 주의 원리를 사용하지 않을 것이기 때문이다. 스톨츠와 베스너는 관련성 비율을 감소시키는 것은 심성어휘 시스템 내에서의 의미활성화 변산에 영향을 주지 않을 것이고, 따라서 신호-탐지 설명에 의하면, 점화자극이 짧게 제시되는 조건과 길게 제시되는 조건이 섞여서 진행되는 실험에서 짧게 제시된 조건에서의 점화자극 지각에 영향을 주지 않을 것이기 때문이다. 위에서 설명하였듯이, 스톨츠와 베스너는 관련성 비율을 0.5에서 0.25로 감소시키면 점화자극을 짧게 제시하는 것과 길게 제시하는 조건이 섞인 실험에서 짧게 제시된 조건에 대한 의미점화가 회복되는 것을 보고하여 위의 가설이 옳다는 것을 보고하였다.

마지막으로, 헤닉(Henik et al., 1994)은 점화자극에 대해서 낱자탐색과제를 시행하면, 의미점화효과가 감소되는 현상은 의미 정보 처리에 사용되어야 할 정보 처리 자원이 낱자탐색 정보 처리에 사용되기 때문이라고 제안하였다. 관련성 비율을 어느 이상만큼 증가시키면 정보 처리 자원이 의미 정보 처리에 계속 남아 있다고 생각했다. 이 설명은 IA 모델의 설명과 일치한다. 〈그림 6.2〉(이 책 60쪽)에서 b통로로 표시된 것처럼, 관련성 비율 조절은 어휘 처리 수준에서 의미처리 수준으로의 활성화확산에 영향을 줄 수 있다. 점화자극-과제효과(prime-task effect)가 점화자극을 미리 보는 시행이 있는지 없는지에 따라서 변화한다는 사실은 의미점화가 자동적이지만은 않다는 것을 보여 주는 것이라고 주장하였다. 왜냐하면 점화단어를 미리 보는지 여부에

따라서 의미점화가 변한다는 사실은 점화자극에 의한 목표자극으로의 의미활성화 과정이 점화자극을 의식적으로 인식하는 과정을 포함하고 있기 때문이다. 스톨츠와 베스너(Stolz & Besner, 1996)는 자신들의 가설을 IA 모델을 이용하여 설명하였으며, 피험자가 실험절차문맥을 결정한 준거에 의해서 의미활성화확산이 일어나는 방법을 결정한다고 제안하였다.

그렇지만 위의 모델들은 헤스, 포스, 그리고 캐럴(Hess, Foss & Carroll, 1995)이 발표한 전역적 문맥 효과를 설명하는 데에는 어려움이 있다. 위의 대부분의 설명 모델들은 하위 수준의 재인과 인출 정보 처리가, 목표, 과제에 대한 피험자의 생각, 실험 문맥에 대한 준거 등과 같은 상위 수준 정보 처리에 의해서 어떻게 영향을 받을 수 있는지를 설명하는 원리가 없기 때문에 그렇다. ACT*와 다중단계모델만이 하위 수준의 재인과 인출정보 처리가 상위 수준 정보 처리에 의해서 어떻게 영향을 받을 수 있는지를 설명한다.

17 단어빈도, 자극품질, 그리고 자극반복

의미점화 연구에서 가장 중요한 결과는 의미문맥(semantic context), 단어빈도(word frequency), 자극품질(stimulus quality) 및 자극반복(stimulus repetition) 등이 공동으로 함께 작용한다는 것이다. 이번 장의 시작 부분에서는 이들 변수 중 처음 세 가지의 효과를 살펴보고, 후에 자극반복을 다룰 것이다(요약은 〈표 17.1〉 참조).

어휘판단(lexical decision)에서 의미점화의 크기는 연합강도(associative strength)가 동일하더라도 빈도가 높은 단어보다 빈도가 낮은 단어에서 더 크다(Becker, 1979; Stone & Van Orden, 1992). 또한 의미점화는 손상되지 않은 자극(Meyer, Schvaneveldt & Ruddy, 1975)에서 보다 손상된 자극(예: 차폐되거나 낮은 대비로 표시됨)에서 더 크다. 스턴버그(Sternberg, 1969)가 제안한 가산요인 논리(additive factors logic)에 따르면, 이러한 상호작용은 의미문맥과 단어빈도가 같은 처리 단계에 영향을 미치고, 또한 의미문맥과 자극품질이 같은 처리 단계에 영향을 미친다는 것을 나타낸다. 그러나 자극품질과 단어빈도의 효과는 가산적이다: 자극품질 저하가 저빈도단어에서만큼이나 고빈도단어에서도 영향을 미친다(Becker & Killion, 1977; Borowsky & Besner, 1993).[19] 이러한 결과패턴(의미문맥과 단어빈도가 상호작용하고, 의미문맥과 자극품질이 상호작용하지만, 단어빈도와 자극품질은 부가적)을 대부분의 단어재인모델(word recognition model)이 설명하려고 시도하지만 여러 종류의 어려움이 있다(Besner & Smith, 1992; Borowsky & Besner, 1993).

스톨츠와 닐리(Stolz & Neely, 1995)는 의미관련 쌍 비율(RP)이 의미문맥과

표 17.1. 의미문맥(Cx), 단어빈도(WF), 자극품질(SQ), 자극반복(Rp), 그리고 단기간의 자극반복(Rp_{ST})

	WF	SQ	Rp	Rp_{ST}
Cx	⊗	⊗	+	?
WF		+	⊗	+
SQ			⊗	?

주: "+"는 변인의 효과가 가산적인 것을 나타내고, "⊗"는 변인의 효과가 상호작용하는 것을 의미하며, "?"는 알려진 것이 없다는 것을 의미한다. 이 변인들의 3차원 이상의 상호작용은 관찰된 적이 없다.

자극품질 사이의 상호작용을 조절한다는 사실을 추가로 제시하였다.[20] RP가 0.5일 때는 의미문맥과 자극품질 간의 상호작용을 확인했지만, RP가 0.25일 때는 그렇지 않았다. 그들의 결과가 〈표 17.2〉에 요약되어 있다. 〈표 17.2〉의 의미점화효과는 다양한 의미문맥 조건에서의 변화를 제시하고 있다. 〈표 17.2〉에서 볼 수 있듯이, RP가 0.25인 경우 의미문맥 효과는 밝은 목표자극과 어두운 목표자극에서 거의 동일하지만(31ms 대 35ms), RP가 0.5인 경우 의미문맥 효과는 밝은 목표자극에서가 어두운 목표자극에서보다 더 작다(43ms 대 63ms). 200ms의 SOA에서는 의미문맥과 자극품질 간의 상호작용이 강한 연합 관련에서만 발생하는 것으로 보이지만, 800ms의 SOA에서는 강한 연합 및 약한 연합 모두에서 발생한다.[21] 중요한 것은 200ms의 SOA에서는 RP와 의미맥락 간의 상호작용에 대한 증거가 거의 없다는 것이다: 평균 의미점화효과는 RP = 0.25 및 0.5에서 각각 +35ms 및 +37ms이다. RP와 의미문맥 간 상호작용이 없다는 것은 200ms의 SOA에서 기대의 전략적 정보처리가 작동하지 않았다는 것을 의미하며, 이는 9장에 요약된 결과와 일치하는 결론이다.

복합단서모델과 대부분의 확산활성화모델은 의미문맥, 단어빈도, 자극품질, RP 간의 복잡한 상호작용을 설명하기에는 너무 단순하다. 이런 다양한 발견을 설명하기 위해서는 위의 모델들에 더 복잡하고 치밀한 정보 처리

표 17.2. 스톨츠와 닐리(Stolz & Neely, 1995) 실험의 결과 요약(단위는 밀리세컨드, 1/1000초)

	RP = .25		RP = .50	
SOA = 200	밝은 목표자극	어두운 목표자극	밝은 목표자극	어두운 목표자극
강한 관련성	+34	+46	+31	+52
약한 관련성	+31	+29	+30	+34
SOA = 800				
강한 관련성	+45	+48	+88	+120
약한 관련성	+15	+18	+22	+47

주: 제시된 숫자 값은 의미점화 크기(무관련조건 – 관련조건)를 나타낸다. "강한 관련성"과 "약한 관련성"은 점화단어와 목표단어간의 연합강도 크기를 나타낸다. SOA는 실험에 따라 200ms와 800ms로 조정되었다.

를 내장시켜야 할 것이다. 이와 관련하여 앤더슨(Anderson, 1983a, p. 103)은 의미문맥과 자극품질 간의 상호작용을 처리하는 방법에 대해 논하고 있다. 철자 검사를 수행하는 프로덕션(production, 절차 기술)들은 물리적 자극의 특성과 기억 속 철자패턴에 민감하다. 자극손상은 물리적 자극으로부터의 활성화 수준을 낮추어 처리 시간을 증가시킨다. 그러나 이런 철자패턴의 활성화는 의미적으로 연관된 점화자극 단어의 등장으로 인해 증폭되고, 이는 의미점화효과를 증가시킨다. ACT*는 의미문맥, 단어빈도, 자극품질, RP 간의 복잡한 상호작용을 설명하기에 충분히 강력하다. 그러나 이 모델이 이러한 현상에 적용된 적은 없다.

베커의 검증모델은 단어빈도, 자극품질, 의미문맥 사이의 경험적 관계 중 일부를 설명할 수 있다(Becker, 1979; Becker & Killion, 1977). 핵심 가정은, 자극품질이 특징 분석기(visual feature analyzer)의 특징 추출 속도에 영향을 미치지만, 검증 프로세스에는 자극품질이 영향을 주지 않는다는 것이다.

자극품질과 의미문맥 간의 상호작용은, 자극품질이 관련 없는 의미문맥에서(즉 무관련 쌍에서)는 단어를 인식하는 데 필수적인 시각 특징 추출 과정에 영향을 미치지만, 관련 있는 의미문맥에서는(의미관련 쌍) 이를 우회하기 때문에 발생한다(Becker & Killion, 1977). 관련 없는 점화자극 이후에 나오는 목표자극은 점화자극에 의해서 생성된 의미세트(semantic set)에 후보가 존재하기 않기 때문에 감각세트(sensory set)에서 어휘 후보를 찾아야 성공적으로 재인된다. 자극손상(stimulus degradation)은 특징 추출 속도를 낮춰 감각세트의 구성을 지연시키고, 따라서 이런 경우의 목표단어재인도 지연시킨다. 목표단어재인의 지연은, 감각세트의 구성과 목표단어 후보를 찾는 데에 필요한 시간이, 의미세트를 모두 탐색해서 목표단어 후보를 찾지 못하는 경우 드는 시간을 초과할 경우에만 발생한다(Neely, 1991). 관련 있는 점화자극 이후에 나오는 목표자극은, 보통 감각적 특징과는 독립적으로 생성되는 의미세트의 후보를 확인함으로써 재인된다. 의미세트의 구성과 확인 과정은 특징 추출 속도의 변화에 영향을 받지 않는다. 베커(Becke)의 자극품질과 의미문맥의 상호작용에 대한 설명은, 자극손상이 자극의 특징이 추출에는 영향을 끼치지만 추출된 이후의 감각기반의 단어 표상을 시각 감각기억에서 구성하는 과정에는 영향을 주지 않는 것과 자극으로부터 구성된 표상과 기억 속에서 추출된 표상을 비교하는 과정에는 큰 영향을 주지 않는다는 가정을 기반으로 하고 있다.

단어빈도와 의미문맥 간의 상호작용에 대한 설명도 유사한 방법으로 가능하다. 단어빈도 효과는 감각세트에서 후보를 선택하는 과정이 단어빈도에 따라 결정된다는 가정으로 설명된다. 즉, 빈도가 높은 단어가 빈도가 낮은 단어보다 먼저 선택되고 그래서 고빈도단어가 더 빨리 재인된다는 것이다(Rubenstein, Garfield & Millikan, 1970).[22] 그러나 의미세트의 구성원은 연합강도에 따라 순서가 정해진다(Becker, 1979). 이런 이유로 단어빈도가 의미세트 구성에는 별 영향을 주지 않는다. 관련 없는 점화자극이 앞에 오는 목표단어는, 의미세트에서는 후보를 찾을 수 없기 때문에, 단어빈도에 따라 배열되어 있는 감각세트의 후보들을 확인하여 재인되어야 하고 그래서 단어빈도 효과가 나타난다. 반면에 관련점화단어가 앞에 오는 목표단어는 의미세트의 구성원을 검색하는 과정을 통해 재인된다. 관련 쌍의 경우, 의미세트의 후보 구성은 점화단어와 연합강도가 높은 단어 후보들로 이루어지고, 후보들의 검색은 연합강도 순으로 일어나며, 이런 이유로 단어빈도 효과가 나타나지 않는다. 실제로 일반적으로 관찰되는 연구 결과패턴은, 의미문맥이 있는 관련 쌍에서의 목표단어보다 의미문맥을 벗어난 무관련 쌍에서의 목표단어에 대해 단어빈도 효과가 더 크다는 것이다(Becker, 1979). 의미문맥이 있는 관련 쌍에서에 발생되는 단어빈도의 작은 효과는, 의미세트의 후보들 중에 목표단어가 없는 경우에는, 목표단어를 재인하기 위해서는, 감각세트를 다시 검색해야 하고, 그런데 감각세트의 후보 구성은 단어빈도에 근거하여 선택되기 때문에, 단어빈도 효과가 여전히 출현한다는 것으로 설명할 수 있다.

마지막으로, 단어빈도와 자극품질 간의 가산 관계(additive relation)는 고빈도단어와 저빈도단어가 자극품질에 따라 동등하게 영향을 받지만, 단어 검증 과정은 자극품질에 의해 영향을 받지 않고 단어빈도에 의해 영향받기 때문에 발생한다(Becker & Killion, 1977). 자극품질이 저하되면, 단어빈도에 관계없이 모든 단어에 대한 시각 특징 추출 속도가 느려져 감각세트의 후보 구성이 지연된다. 일단 감각세트가 구축되고 나면, 단어 검증은 감각세트에 있는 목표단어 후보들을 하나씩 빈도순에 따라 비교하는 과정이기 때문에, 감각세트를 구성할 때 작동했던 프로세스와는 무관하다.

일부 연구자들의 주장과는 달리, 짧은 SOA와 긴 SOA 모두에서 자극품질과 의미문맥 간의 상호작용이 존재한다는 사실을 베커의 모델로 쉽게 설명할 수 있다(Borowsky & Besner, 1993; Stolz & Neely, 1995). 3장에서 설명한 것처럼, 의미세트의 생성과 검증은 빠르게 처리된다. 그러나 베커의 모델은 이러한 상호작용이 RP에 따라 조절되는 효과를 설명하는 데에는 어려움이 있다. 점화자극이 목표자극과 관련이 없을 때는 자극품질이 좋지 않으면 감각세트의 구성 지연으로 인해 수행이 저하되지만, 점화자극이 목표자극과 관련이 있을 때는 이러한 지연의 영향을 상대적으로 크게 받지 않기 때문에 자극품질과 의미문맥 간의 상호작용이 발생한다. 그렇지만 이 지연의 차이가 왜 RP의 영향을 받는지는 명확하지 않다.[23] 또한, 주장한 것처럼, 의미세트의 생성과 검증이 빠르게 작용하는 과정이고, 의미문맥의 효과가 있는 경우, RP가 0.25로 낮더라도 의미문맥과 자극품질 사이의 상호작용이 여전히 일어나야 한다. 그러나, 스톨츠와 닐리(Stolz & Neely, 1995)의 결과는 이러한 예측과는 달리 RP가 0.25로 낮은 경우에는 자극품질과 의미문맥의 상호작용이 나타나지 않았다.

플라우트의 모델(Plaut, 1995; Plaut & Booth, 2000)은 이 장에서 기술한 몇 가지 효과를 설명할 수 있다. 5장에서 설명한 대로, 이 네트워크는 문자열로 된 단어를 그 의미로 매핑하는 것을 학습한다. 각 단어의 문자 형태는 일련의 철자 단위에서의 활성화패턴으로 표현되며, 그 의미는 의미 단위상의 다른 활성화패턴으로 표현된다. 단어 간의 의미관련성(semantic relatedness)은 의미 특징의 중첩 정도에 따라 결정되며, 연합관련성(associative relatedness)은 학습 중 한 단어가 다른 단어를 얼마나 자주 따라오는지에 따라 결정된다. 의미문맥, 단어빈도 및 자극품질 간의 상호작용을 설명할 수 있는 모델의 중요한 가정은 입력에서 활성화 수준으로의 매핑이 S자형(logistic) 비선형이라는 것이다. 이 비선형 매핑은 입력의 동일한 차이가 입력 크기에 따라 출력에서 동일하거나 다른 차이로 매핑될 수 있는 특성을 가진다.

플라우트의 모델에서 의미점화가 출현하는 원리를 〈그림 17.1〉에 제시하였다. A, B 및 C는 각각 세 가지 유형의 자극에 대한 총 입력을 나타내며, C는 B보다, B는 A보다 총 입력의 크기가 크다. 화살표는 각 유형 내에서 더 약한(W)과 더 강한(S) 입력에 해당한다. 더 약한 입력과 더 강한 입력 간의 차이는 각 유형에 대해 동일하지만, 입력의 총 크기에 따라 이러한 차이는 활성화 수준의 차이에 대해 동일하게 매핑될 수 있거나(예: A vs B) 차이가 다르게 매핑될 수 있다(예: B vs C). 구체적으로 말하자면, A는 저빈도단어의 입력에 해당하고 C는 고빈도단어의 입력에 해당할 수 있다. 각 조건 내에서 W

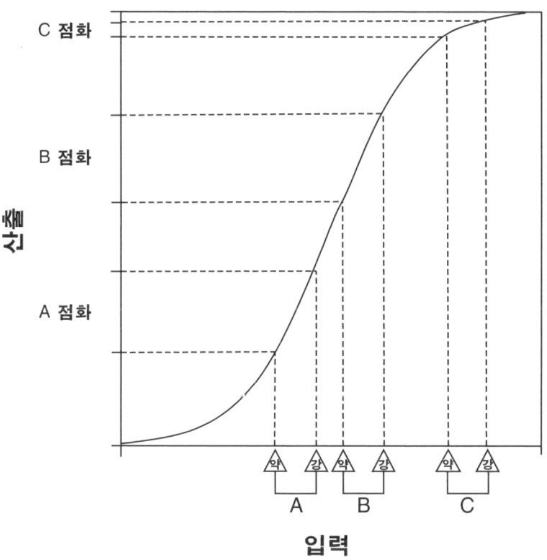

그림 17.1. 입력과 활성화 수준 간의 시그모이덜 매핑(sigmoidal mapping)을 사용하여 점화효과의 상대적인 크기를 보여 주는 도식. A, B, C는 각각 세 가지 자극 유형(예: 자극품질이 증가함에 따라)의 총 입력을 나타내며, W와 S는 각 유형 내에서 약한 입력과 강한 입력에 해당한다(예: 관련이 없는 혹은 관련된 점화자극이 앞서는 목표자극). 약한 입력과 강한 입력의 차이는 각 유형에서 동일하지만, 전체 입력의 크기에 따라 이러한 차이는 활성화 수준의 동일한 차이(예: A vs B) 또는 활성화 수준의 상이한 차이(예: B vs C)로 매핑된다. 구체적으로 말하면, A는 저빈도단어의 입력을 나타내고 C는 고빈도단어의 입력을 나타낼 수 있다. 각 상황에서 W와 S는 관련이 없는 점화조건과 관련이 있는 점화조건에 해당할 수 있다. 플라우트와 부스(Plaut & Booth, 2000, 그림 1)를 수정하여 제작되었다.

와 S는 관련 없는 점화조건과 관련 있는 점화조건에 해당할 수 있다.

플라우트의 네트워크에서는 의미문맥, 단어빈도 및 자극품질이 입력 강도에 영향을 미치도록 구현할 수 있다. 연합점화(associative priming)와 의미점화(semantic priming)의 메커니즘은 다르지만, 둘 다 의미유닛(semantic unit)이 관련된 점화조건에서 더 강한 입력을 받는 것과 관련 없는 점화조건에서 더 약한 입력을 받는 것에서 유사하다. 훈련하는 동안 고빈도단어는 저빈도단어보다 훨씬 자주 제시된다. 더 자주 훈련된 고빈도단어는 네트워크에서 학습한 가중치에 더 큰 영향을 미치므로, 저빈도단어보다 의미유닛에 더 강한 입력을 만들어 낸다. 마지막으로, 자극품질 수준은 철자층으로의 입력 강도를 변화시켜 구현할 수 있으며, 이는 의미층의 입력에 영향을 미친다.

두 변수가 가산적인지 또는 상호작용적인지는 입력의 로지스틱 함수에 따라 다르다. 예를 들어, 〈그림 17.1〉에서 A가 낮은 빈도의 단어에 해당하고, C가 높은 빈도의 단어에 해당하며, W와 S가 관련 없는 점화조건과 관련된 점화조건에 각각 해당하면, 모델은 높은 빈도의 단어보다 낮은 빈도의 단어에 대해 더 강한 점화를 생성한다. 그러나 A가 낮은 자극품질에 해당하고, B가 높은 자극품질에 해당하며, W와 S가 낮은 빈도 단어와 높은 빈도 단어에 각각 해당하면, 자극품질과 단어빈도 간의 가산적 관계가 생성된다. 플라우트(Plaut, 1995)는 모델을 구현하여 의미문맥이 단어빈도 및 자극품질과 상호작용할 수 있음을 보였다.[24]

이 모델의 재미있는 특성 중 하나는 두 변수 간의 관계의 성격이 모델의 구조에 의해 고정되지 않을 수 있고, 네트워크가 안정 상태로 빠르게 수렴하는 데 두 변수의 총 영향력에 따라 달라질 수 있다는 것이다. 예를 들어, 의미문맥과 단어빈도 간의 상호작용패턴은 적절하게 변경된 입력 수준에 따라 변경될 수 있다. B가 고빈도단어에 해당하고, 낮은 빈도 단어 A의 입력 레벨이 더 낮아지면, 결국 A에 대한 점화효과는 B에 대한 점화효과보다 적어질 것이다.

플라우트와 부스(Plaut & Booth, 2000)의 실험은 이와 유사한 효과를 보였다. 그들은 WISC-III(Wechsler, 1991)의 상징탐색검사(Symbol Search Test) 결과, 인지 능력이 낮게 평가된 피험자는 단어빈도와 의미문맥 간의 상호작용을 보이지 않는 것을 발견했다. 전체적인 입력 강도가 낮은, 능력이 낮은 독자들에게는 낮은 빈도 단어와 높은 빈도 단어가 A와 B에 해당하고, 높은 능력을 가진 독자들에게는 B와 C에 해당하는 경우가 될 수 있다. 또한, 특정 조건(예: 실험 3)에서는 의미문맥과 단어빈도 간의 상호작용이 낮은 능력을 가진 참가자들에서 역전되는 것으로 나타났다(즉, 낮은 빈도 단어보다 높은 빈도 단어에 대해 더 큰 점화효과를 갖는다).

플라우트의 모델이 의미문맥, 자극품질 및 RP 간의 상호작용을 설명할 수 있는지 여부는 분명하지 않다. 의미문맥과 자극품질 간의 상호작용은 어휘 시스템에서 발생한다. 플라우트와 부스(Plaut & Booth, 2000)는 RP의 효과가 어휘 시스템 외부의 일반적인 의사결정 시스템에 존재할 수 있다고 제안한다(9장에서 논의됨). 의사결정 시스템이 플라우트의 모델에서 공식적으로 구현되지 않았으므로, 이러한 두 시스템이 상호작용하는 방식에 대해 추측하는 것은 이르다고 볼 수 있다.

플라우트의 모델에 대한 최종적인 코멘트로, 입력의 로지스틱 함수는 의미문맥, 단어빈도, 자극품질 및 기타 변수들 간의 상호작용 및 가산적인 관계를 대부분 설명한다. 원리적으로, 비슷한 입력-출력 비선형성은 다른 모델에 통합될 수 있다. 그러나, 이러한 작업은 모델의 내적 일관성과 통일성을 유지하면서 모델에 통합될 수 있도록 해야 하기 때문에 간단한 작업은 아니다.

내가 아는 한, 분산 네트워크 학습모델은 이러한 발견에 적용된 적이 없다. 그러나 그 모델의 아키텍처가 근접성모델과 유사하며 유사한 원칙에 의해 지배되므로, 이러한 모델에서도 의미문맥, 단어빈도, 자극품질 및 RP 간의 상호작용과 가산적 관계를 설명할 수 있는 메커니즘을 가정할 수 있다고 생각한다.

보로스키와 베스너(Borowsky & Besner, 1993) 및 스톨츠와 닐리(Stolz & Neely, 1995)는 로고겐(logogen) 기반의 다단계활성화모델을 사용하여 의미문맥, 단어빈도, 자극품질 및 RP 간의 관계를 설명했다. 특히 스톨츠와 베스너는 최근에 단어재인을 설명하기 위한 기반이 되는 IA 모델을 채택했기 때문에, 여기에서도 IA 모델에 기반한 설명을 따르겠다. 그러나 내 해석은 그들이 제안할 수 있는 해석과 다를 수도 있다.

이 모델에 따르면, 자극품질은 단어 내 글자에 대한 증거 축적 속도를 늦추는 방식으로 낱자 수준에 영향을 미친다. 자극품질과 단어빈도 간의 가산적 관계를 설명하기 위해, 낱자 수준에서의 표상들은 로고젠(logogen)과 같이 역치(threshold)를 가져야 한다(Besner & Roberts, 2003; Reynolds & Besner, 2002; 2004). 활성화는 일정 수준에 도달할 때까지 축적되며, 그 시점에서 역치를 넘어선 활성화는 다음 단계로 전달된다. 이러한 메커니즘을 사용하면, 낮은 자극품질은 단어에 포함된 글자의 증거 축적 속도를 늦추는 지연을 초래한다. 이 지연은 자극품질과 단어빈도 간의 가산적 관계를 설명하는 데 필수적이다. 이 과정을 IA 모델에 통합하면, 연속적이면서도 여러 처리 단계로 구성된 통합된 모델이 된다(McClelland, 1987 참조).

의미문맥은 의미 수준에서 효과를 가지며, 피드백 덕분에 하위 수준에서도 효과를 가진다(〈그림 6.3〉 참조). 점화단어의 재인은, 의미 수준(semantic level)에서, 의미적으로 유사한 단어의 의미표상(semantic representation)을 부분적으로 활성화한다. 이 부분적인 의미표상 활성화는 어휘 수준(lexical level)으로 피드백되어, 의미적으로 관련된 단어의 어휘표상(lexical representation)을 부분적으로 활성화하며, 어휘 수준의 활성화는 글자수준(letter level)으로 피드백되어, 의미적으로 관련된 단어의 글자 표상을 부분적으로 활성화한다(Hino & Lupker, 1996; Pexman, Lupker & Hino, 2002). 상향처리의 지원(bottom-up support)과 동일 수준 내에서의 상호 경쟁(within-level competition)으로 인해, 실제로 제시된 단어에 대응되는 글자 표상, 어휘 표상, 의미 표상이 보통 가장 크게 활성화된다.

의미문맥은 단어재인에 필요한 기준을 낮추는 방식으로 영향을 미친다. 증거 축적 속도가 일정하다면, 낮은 기준치를 초과하는 데 걸리는 시간은 높은 기준치를 초과하는 데 걸리는 시간보다 짧다. 이 차이가 의미점화효과를 만드는 것이다. 증거 축적 속도가 느려지면, 낮은 기준치를 초과하는 데 필요한 시간과 높은 기준치를 초과하는 데 필요한 시간 사이의 차이가 증가한다. 따라서, 특정 처리 단계에서 증거 축적 속도를 늦추는 변수는 해당 처리 단계에서 촉진효과의 크기를 상응하는 만큼 증가시킨다(기타 요인은 동일하다

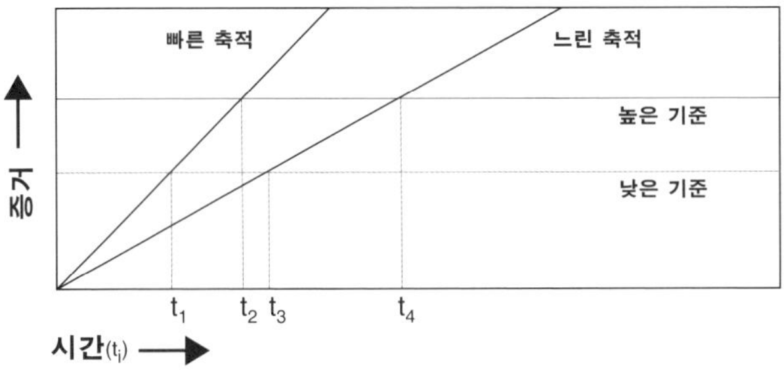

그림 17.2는 시간의 흐름에 따른 증거 축적 속도와 기준 수준에 따른 기준 도달 시간(t_i)의 함수 관계를 나타낸다. (t_4 - t_3)> (t_2 - t_1)이다. 빠른 증거 축적 속도와 느린 증거 축적 속도는 원형 그대로인 자극과 손상된 자극, 또는 높은 빈도의 단어와 낮은 빈도의 단어에 해당할 수 있다. 더 높은 기준 수준과 더 낮은 기준 수준은 관련 없는 점화자극과 관련된 점화자극이 선행하는 목표자극에 해당할 수 있다. 보로스키와 베스너(Borowsky와 Besner, 1993, Fig. 2)에서 인용된 그림이다.

는 가정하에). 이러한 아이디어는 〈그림 17.2〉에서 설명된다. 의미문맥이 자극품질과 상호작용하는 이유이다. 의미문맥은 낱자 수준에서 인식에 필요한 기준치를 낮추고, 자극품질은 동일한 낱자 수준에서의 증거 축적 속도를 늦추는 방식으로 작용하기 때문이다.

단어빈도는 어휘 수준에서 의미 수준(〈그림 6.2〉의 경로 B)으로 활성화를 전달하는 경로에서의 처리 과정에 영향을 미친다. 이러한 경로의 효율성은 단어빈도가 증가함에 따라 증가한다. 이로 인해 높은 빈도의 단어에서 의미 수준에서의 증거 축적 속도가 낮은 빈도의 단어에서의 증거 축적 속도보다 더 빠르다. 자극품질과 단어빈도는 서로 다른 수준에 영향을 미치며, 글자수준에서의 표상들은 역치를 가진다. 그래서 자극품질과 단어빈도는 상호작용하지 않는다. 낮은 자극품질은 정보가 의미 수준에 도달하는 시간을 지연시키며, 이런 지연은 고빈도단어와 저빈도단어에 모두 동일하게 영향을 미친다. 자극품질과 단어빈도가 서로 다른 수준에 영향을 미치기 때문에 두 변인은 가산적으로 작용한다.

스톨츠와 닐리(Stolz & Neely, 1995)의 연구 결과, RP가 맥락과 자극품질의 상호작용을 변조한다는 사실은 의미 수준에서 어휘 수준으로 활성화를 전달하는 경로(〈그림 6.2〉의 경로 C)에서 RP가 영향을 미친다는 것을 시사한다. 이 모델에 따르면, 의미문맥과 자극품질 간의 상호작용의 원인은 의미 수준에서 어휘 수준을 거쳐 글자 수준에 도달하는 피드백 때문이다. 이러한 피드백의 감소는 의미문맥과 자극품질 간의 상호작용의 크기를 감소시킨다. 이 같은 활성화의 변조는 15장에서 논의된 점화자극-과제(prime-task) 효과의 설명과 일치한다. 그러나 의미 수준에서 어휘 수준으로의 피드백이 RP에 의존해야 하는 이유는 무엇일까? 피드백의 기능 중 하나는 어휘 수준에서 적절한 어휘표상의 활성화를 위해 필요로 하는 상향식 정보의 양을 줄이는 것에 있다. 피드백의 이득은 피드백이 도움이 될 가능성이 높은지에 민감할 수 있다. RP가 낮을 때는 상대적으로 적은 수의 점화자극이 의미론적으로 관련된 목표자극과 함께 나타나므로, 의미에 기초한 피드백이 목표자극의 기억된 표상을 활성화시키지 않을 가능성이 높다. 그러나 RP가 높을 때는 비교적 많은 수의 점화자극과 목표자극이 의미론적으로 관련되기 때문에, 의미에 기초한 피드백이 더욱 유용할 가능성이 높다(Stolz & Neely, 1995).

스톨츠와 닐리(Stolz & Neely, 1995)는 RP가 SOA와 무관하게 의미 수준에서 어휘 수준으로의 피드백을 변조한다고 제안했다. 이 기능은 200ms와 800ms SOA에서 RP가 의미문맥-자극품질 상호작용에 미치는 영향을 설명하는 데 필요하다. 아마도 매우 짧은 SOA에서는, 의미 수준에서의 활성화가 최소화되어, 하위 수준으로의 잠재적인 피드백 양이 상당히 적을 것이다. 스톨츠와 닐리는 또한 RP가 긴 SOA에서 전략적 정보 처리의 한 종류인 기대(expectancy)를 변조한다고 제안했다. 스톨츠와 닐리는 RP와 NR이 의미매칭(semantic matching)에 미치는 영향에 대해서 논의하지는 않았지만, 그들의 제안은 긴 SOA에서 RP와 NR이 기대와 의미매칭을 변조하는 결과와 일맥상통한다. 9장에서 검토한 연구 결과를 설명하기 위해, IA 모델을 이러한 방식으로 보완해야 할 것 같다.

스톨츠와 닐리(Stolz & Neely, 1995)는 200ms SOA에서 강한 연합어의 경우

에만 의미문맥-자극품질의 상호작용이 나타난 결과를 설명하기 위해, 점화자극과 목표자극 간의 연합강도가 증가함에 따라 의미 수준에서 얻은 피드백 속도가 증가한다는 가설을 제시했다. 짧은 SOA에서는 점화자극과 강하게 연합된 목표자극에서만 어휘 수준에서의 표상이 활성화된다. 반면, 더 긴 SOA에서는 점화자극과 약하게 연합된 목표자극에 대해서도 충분한 시간이 있어서 어휘 수준에서의 목표자극에 해당되는 어휘 표상이 활성화된다. 이러한 메커니즘은 IA 모델에서 자연스럽게 구현되지 않는다. 특정 목표단어의 의미 표상에서 어휘 수준 표상으로의 피드백 연결의 매개변수는 모든 가능한 점화단어들의 어휘 표상과 해당 목표단어의 의미 표상 사이의 피드포워드 연결의 강도에 따라 수정 가능해야 한다. 이런 논리는 상대적으로 중요성이 낮다. 따라서, 지금 당장보다는 해당되는 설명 논리를 검증하는 연구결과를 얻은 후에 추가적 이론적 논의를 진행하는 것이 더 적절할 것 같다.

이 모델의 흥미로운 예측 중 하나는 〈그림 6.3〉의 B경로가 차단된 경우 어휘판단에서 단어빈도 효과가 발생하지 않을 것이라는 것이다. 이유는 단어빈도 효과가 의미 수준과 어휘 수준에서 의미 수준으로의 경로에서 발생하기 때문이다. 이러한 경로를 차단하면 단어빈도 효과가 사라진다는 것이다. 스톨츠와 베스너(Stolz & Besner, 1996)는 점화단어에 대한 글자 검색이(점화자극-과제 수행이) B경로를 차단한다고 주장하고 있다(15장 참조). 따라서 이 모델은 점화단어에서 글자 검색이 목표단어에 대한 어휘판단에서의 단어빈도 효과를 제거할 것을 예측한다. 내가 알기로 이 예측은 실험적으로 검증되지 않았다.

IA 모델에 대한 이번 논의를 마치며, 나는 이 모델이 의미점화를 설명하려고 역치 혹은 기준 변화를 사용하는 것에 대해 언급하고 싶다. 민감도와 편향의 측정에서 의미점화가 나타남을 보여 주는 증거가 많다(8장 참조). 기준 변화를 사용하여 IA 모델로 의미문맥의 효과를 설명하려는 경우에, 이 모델이 의미점화에서의 민감도 효과를 예측할 수 있는지 궁금하다. 노리스

(Norris, 1995)는 순수한 기준-편향모델인 로고겐 모델(Morton, 1969)과 의미문맥-확인모델(Norris, 1986)이 관련된 자극으로 인한 민감도 증가를 예측할 수 있다고 보고하였다. 그러나 패스토어 등(Pastore, Crawley, Skelly & Berens, 2003)은 이상적 관찰자 분석(ideal observer analysis)을 사용하여, 노리스(Norris, 1995)의 모델이 적어도 그것이 구현된 형태에서는, 관련된 점화자극에 의한 목표자극에서의 민감도 효과를 예측할 수 없음을 보여 주었다. 관련된 목표자극은 편향만 영향을 미친다.

IA 모델이 의미점화에 의한 민감도와 편향에 대해 설명할 수 있는지는 명확하지 않다. IA 모델에서 기준 변화의 작용은 노리스(Norris, 1995) 모델에서의 작용과는 매우 다르다. IA 모델에서, 의미문맥은 시스템의 여러 수준에서 단어재인을 위한 기준을 낮추며, 이러한 변화는 하위 수준의 상향식 정보와 수준 내 억제적 경쟁과 상호작용한다. 이들 상호작용에 따른 예상되는 결과는 단어재인의 효율성 증가이다. 따라서 의미문맥은 단어와 비단어를 구분하는 민감도 증가에 영향을 미칠 수 있다(Pastore, Crawley, Skelly & Berens, 2003). 그러나 이 추측은 현 상태에서는 검증할 수 없다. 아직 IA 모델은 수치를 이용하여 설명할 정도로 개발되지 않았으며, 비단어 결정이 어떻게 이루어지는지에 대해서도 거의 언급하지 않기 때문이다.

이미 검토된 연구 결과만으로도 충분히 복잡한데, 마지막으로 단어재인 속도와 정확도에 영향을 미치는 또다른 변수인 자극반복을 다루어야 한다. 단어의 두 번째 제시에서는 첫 번째에 비해 단어재인과 명명이 더 빨라진다(Forbach, Stanners & Hochhaus, 1974; Kirsner & Smith, 1974; Scarborough, Cortese & Scarborough, 1977).[25] 즉, 반복점화가 나타난다. 자극반복과 의미문맥은 가산적으로 결합한다(den Heyer, Goring & Dannenbring, 1985; Durgunoglu, 1988; Wilding, 1986). 하지만 자극반복은 단어빈도와 상호작용하며, 첫 번째 제시에서 단어빈도 효과가 더 크게 나타난다(den Heyer, Goring & Dannenbring, 1985; Norris, 1984; Wilding, 1986). 자극반복은 또한 자극품질과 상호작용하며, 완전한 자극과 손상된 자극의 차이는 첫 번째 제시에서 더 크게 나타난다(Besner & Swan, 1982; Norris, 1984). 이러한 연구 결과들을 설명할 수 있는 모델은 아직 없는 것 같다. 예를 들어, IA 모델에서 자극반복과 자극품질 간의 상호작용은 자극의 글자 수준에 영향을 미친다는 것을 나타내며, 자극반복과 단어빈도 간의 상호작용은 단어의 의미 수준에 영향을 미친다. 따라서 자극반복은 의미문맥과 상호작용해야 할 것이다. 하지만, 실제 결과는 그렇지 않은 것 같다.

단어의 반복에 의한 반복점화는 적어도 두 가지의 메커니즘에 의해 생성된다는 것이다. 일시적인 효과는 몇 초(아마도 10초 이하) 동안 지속되며, 어휘 처리에 의해 생성되며, 장기적인 효과는 몇 시간에서 며칠에 이르며, 이는 일화기억 프로세스에 의해 생성된다(Feustel, Shiffrin & Salasoo, 1983; Forster & Davis, 1984; McKone, 1995; Ratcliff, Hockley & McKoon, 1985; Versace & Nevers, 2003). 단어빈도는 장기적인 반복점화와는 상호작용하지만, 일시적인 반복점화와는 상호작용하지 않는다는 강력한 증거가 있다(Forster & Davis, 1984; McKone, 1995; Versace & Nevers, 2003). 그러나 일시적인 반복점화와 의미문맥 및 자극품질이 어떻게 결합되는지에 대해서는 알려진 것이 거의 없다. 단어의 반복, 의미문맥 및 자극품질의 효과에 대한 이전 연구 대부분은 대략 9초 이상의 반복 지연 시간을 사용하여 장기적인 반복점화효과를 측정한 것으로 보인다. 예외는 덴 헤이어와 벤슨(den Heyer & Benson, 1988, 실험 2)이 발표한 연구이다. 그들은 의미문맥, 자극품질 및 목표단어 반복을 조작하고 반복 지연 시간을 다양하게 조절하였다(0, 1, 3 또는 7개 항목; 2.5에서 20 초 이상). 그들은 의미적 의미문맥과 반복 사이에 상호작용을 얻었으며, 이전 연구와 마찬가지로 자극품질과 반복 사이에서도 상호작용을 얻었다. 두 상호작용 모두 반복 지연 시간에 따른 유의한 차이가 없었다. 덴 헤이어와 벤슨은 반복점화효과가 감각적, 어휘적, 그리고 에피소드적 요소들을 포함한다고 결론 내렸다. 의미문맥과 상호작용하는 것은 어휘적인 요소뿐이며, 자극품질과 상호작용하는 것은 에피소드적인 요소뿐이라고 주장한다. 그러나 이러한 결론들은 취약하다. 왜냐하면 이런 결론의 여러 부분이 유의미하지 않은 몇 가지 상호작용에 기초하고 있기 때문이다. 게다가, 이 실험은 RP와 NR이 모두 1.0이었으며(관련된 점화조건과 중립조건만 포함되었음), SOA는 750ms였기 때문에 실험 설계에 제한이 있을 수 있다. 결과의 패턴은 전략적 과정에 의해 영향을 받았을 수 있다.

위 결과들은 모델의 수정보완에 도움이 될 수 있다. 예를 들어, IA 모델에서는, 단어빈도와 짧은 기간의 반복 효과 간의 가산 관계를 글자수준이나 어휘 수준으로 한정함으로써 설명할 수 있다. 만약 의미문맥과 자극품질 모두 짧은 기간의 반복효과와 상호작용한다면, 짧은 기간의 반복 효과를 글자수준으로 분리해 낼 수 있다. 물론, 다른 패턴은 다른 결론을 이끌 수 있다.

18 의미점화의 인지신경과학

18장에서는 의미점화가 뇌에서 일어나는 원리를 밝히기 위해, 세 분야의 연구를 잠깐 살펴볼 것이다. 첫 번째는 좌우반구 비대칭성(hemispheric asymmetry)과 의미점화를 살펴볼 것이고, 두 번째는 의미점화와 사건관련전위(event-related potential, ERP)의 관련성을 논의할 것이며, 세 번째에는 의미점화관련 기능적 자기공명 fMRI 연구 결과를 논의할 것이다.

■ 의미점화와 좌우반구 비대칭성

좌반구는 여러 종류의 언어 기능을 담당한다(Whitney, 1998 참고). 의미점화, 특히 언어 자극을 이용한 의미점화는 좌우반구의 비대칭성이 나타날 것으로 예측된다. 연구 결과, 의미점화의 좌우반구 비대칭성이 존재한다. 그리고 이런 좌우반구 비대칭성은 의미점화 정보 처리 과정을 설명하는 데에 힌트를 준다.

해부학적으로 시각 체계는 반구와 시야가 대칭적으로 연결되어 있다. 고정점을 기준으로 왼쪽 시야에 제시된 자극은 일차적으로 오른쪽 반구의 후두엽 시각 영역으로 전해지고, 오른쪽 시야에 제시된 시각 자극은 왼쪽 후두엽으로 우선적으로 전해진다. 좌우반구는 서로 정보를 주고받는다. 그렇지만 좌반구로 일차적으로 등록된 정보와 우반구에 일차적으로 등록된 정보는 질적으로 다른 종류의 정보 처리가 이루어질 가능성이 매우 높다(Whitney, 1998 참고). 의미점화의 반구 간 비대칭성을 연구하기 위해서는, 점화자극 혹은 목표자극을 왼쪽 시야나 오른쪽 시야에 제시해야 한다. 이전의 연구 결과는 점화자극과 목표자극이 한 시야에 연속해서 나타나거나 혹은 반대 시야에 연속해서 나타나는 경우가, 점화자극은 중앙 시야에 제시되고 목표자극은 좌시야 혹은 우시야에 나타나는 조건에서보다 반구 비대칭성이 더 크다는 사실을 보고하였다(Chiarello, Burgess, Richards & Pollock, 1990).

1. 기저 조건의 차이

시어즈와 키어렐로(Shears & Chiarello, 2003)는 어휘판단과제와 go/no-go 어휘판단과제에서 기저조건(baseline)으로 무관련점화자극이 제시되는 기저조건(unrelated word baseline)과 블랭크 혹은 늘 'ready'라는 단어가 나타나는 중립 기저조건(neutral baselines)을 사용하였다. 시어즈와 키어렐로(Shears & Chiarello, 2003)에서, 기저조건으로 빈 화면 혹은 중립 단어를 사용하는 경우와 무관련점화자극을 사용하는 경우에, 이런 두 종류의 기저조건은 정보 처리 부담 정도에서 차이가 나고, 이런 정보 처리 부담의 차이는 양 반구에 다른 방법으로 영향을 주고, 또한 실험 과제 수행 부담과도 상호작용한다는 것이 보고되었다. 예를 들어, 이들은, go/no-go 어휘판단과제 실험에서, 무관련 단어를 점화자극으로 사용하는 경우와 비교해서, 기저조건으로 중립점화자극을 사용하는 경우에 목표자극을 왼쪽 반구에서 처리하는 속도가 느려지는 현상을 보고하였다. 이런 결과는 기저조건으로 중립점화자극을 좌우 편시야에 제시하는 경우와 중립점화자극을 중앙 시야에 제시하는 것과는 매우 다를 수도 있다는 것을 암시한다.

2. 자동점화와 전략점화

이전 연구는 좌우반구 양반구에서의 의미점화효과를 보고해 왔는데, 이러한 의미점화는 주로 전략점화를 제한한 실험조건에서 나타난 결과를 보고한 것이다. 키어렐로, 류, 시어즈, 그리고 카시닉(Chiarello, Liu, Shears, Quan &

Kacinik, 2003)은, RP = 0.25, NR = 0.57, SOA는 150ms에서 800ms로 변화시키면서, 점화자극과 목표자극이 연합적으로 관련되거나 순수 의미적으로 관련된 점화-목표자극 쌍의 의미점화가 시간에 따라 변화하는 과정을 조사하였다. 의미점화는 모든 SOA 조건에서 나타났고, 점화자극 제시 시야와 SOA는 상호작용하지 않았다. 오른쪽 반구에서의 의미점화효과는 왼쪽 반구에서의 의미점화효과보다 지연되는 현상이 보고되었다(예를 들면, 150ms SOA 조건에서, 오른쪽 반구에서는 점화 크기가 9ms였고, 왼쪽 반구에서는 20ms이었다). 키어렐로, 류, 시어즈, 그리고 카시닉(Chiarello, Liu, Shears, Quan & Kacinik, 2003)의 두 번째 실험에서는 go/no-go 어휘판단과제를 사용하였으며, SOA는 300ms이었다. 이 과제에서 피험자는 단어에만 반응을 하고 비단어에는 반응을 하지 않는다. 연구자들은 go/no-go 어휘판단과제는 통상적인 어휘판단과제에서보다 의미매칭(semantic matching)으로 인한 영향을 덜 받을 것으로 생각을 했다(Neely, 1991; VanVoorhis & Dark, 1995). 신뢰할 만한 의미점화가 좌우반구 모두에서 나타났다.

여러 연구들은 좌우반구가 전략점화로 영향받는 정도를 조사하였다. SOA를 변화시키면서 촉진 점화와 억제점화를 조사하였고, 또한 RP와 NR을 변화시키면서 좌우반구가 전략점화에 의해서 영향받는 정도를 평가하였다(Beeman, Friedman, Grafman, Perez, Diamond & Lindsay, 1994; Burgess & Simpson, 1988; Chiarello, 1985; Chiarello, Burgess, Richards & Pollock, 1990; Chiarello, Richards & Pollock, 1992; Collins, 1999; Koivisto, 1999; Koivisto & Laine, 2000; Nakagawa, 1991; Shears & Chiarello, 2003). 이 연구로부터 두 가지 이론적 관점이 도출되었다. 한 관점에 따르면, 자동점화는 양쪽 좌우반구에서 발생하지만, 의미처리는 오른쪽 반구보다 왼쪽 반구에서 더 빠르고 정확하게 이루어지며, 전략점화는 주로 왼쪽 반구에서 일어난다(Beeman, Friedman, Grafman, Perez, Diamond & Lindsay, 1994; Burgess & Simpson, 1988; Chiarello, 1998, 2003; Collins, 1999; Nakagawa, 1991). 다른 관점에 따르면, 자동점화는 왼쪽 반구에서만 나

타난다(최소한 연합되어 있지 않은 범주점화자극에 대해서는). 그러나 전략점화는 양쪽 좌우반구에서 일어나며, 왼쪽 반구는 기대(expectancy)에 대해, 오른쪽 반구는 의미매칭(semantic matching)에 대해 일어난다(Koivisto, 1998; 1999; Koivisto & Laine, 2000). 이러한 이론적 관점들은 SOA에 따른 촉진 및 억제패턴 및 RP와 NR 효과에 대해 서로 다르게 예측한다. 그러나 현재까지의 연구 결과들은 이들 이론의 차이를 명확하게 구분해 내지 못하고 있다.

좌우 시야 반구에서 전략점화를 연구하는 데 있어 잠재적 한계는 기대를 실험적으로 조작하지 않았다는 점(예: Neely, 1977)과, RP와 SOA를 변수로 조작하여 촉진 및 억제를 단일 실험에서 평가하지 않았다는 점이다(de Groot, 1984). 이처럼 단어재인 반구 실험이 절차상에서 기존의 표준적인 단어재인 연구와 다르기 때문에 이들의 결과를 전통적인 수많은 행동 단어재인 실험 결과들과 연결하여 해석하는 것은 어렵다. 더욱 혼란스러운 것은, 점화자극과 목표자극이 좌우반구로 나뉘어 제시되는 경우와 중앙 시야에 모두 나타나는 경우에, 전략적 처리가 매우 다르게 나타날 가능성이 있다는 것이다(Shears & Chiarello, 2003).

3. 연합점화와 순수 의미점화

연합적 그리고 순수 의미론적으로 연관된 점화자극과 목표자극(cat-dog 등)에 대한 의미점화는, 다양한 조건하에서 양쪽 좌우반구 모두에서 발생하는 것으로 보인다(Chiarello, Liu, Shears, Quan & Kacinik, 2003). 단순 의미관련점화자극과 목표자극의 의미점화는, 전략적 처리가 제한되는 실험조건에서는, 좌반구로 제한되는 것으로 보인다(Collins, 1999; Koivisto, 1997, 1998; Koivisto & Hämäläinen, 2002). 긴 SOA(500ms)에서, 순수 의미관련 촉진의미점화효과는, RP가 낮고 NR이 중립일 때에도 좌뇌보다 우뇌에서 더 크게 나타난다(Chiarello, 1985; Chiarello, Burgess, Richards & Pollock, 1990; Chiarello & Richards, 1992; Koivisto, 1997). 그러나 이 결과는 사용된 과제에 따라 달라질 수 있다

(Koivisto, 1998; Koivisto & Hämäläinen, 2002).

만약 연합적 및 의미론적으로 연관된 점화자극과 목표자극의 관련성이 단순 의미론적으로만 연관된 점화자극과 목표자극 사이의 관련성보다 더 많은 또는 강한 의미관련성을 공유한다고 가정한다면(10장에서 제안된 대로), 단순 의미론적으로 연관된 항목에 대한 점화는 초기에는 왼쪽 반구에서 오른쪽 반구보다 더 크게 나타날 수 있다. 이는 의미론적 처리가 왼쪽 반구에서 더 효율적으로 이루어지기 때문에, 왼쪽 반구는 상대적으로 약한 순수 점화자극과 목표자극 간의 의미론적 관련성을 잘 활용할 수 있기 때문이다 (Chiarello, Liu, Shears, Quan & Kacinik, 2003).

시각적 단어재인 반구 실험에서는 '요람'-'아기', '광부'-'석탄'과 같이 '순수하게' 연합관련성만을 가지는 단어 쌍들에 대한 의미점화도 조사되었다('cradle'-'baby', 'miner'-'coal'). 근래의 기준에 따르면, 이러한 자료들도 순수하게 연합적이만은 않고 의미론적으로도 연관되어 있다고 여겨질 것이다(예: 아기는 요람에서 자고, 광부는 석탄을 캔다). 또한 이들 점화자극과 목표자극의 연합관련성은 점화자극이 목표자극과 관련된 정도와 목표자극이 점화자극이 관련된 정도에서 비대칭적이다(10장과 13장 참조). 내가 아는 한, 이러한 항목에 대한 의미점화는 RP가 낮고 SOA가 짧은 조건에서 조사되지 않았다. 키어렐로 등(Chiarello et al., 1990)은, RP가 0.25이고 SOA가 575ms 및 600ms(어휘판단에서는 NR = 0.57)인 조건에서, 어휘판단과제와 단어명명과제를 수행한 경우에 유의미한 의미점화를 얻지 못했다. 애버네시와 코니(Abernethy & Coney, 1993)는 250ms의 SOA와 RP와 NR은 1.0인(관련된 점화자극과 중립적인 점화자극만 포함되었다) 조건에서 go/no-go 어휘판단과제를 이용하여 이러한 항목에 대한 의미점화를 조사했다. 그 조건에서, 좌반구에서는 의미점화가 나타났지만 우반구에서는 나타나지 않았다. 450ms의 SOA에서는 양쪽 반구에서 점화가 나타났다. 그렇지만 이러한 유형의 자료에 대한 결과는 아직까지 완전히 명확하지는 않고 연구 결과가 서로 다른 경우가 많다.

마지막으로, 동철이의어(homograph) 명사가 가진 주된 뜻과 하위 뜻에 대한 의미점화에서 반구 간 비대칭성을 조사한 연구들을 살펴보자(예: 'bank'-'money' vs 'bank'-'river'). 결과들은 연구마다 일관성이 없지만, 다음과 같은 양상들이 나타난다(Chiarello, Liu, Shears, Quan & Kacinik, 2003). 주된 뜻에 대한 의미점화는 넓은 SOA 범위에서 양쪽 반구에서 발생한다. 하위 뜻에 대한 점화는 짧은 SOA에서는 왼쪽 반구에서 강하게 발생하며(100ms 미만), 조금 더 긴 SOA에서는 양쪽 반구에서 발생한다(100~200ms). 그리고 긴 SOA에서의 의미점화는 왼쪽 반구보다 오른쪽 반구에서 강하게 발생한다(750ms). 모든 연구에서는 상대적으로 높은 RP(0.50)와 중앙에 위치한 점화자극이 사용되었다.

4. 매개점화와 직접점화

매개점화는 다양한 SOA의 범위에서 양쪽 뇌에서 강하게 나타난다(Livesay & Burgess, 2003; Richards & Chiarello, 1995).

5. 지연효과

포스트와 키어렐로(Faust & Chiarello, 1998)는 정상적인 문장과 헝클어진 문장에서 점화자극과 목표자극 사이의 지연 시간(지연 1과 지연 6)을 조작하였다. 지연효과를 다룬 다른 연구들과 가장 유사한 조건은 지연 시간이 가장 긴 조건이다. 어휘판단을 위한 목표단어가 제시되기 전에 참여자는 3개(지연 1) 또는 8개(지연 6)의 단어 리스트를 읽었다. 지연시간 6 조건에서는 의미점화가 유의하지 않았다(우뇌는 -8ms 및 좌뇌는 5ms). 그러나 지연 1 조건에서는 의미점화가 유의미했다(양쪽 뇌에서 각각 31ms). 이 결과는 12장에서 검토한 연구 결과와 일치한다.

6. 순행성의미점화와 역행성의미점화

역행성의미점화에 대한 연구는 몇 편 없지만, 현재까지의 연구 결과는 역행성의미점화가 오른쪽 뇌에서 의미매칭(semantic matching)에 의해 발생한다는 것을 보여 주고 있다. 코이비스토(Koivisto, 1999)는 RP와 NR을 함께 변화시키면서, 어휘판단을 이용하여 점화자극과 목표자극 간의 연합관련성이 있는 자극 쌍을 이용한 역행성의미점화를 조사하였다. 높은 RP/NR 조건에서는 오류율 비교에서, 관련된 쌍에서의 오류율이 관련 없는 쌍의 오류율에 비해 오른쪽 뇌에서 더 적은 형태로 나타난다는 것이 유일하게 유의미한 결과였다. 코이비스토의 세 번째 실험에서는 높은 RP 및 NR(0.75/0.75) 및 750ms SOA를 사용하여 순행성의미점화 및 역행성의미점화를 조사하였다. 순행성의미점화는 양쪽 뇌에서 발생하였으나, 역행성의미점화는 오른쪽 뇌에서만 나타나고, 왼쪽 뇌에서는 발생하지 않았다. 유사한 자극을 이용하여 go/no-go 어휘판단과제를 시행한 경우, 의미점화가 높은 RP인 경우에만 발생하였으며, 이러한 순행성의미점화는 왼쪽 뇌에서만 나타났다. 이러한 결과로부터, 왼쪽 뇌가 주로 기대(expectancy)라는 전략적 정보 처리를 담당하고, 오른쪽 뇌가 주로 의미매칭이라는 전략적 정보 처리를 책임진다는 결론을 내릴 수 있다.

7. 요약

뇌의 양쪽 반구는 자동의미점화를 지원하지만, 전략적 의미점화에 대한 기여에는 차이가 있으며, 다른 유형의 점화효과들은 강한 반구 비대칭성을 나타낸다. 연합적인 점화효과, 동철이의어의 우세한 의미에 대한 점화효과, 매개점화, 그리고 관련 없는 항목 사이를 건너뛰며 이루어지는 지연점화는 뇌의 양쪽 반구에서 모두 나타나지만, 순수한 의미점화효과는 전략적 처리가 최소화될 때 좌뇌에서 우뇌보다 강한 효과를 보인다. 동철이의어의 덜 자주 사용되는 의미에 대한 점화효과는 SOA에 따라 비대칭성패턴이 달라지며, 역행성의미점화효과는 오직 우뇌에서만 나타난다. 이 분야의 연구에서 꼭 다루어야 할 문제는 중앙 제시를 사용한 실험에서 발견된 경험적 결과와 모델이 좌우 시야의 편측 제시를 사용한 실험에서도 일반화되는지 여부이다. 특히 자동 처리와 전략 처리 간의 차이에 대해서 고려해 봐야 한다.

■ 의미점화와 N400

활성화된 뉴런들은 전압장을 생성한다. 전압장은 큰 뉴런 집단에 의해 생성되며, 두피에 부착된 전극을 통해 측정될 수 있다. 시간에 따른 전압의 흔적은 전기뇌파(Electroencephalogram, EEG)로 알려져 있다. 자극 제시와 같은 이벤트에 시간에 맞추어 기록된 EEG를 ERP, 이벤트 관련 전위(Event-Related Potential, ERP)라고 부른다. ERP는 양극성과 음극성의 다양한 지속 시간을 가진 양상으로 구성된다. 이 양극성과 음극성 활동의 파동은 자극 제시로부터의 지연 시간과 양성 및 음성의 특성에 의해 구분된다.

N400은 자극 시작 후 약 400ms에 피크를 나타내는 음의 전위 변화이다. 쿠타스와 힐리어드(Kutas & Hillyard, 1980)에 의해 N400이 발견된 이후, N400로부터 추출되는 인지 과정을 밝히기 위한 많은 연구가 이루어졌다(예: Kutas & Van Petten, 1994). N400은 특히 의미 처리에 매우 민감하다. 예를 들어, 의미적으로 관련 없는 단어가 앞선 경우, 해당 단어의 이해는 큰 N400 성분을 생성하며, 반면 의미적으로 관련된 단어가 앞선 경우 N400 성분은 크게 감소하거나 사라진다(Bentin, McCarthy & Wood, 1985; Rugg, 1985). 이러한 효과는 'N400점화효과'로 알려져 있다. 증거의 종합은 N400점화효과가 의미 정보를 문맥과 통합하는 다양한 과정에 의해 생성된다는 것을 나타낸다. 새로운 정보가 즉각적인 문맥에 통합되기 쉬울수록 N400 성분의 진폭은 작아진다(Chwilla, Kolk & Mulder, 2000; Osterhout & Holcomb, 1995). 이전 장에서 다루었던 여러 독립 변수의 효과도 N400에서 조사되었다. 이러한 효과들은 다음 섹션에서 상세히 검토된다.

1. 기저조건의 차이

브라운, 하호르트, 크빌라(Brown, Hagoort & Chwilla, 2000)는 어휘판단과제와 무음성읽기과제에서 관련된, 관련되지 않은, 그리고 중립적인 점화자극('blanco'라는 네덜란드어 단어로 '빈칸'을 의미함)에 대한 ERP를 조사했다. ERP는 관련된 점화자극과 관련되지 않은 점화자극 간에는 차이가 없었으며, 이는 이러한 점화자극들이 매우 유사했기 때문에(다른 단어가 사용되었음에도 불구하고) 예상되는 결과이다. 그러나 중립적인 점화자극은 약 300ms 후부터 등장하는 큰 양의 양성 변화를 보였으며, 이 변화는 녹음의 나머지 기간(최대 700ms까지)동안 지속되었다. 이 효과는 관련성 비율과 상호작용하지 않았다. 브라운 등은 이러한 효과에 대해 두 가지 설명을 제시했다. 첫째, 이 양성 변화는 중립적인 점화자극이 반복되었지만, 관련된 점화자극과 관련되지 않은 점화자극은 반복되지 않았기 때문에, 중립적인 점화자극의 반복 효과일 수 있다고 제안하였다(Rugg, 1985). 다른 가능한 설명은 이 효과가 '괴짜(oddball)' 효과일 수 있다는 것이다. 만약 참가자들이 점화자극을 '단어' 대 '빈칸'으로 암묵적으로 분류했다면, 중립적인 점화자극인 '빈칸'은 낮은 확률의 사건일 것이다. 그렇기 때문에 이 양성 변화는 P300의 변형일 수 있다(Donchin, 1981). 이 양성 변화의 원인에 상관없이, 그 존재는 특정 단어의 반복적인 제시에 의해 정의된 중립적인 점화조건이 반복되지 않은 점화조건과 근본적으로 다를 수 있음을 보여 준다. 8장에서 논의된 것처럼, 행동 실험 결과에서도 이런 동일한 결론을 도출하였다.

2. 관련조건 비율과 SOA

N400점화효과에 관한 관련성 비율의 영향을 조사한 연구들이 다수이다. 대체로, N400점화효과는 행동점화효과와 유사한 양상을 보였다. 긴 점화자극-목표자극 시간 간격(SOA)에서는, N400점화효과와 의미점화효과가, 높은 관련성 비율(RP) 조건에서가 낮은 RP 조건에서보다 크게 나타났다

(Holcomb, 1988, SOA = 1150ms; Brown, Hagoort & Chwilla, 2000, SOA = 700ms). 그러나 짧은 SOA에서는 N400와 의미점화효과는 RP에 영향을 받지 않았다(Silva-Pereyra et al., 1999, SOA = 300ms). 그러나 브라운 등(Brown 등, 2000)은 두 측정 방법의 중요한 차이점을 제시하였다. 어휘판단 반응속도는 높은 RP 조건에서 촉진과 억제의 양상을 나타냈지만, 낮은 RP 조건에서는 촉진의 양상만 나타냈다. 그러나 N400의 진폭은 RP의 양상과 관계 없이 관련되지 않은 점화자극과 중립적인 점화자극에서 동일하게 나타났다. 즉, 반응 시간 결과와 ERP N400 성분에서의 차이는 나타나지 않았다. 이러한 반응 시간 결과와 ERP N400 성분에서의 차이에 대한 이유는 분명하지 않다.

3. 연합점화와 순수 의미점화

하호르트, 브라운, 그리고 스와브(Hagoort, Brown & Swaab, 1996)은 연합적으로 연관된 단어 쌍과 의미적으로 연관된 단어 쌍에 대한 N400점화효과를 비교한 첫 번째 연구였다. 이 실험의 주요 목표는 실어증 환자들의 어휘-의미적 장애를 조사하는 것이었다. 참가자들이 청각적으로 제시된 단어 쌍을 수동적으로 듣는 동안 ERP가 기록되었다. 연합 규준(norm)에서 연합적으로 연관된 쌍(예: '빵'-'버터')이 선택되었으며, 대부분의 쌍들에서 목표단어는 점화단어와 가장 크게 연합된 연관어였다. 의미적으로 연관된 쌍(예: '교회'-'빌라')은 동일 의미 범주에서 선택되었으며 연합 규준에서는 연합적으로 연관되지 않은 것들이었다. 연합적으로 연관된 쌍과 의미적으로 연관된 쌍 모두에서 N400점화효과가 얻어졌으며 크기도 유사했다. N400점화효과에 대한 관계 유형의 영향을 나타내는 유일한 징후는 오른쪽 반구 손상을 가진 환자들에서 나타났다. 그들은 연합적으로 연관된 쌍에 대해 정상적인 N400 점화효과를 보였지만 의미적으로 연관된 쌍에 대해서는 점화효과가 감소되었다.

코이비스토와 레본수오(Koivisto & Revonsuo, 2001)는 의미적으로 관련 없는 합성어(예: '바람'-'밀')와 "강한 어휘적 연관은 아니지만 (…) 동일한 의미 범주에 속하고 공유 의미 특징을 갖는" 의미적으로 관련 있는 단어를 비교하였다(이러한 자료를 만들기 위해 사용된 절차는 설명되지 않았고 자극은 제공되지 않았다). 행동 점화효과는 두 유형의 자극에 모두 나타났으며 크기도 비슷했다. N400점화는 합성어에 대해 두 개의 시간 창에서(250-375ms 및 375-500ms) 나타났으나, 의미적으로 관련된 쌍에 대해서는 초기 시간 창에서만 나타났다. 합성어에 대한 점화효과는 전략적인 과정에 의해 생성되었을 것으로 생각되며, 관련성 비율(RP)은 0.67이고 시간 간격(SOA)은 715ms였다(13장 참조). 이러한 결과는 점화자극과 목표자극 간의 연합강도가 자유연상을 통해 확인되지 않았기 때문에 평가하기 어렵다(10명의 참가자가 점화자극과 목표자극 쌍을 '연합강도와 의미적 특징 중복'에 대해 평가하였다).

세 번째 프로젝트는 '버튼'-'동전'과 같이 지각적으로 유사한 대상을 갖는 단어들 간의 점화효과를 조사했다(Kellenbach, Wijers & Mulder, 2000). 어휘판단 반응 시간이나 오류율에서 의미점화에 대한 증거는 없었지만, 통계적으로 신뢰할 수 있는 N400점화효과가 관찰되었다.

4. 매개점화와 직접적인 의미점화

ERP를 사용하여 중재적 간접적인 점화효과를 조사한 연구들이 여러 개 있다(Chwilla, Kolk & Mulder, 2000; Hill, Strube, Roesch-Ely & Weisbrod, 2002; Kiefer, Weisbrod, Kern, Maier & Spitzer, 1998; Silva-Pereyra et al., 1999; Weisbrod, Kiefer, Winkler, Maier, Hill, Roesch-Ely & Spitzer, 1999). 일반적으로 이러한 연구들은 N400점화효과가 점화자극 단어와 목표자극 단어의 의미 통합 과정에 의해 생성된다는 것을 보여 준다. 특히, 크빌라 등의 실험들이 가장 설득력 있다. N400점화효과는 중재된 쌍이 직접적으로 관련된 쌍을 포함하지 않는 목록에 나타날 때나 해당 항목들 간의 의미관련성이 더욱 현저한 조건에서만 관찰되었다(예: 테스트의 두 번째 블록이나 점화자극 단어와 목표자극 단어가 동시에 제시되고 참가자들이 두 단어가 모두 단어인지 아닌지 판단하는 과제). 크빌라 등은 자신들의 실험에서 N400점화효과가 언어 이해 과정에 의해 생성되며 언어적 사건(예: 단어)과 일반적인 맥락(예: 이전에 제시된 단어, 실험 과제 및 설정) 간의 의미 있는 연결을 탐색하는 과정에 의해 발생한다고 결론지었다.

5. 지연효과

디컨, 휴잇, 그리고 탬니(Deacon, Hewitt & Tamny, 1998)는 점화자극과 목표자극 사이에 관련 없는 중간 항목들이 끼어 있는 경우의 N400점화효과를 조사하였다. 이 실험에서는 세 개의 단어가 연속적으로 제시되고 그 후에 검사용 단어가 제시되었다. 참가자들은 검사용 단어가 이전에 표시된 세 개의 단어 중 하나인지를 판단하는 과제를 수행했다. 첫 번째와 세 번째 단어 또는 두 번째와 세 번째 단어 또는 어떤 단어도 의미적으로 연관되지 않았다. 각 단어는 185ms 동안 제시되고 SOA는 250ms이었다(나머지 65ms 동안 화면에 무엇이 있는지에 대한 설명은 제공되지 않았다). N400의 진폭은 지연점화조건(lag-priming condition)(첫 번째와 세 번째 단어가 연관된 경우)에서 관련 없는 조건(세 개의 단어가 모두 관련이 없는 경우)에서보다 일관되게 작았다. 그러나 N400점화효과는 미미하게 유의미했을 뿐이었다.[26]

6. 순행성의미점화와 역행성의미점화

내 지식으로는 N400점화효과를 이용한 역방향 점화에 관한 연구는 한 편뿐이다. 크빌라, 하호르트, 그리고 브라운(Chwilla, Hagoort & Brown, 1998)은 교차 감각 어휘판단과제에서 양방향으로 관련된 단어 쌍(예: '거미'-'거미줄'), 양방향으로 관련되지 않은 단어 쌍(예: '새'-'비누'), 단방향으로 앞으로 관련된 단어 쌍(예: 'mouse[쥐]'-'cheese[치즈]') 및 단방향으로 뒤로 관련된 단어 쌍(예: '막대기'-'입술')을 포함시켰다. 점화자극은 청각적으로 제시되었고, 목표자극은 시각적으로 제시되었다. 단방향으로 관련된 쌍 중 약 60%는 합성어였다

(예: 'lip[입술]'-'stick[막대기]'). 연관성 비율은 0.75이고 연합 비율은 0.80으로, 전략적 처리에 적합한 조건이었다. 어휘판단 반응 시간에서, 점화효과는 양방향으로 관련된 쌍에 가장 크게 나타났고, 앞으로 관련된 쌍과 뒤로 관련된 쌍에 중간으로 나타났다(각각의 0 및 500ms의 점화자극-목표 간격(ISI)을 통합하여 60ms, 39ms, 29ms). 단방향으로 관련된 쌍의 세트 내에서, 합성어에 대한 점화는 앞으로 방향과 뒤로 방향에서 각각 25ms와 29ms이었고, 비합성어에 대한 점화는 앞으로 방향과 뒤로 방향에서 각각 61ms와 27ms이었다. N400점화효과 또한 양방향으로 관련된 쌍에 가장 크게 나타났고, 앞으로 관련된 쌍과 뒤로 관련된 쌍에 중간으로 나타났다. 합성어와 비합성어에 대한 N400점화효과의 비교는 이루어지지 않았다.

이러한 행동 실험결과는 제13장에서 얻은 결론과 일치한다. 즉, 복합어(compound)에 대한 점화는 전략적인 과정에 의해 생성되며, 비복합어(noncompound)에 대한 점화는 자동 및 전략적인 과정에 의해 생성된다. 특히 비복합어의 순방향으로 관련된 쌍에서의 의미점화는 양방향으로 관련된 쌍에서 출현하는 의미점화와 동일한 크기를 가진다는 점에 유의하라. 이러한 순방향으로 관련된 쌍과 양방향으로 관련된 쌍 유형의 항목 처리는 자동적인 처리 과정과 전략적인 처리 과정의 혜택을 받을 수 있다. 그러나 역방향으로만 관련된 비복합어와 복합어에 대한 의미점화는 위의 두 조건에 비해 더 작은 크기를 가진다. 역방향으로만 관련된 항목은 자동점화 메커니즘에서는 적게 혹은 전혀 혜택을 받지 못한다. 크빌라 등(1998)은 N400이 의미통합 과정에 민감하다고 결론지었다. 왜냐하면, 순방향 및 역방향 관련 쌍에 대한 N400점화효과는 동일한 크기였기 때문이다. 크빌라 등(1998)은 의미통합 과정은 관련성 방향에 민감하지 않지만 전략처리인 기대(expectancy)와 자동처리인 활성화확산(spread of activation)은 관련성의 방향성에 민감하다고 가정했다. 그러나 그들의 데이터만을 기반으로, N400점화효과가 자동적 활성화확산과 같은 기억 회상 과정에 의해서도 생성될 수 있다는 가능성을 배제할 수는 없다. 이 질문에 대답하기 위한 한 가지 방법은 방향성에 따라 복합어와 비복합어에 대한 N400점화효과를 따로 조사하는 것이다. 유감스럽게도, 크빌라 등(1998)은 그러한 분석을 보고하지 않았다.

7. 의식적 의미점화와 무의식적 의미점화

N400이 의미적 통합 과정을 반영한다고 가정할 때, 전통적인 의미에서 점화자극이 의식 밖에서 제시되면 전보다 N400점화효과가 감소하거나 사라질 것으로 예상할 수 있다(제9장 참조). 브라운과 하호르트(Brown & Hagoort, 1993)는 점화자극을 의식 밖에서 전방 및 후방 마스킹을 사용하여 어휘판단과제에서 이 가설을 검증했다. N400점화효과는 마스킹 조건에서 완전히 사라졌다. 그들은 의식 밖에서 점화자극을 제시함으로써 의미적 통합 과정을 방해하고 이로 인해 N400점화효과가 사라진다고 결론을 내렸다. 최근의 실험 결과는 마스킹에 의해 N400점화효과가 감소하지만 완전히 사라지지는 않는다는 것을 보여 주었다(Deacon, Hewitt, Yang & Nagata, 2000; Kiefer, 2002; Stenberg, Lindgren, Johansson, Olsson & Rosen, 2000). 이러한 결과는 N400점화효과가 의미적 통합 과정만으로 발생하는 것은 아니라는 것을 시사한다. 그러나 의식 밖에서 점화자극(즉, 문맥)이 제시될 때에도 의미적 통합 과정이 작동할 수 있다는 가능성이 있다. 최근의 연구에서 의식적 의미점화에 미치는 관련성 비율(RP)의 영향을 보여 준 사례들을 고려하면 이 가정은 타당성이 있다(Bodner & Masson, 2003). 또한 킨트스크(Kintsch, 1988)는 이러한 자동적인 통합 과정을 포함하는 텍스트이해모델을 제안하여, 의미적 통합 과정이 무의식 수준에서 작동할 수 있다는 가능성을 시사했다(또한 Norris, 1986 참조).

8. 자극품질과 의미점화

홀컴(Holcomb, 1993)은 두 개의 실험에서, 의미점화는 손상된 목표자극에 비해 원형 목표자극에서 더 크게 나타났으나, N400점화효과의 크기는 자극품질에 영향을 받지 않았음을 보였다. 자극품질이 N400에 미치는 유일한 효과는 약 40ms 지연하는 것이다. 홀컴의 주장에 따르면, 의미적 맥락과 자극품질은 상대적으로 초기의 단어 인식 과정에 영향을 미치지만, N400는 상대적으로 늦은 의미 통합 과정에 의해 생성된다. 이 관점은 논의 중인 최근의 단어 인식 모델과 매우 일치한다(17장에서 논의됨).

9. 요약

의미적 맥락이 N400에 미치는 효과에 대한 연구는 의미적 사건을 이전 맥락과 통합하는 과정과 관련된 프로세스에 의해 N400이 생성된다는 결론으로 수렴하는 것으로 보인다. N400점화효과에 대해 많은 연구가 수행되었지만, 문헌 조사 결과 ERP 방법이 단어 인식 및 기억 검색에 대한 의미맥락효과를 조사하는 도구로서 널리 활용되지 않았음을 보여 준다. 현재까지 수행된 많은 연구에서의 실마리로는, 주로 자극 준비 및 실험조건 간 자극 균형화와 같은 방법이 표준적으로 수립된 행동 연구의 높은 기준을 충족하지 못한 것이다(Bentin, Chwilla, Holcomb, Kutas, Rugg 등의 연구는 주목할 만한 예외다). 예를 들어, 관련이 없는 점화조건과 관련이 있는 점화조건에서 서로 다른 자극을 사용하는 것은 상당히 흔한 현상이다. 이러한 방법론적 문제들은 비교적 쉽게 해결할 수 있지만, 이러한 문제들이 해결되기 전까지 N400 연구의 많은 부분은 행동 연구자들에 의해 어느 정도 회의적으로 받아들여질 것이다.

■ 의미점화 관련 fMRI 연구

기능적 뇌 영상 방법을 사용한 의미적 점화에 대한 연구는 놀랍게도 매우 적게 이루어져 왔다. 내가 알기로, 첫 번째 연구는 머머리, 셜리스, 그리고 프라이스(Mummery, Shallice & Price, 1999)에 의해 발표되었으며, 이 연구에서는 양

전자 방출 단층 촬영(PET)을 사용하여 의미점화의 뇌 신경 상관성을 조사하였다. 참가자들이 어휘판단과제를 수행하는 동안 활성화되는 뇌 영역이 스캔되었다. 관련된 쌍은 연합관계(associative relation)를 공유하지 않는 동일 범주의 구성 멤버 단어(예: '돼지'-'말')로 구성되었다. 각 시행마다 단어 점화자극과 단어 또는 비단어목표자극이 제시되었으며, 참가자는 목표자극이 단어인지 여부를 판단하였으며, 자극 간 시간 간격(SOA)은 250ms였다. 관련성 비율(RP)은 0%부터 100%까지(25% 간격으로) 다양하게 조정되었다. 통제과제에서는 각 시행마다 두 개의 자음 문자열이 제시되며, 두 번째 문자열에 대해서 특별한 문자가 있는지를 결정하는 문자 판단 과제를 수행하였다("'b'가 있는가?").

어휘판단과 문자판단 때 활성화되었던 뇌 영역을 비교해 보면, 특히 왼쪽 뇌의 활성화에서 차이가 있었다. 관심이 있는 영역은 어휘판단 때와 문자판단 때의 영역 차이와 관련성 비율에 따른 차이이다. 왼쪽 측두엽 앞부분은 관련성 비율이 0%와 100%일 때 어휘판단 조건과 문자판단 조건 간의 차이를 보였고, 다른 조건에서는 차이를 보이지 않았다. 대상회 전면부는 관련성 비율이 감소하는 정도에 비례해서 체계적으로 활동이 감소하였다. 또 다른 두 영역, 오른쪽 두정엽 위쪽과 오른쪽 전운동 피질은, 관련성 비율에 따라서만 활성화 차이를 보였고, 과제 간의 차이로는 활성화 차이를 보이지 않았다.

로셀과 그녀의 동료들(Rossell, Bullmore, Williams & David, 2001; Rossell, Price & Nobre, 2003)이 처음으로 fMRI를 이용하여 의미점화를 연구하였다. 두 개의 연구 중에 두 번째 것이 방법론적으로 우수하기 때문에, 두 번째 연구에 대해서만 논의를 진행하겠다. 이들은 ERP와 사건관련 fMRI(efMRI)를 동시에 사용하였다.[27] 의미적으로 관련된 쌍의 점화단어와 목표단어는 동일한 범주의 구성 멤버 단어들로 구성되었고(연합관련성에 대한 언급은 따로 없었다), SOA는 200ms와 900ms였으며, 관련성 비율은 0.5였다.

ERP 실험 참가자와 efMRI 실험 참가자 모두는 행동 결과에서 SOA가 짧은 조건에서의 의미점화가 긴 조건에서보다 큰 패턴으로 의미관련성과 SOA 간의 상호작용을 보였다(44ms와 31ms). 의미점화관련 N400 성분은 두 종류의 SOA 조건 모두에서 유의미하였으나, SOA가 긴 경우에 더 일찍 시작되었으며(300ms와 360ms) 또한 진폭의 크기도 짧은 SOA 조건에 비해 컸다. 200ms의 SOA는 전략점화가 일어나기에는 짧은 시간이고 따라서 이 시간대에서는 주로 의미관련성에 의한 자동점화가 발생할 것으로 예측된다. 또한 N400성분은 앞부분에서 살펴본 것처럼, 점화자극과 목표자극 간의 관련성을 통합하는 전략적인 정보 처리 과정에서 주로 나타난다. 이런 사실들을 고려해 보면, 의미점화관련 N400 성분이 SOA가 긴 경우에 왜 진폭이 더 컸는지를 쉽게 짐작할 수 있다. 즉, SOA가 긴 경우에 전략적 처리에 의한 의미점화가 컸기 때문이다.

뇌의 여러 영역에서의 활동은 의미점화와 확실하게 관련이 있었다. 좌측 전내측 측두피질(left anterior medial temporal cortex)은 관련성이 없는 점화조건에서가 관련성이 있는 점화조건에서보다 더 활성화된 반면, 하두정엽의 좌측 모서리위이랑(supramarginal gyrus)은 관련성이 있는 점화조건에서보다 관련성이 없는 점화조건에서 덜 활성화되었다. 전대상회(anterior cingulate)는 짧은 SOA 조건에서보다 긴 SOA 조건에서 더 활성화되었다. 마지막으로, 우측 상측두영역의 후부, 즉 모서리위이랑과 교차하는 부분의 활동은 의미점화와 SOA 간의 상호작용에 영향을 받았다. 관련성이 없는 쌍에 대한 활동이 관련성이 있는 쌍에서보다 더 컸고, 긴 SOA가 짧은 SOA보다 더 컸다.

의미점화에 대한 두 번째 efMRI 연구는 최근 리스먼, 일라이어슨, 블룸스타인(Rissman, Eliassen & Blumstein, 2003)에 의해 발표되었다. 자극은 단어와 단어 또는 단어와 비단어 쌍으로 청각적으로 제시되었으며, 피험자는 각 쌍의 두 번째 목표자극에 대해 어휘판단을 내렸다. 점화자극과 목표자극 사이의 자극 간격(ISI)은 50ms였지만 점화자극은 평균적으로 541ms가 소요되었으므로 이 짧은 ISI는 시각 제시 조건에서 50ms의 SOA와 비교할 수 없다.

관련점화-목표단어 쌍은 의미 및 연합관련성을 모두 가지는 것들이었다. RP는 0.5, NR은 0.67이었다. 톤 방향 판단 통제 과제에서 피험자들은 한 쌍의 톤을 듣고 두 번째 톤이 오른쪽 또는 왼쪽에서 들렸는지를 판단하여 해당 반응 키를 눌렀다.

가장 중요한 비교는 관련이 없는 조건과 관련된 조건 간의 뇌 영역 활성화 차이를 비교하는 것이다. 관련 없는 조건에서 더 크게 활성화된 뇌 영역은 좌측 상측 측두이랑, 좌측 전중격, 양측 중전두이랑, 우측 미상(left superior temporal gyrus, left precentral gyrus, middle frontal gyrus bilaterally, and right caudate) 등 5개 영역이었다. 관련성이 없는 조건보다 관련성이 있는 조건에서 더 활성화된 영역은 없었다. BOLD 반응의 시간 경과를 조사한 결과, 관련성이 없는 조건에서 관련성이 있는 조건보다 같은 시간 또는 그 이후에 정점에 도달하고 더 느리게 감소하는 것으로 나타났다. 앞서 설명한 fMRI 실험과 비교했을 때, 이 실험의 안타까운 한계는 의미점화의 크기와 관련된 변수(예: RP, SOA) 조절 간의 관련성을 조작하지 않았다는 점이다.

요약

의미점화에 대한 fMRI 연구가 활발하게 수행되지는 않았지만, 기존의 연구 결과는 몇 가지 패턴을 나타내고 있다. 즉, 좌측 측두 피질(전측 측두엽, 전측 내측 측두엽, 상측 측두회) 및 전대상피질 영역이 의미점화에서 활성화되는 경우가 많다는 것이다. 좌측 전측 측두 피질은 의미 처리에 관여하는 반면, 전대상피질은 주의력에 더 많이 관여하는 것으로 보인다(Rossell, Price & Nobre, 2003). 이러한 뇌 영역과 다른 뇌 영역이 의미점화를 생성하고 조절하는 데 어떤 정확한 역할을 하는지는 아직 밝혀지지 않았고 더 많은 연구가 필요한 실정이다.

Section IV

요약과 결론

19 의미점화에 대해 알게 된 것은 무엇이고, 미래에는 이 분야의 연구가 어떻게 발전할까?

19장에서는 지금까지 논의한 의미점화와 관련된 세부적인 내용을 종합적으로 검토하여 의미점화와 관련된 전체적인 흐름을 정리한다. 일단 이전 장들의 중요한 내용을 간결하게 요약하는 작업으로 전체 그림을 살피는 작업을 시작해 보자.

- 2장-7장: 모델들. 가장 중요한 모델들은 활성화확산모델, 베커의 검증모델, 복합단서모델, 분산네트워크모델, 그리고 다중단계모델 등이었다. 이들 외에 다른 중요한 모델로는 포스터의 모델(Forster's models), 노리스의 맥락-검토모델(Norris's context-checking model), 닐리와 키프의 혼합 모델(Neely and Keefe's hybrid model)과 ROUSE였다.
- 8장: 방법론적 이슈. 의미점화가 실험 재료 간의 실험의 관심사와는 관련 없는 차이로 인한 혼입을 방지하기 위해서, 점화자극과 목표자극의 조합을 1번 리스트에서는 관련된 쌍으로 제시되고 2번 리스트에서는 무관련 쌍으로 제시되도록 배치한 다음에, 실험 참가자는 이들 리스트 중에 하나만을 경험하게 하여 관련조건과 무관련조건을 모두 경험하지만 동일한 점화자극과 목표자극 경험을 피하도록 하는 역균형화 실험설계(counterbalancing)를 이용한다. 그래서 목표자극은 관련조건과 무관련조건 모두에서 제시되지만, 실험 참가자는 이 목표자극을 관련조건이나 무관련조건 중의 한 조건에서 경험하게 된다. 이렇게 실험 설계하면, 점화자극과 목표자극 간의 관련성 요인은 피험자 내 변인(within-

subject factor)이 되며, 그러면서도 동일한 목표자극을 관련조건과 무관련조건에서 반복적으로 경험하지 않는 이점을 얻는다. 모든 실험 참가자와 모든 점화자극과 목표자극 쌍의 자료를 합치면, 역균형화 설계에 따른 자료의 구조는 동일한 목표자극이 관련조건과 무관련조건에서 제시된 자료를 제공하게 되고, 이런 이유로 관련 쌍과 무관련 쌍에서 목표자극이 달라서 일어날 수 있는 혼입의 효과를 예방할 수 있다. 만일 촉진과 억제의 점화효과를 독립적으로 측정해야 한다면, 중립점화조건으로 사용할 수 있는 가장 좋은 점화자극은 철자법상 옳고 발음이 가능한 비단어를 사용하는 것이다. 의미점화효과는 신호탐지이론의 측정치인 민감도와 반응편향치로 표현될 수 있다. 신호 탐지 이론의 민감도와 반응편향치는 목표단어의 기억인출과정의 전 과정 혹은 단어재인의 전 과정을 포함하고 있기 때문에, 그 자체로는 점화자극의 의미문맥이 단어재인 과정의 초기 지각과정 혹은 지각 이후의 정보 처리 과정에 영향을 미친 것인지를 판단하는 데에는 큰 도움이 되지 않는다.

- 9장: 자동점화와 전략점화. 의미점화는 자동적 정보 처리와 전략적 정보 처리에 의해서 생성된다. 두 종류의 전략점화가 확인되었는데, 하나는 기대(expectancy)이고 또 하나는 의미매칭(semantic matching)이다. 전략적 정보 처리는 다음과 같은 경우에 더 크게 나타난다. 첫째, SOA가 증가할수록 전략적 정보 처리가 증가한다. 둘째, 관련된 쌍의 비율이 증가할수록, 특히 기대에 의한 효과의 전략점화가 증가한다. 셋째, 어휘판단과제를 이용한 의미점화효과 연구에서 비단어 비율이 증가하면, 의미매칭의 전략적 정보 처리가 더욱더 증가한다. 넷째, 전략점화는 단어명명과제에서보다 어휘판단과제에서 더 크게 나타난다. 이런 현상은 특히 의미매칭에서 빈번하다. 다섯째, 범주-구성원 쌍에서의 전략점화가 연합관계 쌍에서의 전략점화보다 더 크게 나타난다. 여러 모델들은 자동점화와 전략점화를 설명하는 방법에서 매우 다르다. 한 방법은 전

략점화를 자동점화의 기초 위에 쌓아 놓은 형태의 접근법이다. 즉, 어떤 모델은 억제효과와 같은 전략적 정보 처리를 자동적 정보 처리의 일환으로 설명하려는 경우도 있고, 또 다른 모델에서는 거꾸로 모든 점화는 주의 과정에 의해서 통제를 받으며 따라서 자동점화도 전략점화의 일종이라고 설명하는 경우도 있다.

- 10장: 연합 의미점화와 순수 의미점화. 의미점화는 점화자극과 목표자극이 염소-개(goat-dog)쌍처럼 의미적으로 연결되어 있는 경우에 나타난다. 그렇지만 고양이-개(cat-dog)쌍처럼 의미적으로도 연결되어 있고, 또한 연합적으로도 연결되어 있는 점화자극과 목표자극에서의 의미점화가, 다른 어떤 것들보다 훨씬 더 크다. 의미점화의 크기는 점화자극과 목표자극 간의 의미 관계의 종류에 따라 변하는 것 같다. 일반적으로 기능적인 연합으로 연결된 점화자극과 목표자극에서의 점화효과가 가장 크다. 몇몇 안되는 모델들만 연합에 의한 의미점화와 의미관계에 의한 의미점화를 구분하여 상세하게 설명하고 있을 뿐, 대부분의 모델들은 두 종류의 의미관계를 나누어서 고려하지 않았다. 그러나, 의미점화를 설명하는 모든 모델들은 조금만 수정하면, 순수한 의미관계에 의한 의미점화와 연합관계에 의한 의미점화의 차이를 설명할 수 있다.
- 11장: 중재된 의미점화와 직접의미점화. 중재된 의미점화는 점화자극과 목표자극이 3개의 연합 단계만큼 떨어진 경우에도 나타나는 것으로 보고되었다. 예를 들면, "갈기-줄무늬(mane-stripes)" 쌍의 경우인데, "갈기"를 통해 "사자"가 활성화되고, "사자"는 다시 "호랑이"를 활성화시키고, "호랑이"는 "호랑이"의 일부인 "줄무늬"를 활성화시키는 양상으로 중재된 의미점화가 나타난다. 활성화확산모델만 이와 같은 중재된 의미점화효과를 설명할 수 있다. 그러나 중재된 의미점화효과는 결정적이지 못하다. 왜냐하면 중재된 의미점화효과는 점화자극과 목표자

극의 가정된 중재 연합 외에도 다른 관련성이나 다른 연결로도 일어날 가능성이 있기 때문이다.

- 12장: 지연효과. 표준적인 의미점화 실험조건에서 의미점화는 점화자극과 목표자극 사이에 관련되지 않은 단어가 하나가 끼는 경우 약 50퍼센트의 감소를 보이고, 두 단어가 삽입되면 거의 사라지는 것이 보고되었다. 그렇지만 최근의 결과는 점화자극과 목표자극 사이에 무려 100개의 무관련된 단어가 삽입되는 경우에도 의미점화가 나타난다는 연구 결과가 보고되기도 하였다. 이런 현상은 분산 네트워크 러닝 모델로만 설명 가능하고 다른 모델로는 설명할 수가 없다. 이와 같은 장기간에 걸친 의미점화가 어휘-의미 정보 처리 과정에 의해서 일어난 것인지 아니면 일화기억에 학습된 내용으로 이루어진 것인지에 대해서는 아직 불확실하다.
- 13장: 순행성의미점화와 역행성의미점화. 연합적이고 의미적으로 관련된 점화자극과 목표자극 간의 관련성이 비대칭적 강도를 가지는 경우에, 점화자극에서 목표자극으로의 순행성의미점화가 거꾸로의 역행성의미점화보다 크다는 증거가 흔하지는 않다. "Fruitfly" 같은 복합어에 대한 순행성 점화(fruit→fly)와 역행성의미점화(fly→fruit)는 거의 전략적 처리 과정에 의해서 생성된다. 베커의 모델, TODAM, 그리고 플라우트 모델을 제외한 분산네트워크모델은 비대칭적 자동적 의미점화를 설명하는 데에 어려움을 갖는다.
- 14장: 의식적 의미점화와 무의식적 의미점화. 의미점화는 피험자가 점화자극이 너무 짧게 제시되어 의식선상에서 지각할 수 없는 상황이나 혹은 점화자극이 단어인지 비단어인지를 구분할 수 없을 정도로 흐리게 제시되었을 때에도 일어나는 것처럼 보인다. 의미점화를 설명하는 어떤 모델도 의식적 의미점화와 무의식적 의미점화를 구분해서 설명하지 않았기 때문에 어떤 모델이 장단점을 갖는지를 평가하기는 어렵다.

- 15장: 점화자극-과제효과. 점화자극-과제효과는 의미점화모델들이 어휘-의미 표상의 여러 수준 중에서, 즉 속성 수준, 철자 수준, 단어 수준, 의미 수준 등의 어느 수준에서의 점화인지를 구분해야만 한다는 것을 제시한다. 또한 점화자극-과제효과는, 반드시 의식적인 주의 과정이라고 볼 수는 없지만, 주의 정보 처리 과정이 단어의 의미 정보를 활성화시키거나 인출하는 데에 필요하다는 것을 제시한다. 여러 모델들 중에 다단계활성화모델만이 점화자극-과제효과를 설명하려고 시도했다.
- 16장: 목록문맥효과. 의미점화의 크기는 검사 리스트에 의해서 형성된 문맥에 따라 변할 수 있다. 예를 들어 점화자극-과제효과(prime-task effect)의 크기는 관련된 쌍의 비율에 따라 변하고, 또한 반의어 쌍에 대한 의미점화는 대부분의 관련 쌍이 유의어 관계인 리스트 문맥에서는 사라진다. 의미점화효과를 설명하는 대부분의 모델들은 이런 결과를 설명하는 데에 어려움을 갖는다. 왜냐하면 이들 모델은 실험 문맥을 파악하여 하위 정보 처리 과정에 영향을 주는 상위 수준의 인지 과정을 상정하지 않았기 때문이다.
- 17장: 단어빈도, 자극품질, 그리고 자극반복. 의미점화는 단어빈도(Word Frequency), 자극품질(Stimulus Quality), 자극반복(Stimulus Repetition)에 따라 변한다. 저빈도 목표단어에 대한 의미점화효과가 고빈도 목표단어에 대한 것보다 더 크며, 목표단어의 자극품질이 손상되지 않은 경우보다 손상된 경우의 의미점화가 더 크다. 이와 같은 목표단어에 대한 자극품질 효과는 저빈도단어와 고빈도단어 모두에서 동일한 정도로 나타나서 자극품질 효과와 단어빈도 효과는 상호작용하지 않는다. 의미관련성 정도와 목표자극의 자극품질과의 상호작용은 관련된 쌍의 비율이 높은 경우에는 유의미하나 관련된 쌍의 비율이 낮은 경우에는 유의미하지 않다. 자극반복에 의한 효과는 단기간의 어휘 요인에 의한 것과 장기간의 일화기억 요인에 의한 것으로 구분할 수 있다. 단기간의

반복점화효과는 단어빈도에 따라서 변하지 않고 가산적으로 작용한다. 그러나 자극반복과 의미관련성 그리고 자극품질과의 상호작용은 현재까지 잘 알려지지 않았다. 전체적으로 이와 같은 결과들은 모든 종류의 의미점화 설명 모델들에게 도전이 된다. 또한 이들 결과는 모델들이 어휘-의미 표상의 정보 처리 단계들을 구분해야 할 필요가 있으며, 단어 재인의 하위 수준의 정보 처리에도 영향을 미칠 수 있는 인지 정보 처리 과정을 포함시켜야 한다는 것을 제시한다.

- 18장: 의미점화의 인지신경과학. 의미점화와 관련된 좌우반구 비대칭성 연구는 자동점화조건이나 중재된 점화조건에서는 양반구가 동일하게 의미점화 생성에 영향을 미치지만, 전략적 처리에 의한 의미점화나 순수 의미관계성으로만 이루어진 의미점화에서는 양반구가 다르게 영향을 미친다고 제시한다. 중요하지만 아직 미해결된 문제는 중앙 시야에 제시해서 얻은 실험 결과들이 좌우 외측 시야에 제시했을 때의 결과와 동일한지에 대한 것이다. 좌우 편시야에 자극을 제시하는 것은 중앙 시야에 제시하는 것과 근본적으로 다른 종류의 의미 정보 처리를 발생시킬 가능성이 있다. ERP를 이용한 의미점화 연구는 N400 요인에 집중적으로 관심이 모아졌다. 의미점화는 N400 요소의 감소로 나타난다. 전반적인 연구결과는 N400 요소는 이전에 제시되었던 문맥과 현재 제시된 자극을 통합하고 해석하는 과정 속에서 생성되는 것으로 보고하고 있다 시작한지 얼마되지 않아서 연구 결과가 그렇게 많지 않은 fMRI 연구는 왼쪽 전측두피질(left anterior temporal cortex)과 왼쪽 전대상회 영역(left anterior cingulate gyrus)이 의미점화과제를 수행하는 데에 관여하는 것으로 보고하고 있다.

이처럼 복잡한 패턴에 연구 결과들이 주어졌을 때 생겨나는 자연스러운 질문은 이런 다양한 현상들이 하나의 원리에 대한 다양한 모습인지 아니면 원리 자체가 달라서 다양한 현상들이 나타나는 것인지에 대한 것이다. 아마도 하나의 모델로 이러한 모든 현상들을 설명할 수는 없을 것이다. 내 생각에는 다른 모든 것은 일정한 상태로 유지하고 한 현상만을 관찰하는 데에도 어려움이 있을 것이고 또한 다른 여러 요인들과의 상호작용을 고려한 모델을 생각해 내는 데에도 어려움이 따를 것이다. 예를 들어 연합적으로도 관련이 있고 의미적으로도 관련이 있는 점화효과와 단순히 의미적으로만 관련된 점화효과가 다른지에 대해서 생각해 볼 수 있고, 중재된 점화효과와 직접적인 점화효과가 다른 종류의 원리에 의해서 나타난 것인지를 생각해 볼 수 있을 것이고, 점화자극과 목표자극 사이에 개입하는 무관련 단어가 없는 경우와 1개 혹은 여러 개의 무관련 단어가 끼어 있는 경우에 나타나는 점화가 다른 과정을 통해서 나타나는 것인지에 대해서 궁금해 하며, 의미문맥과 단어빈도와의 상호작용, 그리고 의미문맥과 목표단어 자극품질과의 상호작용을 설명하기 위해서, 다른 종류의 모델이 필요한지를 고려하는 것 등의 모든 것들이 매우 어려운 문제들이다. 그러나 이처럼 현상이 다양하고 그 현상을 설명하기 위한 이론과 모델이 하나일지 여러 개일지를 고민하는 문제는 모든 자연계에서 일어나는 문제이다.

자동적 의미점화와 전략적 의미점화는 구분되어야 한다. 9장에서 논의하였듯이, 의미점화는 여러 성황에 따라 변한다. 피험자가 어떤 자극이 나타날 것인지를 기대하는지 여부에 따라서 변화하고, 점화자극과 목표자극 간의 간격이 변화하는 것에 따라서도 달라지고, 관련된 쌍의 비율과 비단어의 비율이 어떤지에 따라서도 변하며, 의미점화를 측정하는 과제에 따라서도 변하며, 또한 점화자극과 목표자극 간의 의미적 관련성이 어떤 종류인지에 따라서도 변한다. 이런 모든 상황들을 고려할 때, 자동점화 정보 처리와 전략점화 정보 처리를 구분하지 않고는 이런 다양한 현상들을 설명할 수가 없다. 의미점화가 자동점화와 전략점화로 구분된다는 이중-정보 처리 이론(two-process theory)을 다시금 생각하게 하는 이유이다. 이 장의 뒤에서 이러한 문제들을 좀더 자세히 다룰 것이다.

두 번째로 다루어야 할 연구문제는 단기간의 의미점화효과와 장기간의 의미점화효과에 관한 것이다. 12장에서 논의하였듯이, 월츠(Woltz)가 보고하고 또한 휴와 휘틀시(Hughes and Whittlesea)가 보고했던 장기간에 걸친 의미전이효과(long-term semantic transfer effects)는 통상적으로 보고된 의미점화와는 차이가 있는 것처럼 보인다. 그렇지만 베커(Becker), 조든스(Joordens), 그리고 그들의 동료들에 의해서 보고된 장기간의 의미점화효과는 기존의 의미점화효과와 동일한 것인지 아니면 다른 것인지에 대해서는 아직까지 불분명하다. 이들이 보고한 효과가 일화기억에 의해서 나타난 것이라면, 기존의 제안된 의미점화모델들이 이 현상을 설명하려고 수정될 필요는 없다. 그러나 반대로 장기간에 걸친 의미점화가 어휘-의미의 효과라면 분산네트워크학습모델들은 단기간의 의미점화와 장기간의 의미점화효과를 기존의 메커니즘으로는 설명할 방법이 없고, 따라서 이들 모델들은 이런 두 종류의 의미점화효과를 설명하기 위해 다른 정보 처리 과정들을 추가하는 방식으로 수정되어야 한다.

마지막 세 번째로 다루어야 할 논제는 무의식 수준의 의미점화와 의식 수준의 의미점화 구분에 관한 것이다. 무의식 의미점화와 의식 의미점화는 자동적 의미점화와 전략적 의미점화의 구분에 관련된 논제와 상당히 관련이 있다. 연구자들은 흔히 차폐 점화자극을 이용해서 발생된 의미점화는 오로지 무의식 수준에서만 처리되는 자동적 의미점화 처리 과정에 의해서만 발생된다고 가정한다. 이 가정은 안면 타당도(face validity)에서 상당한 도전을 받는다: 만일 피험자가 의식선상에서 점화자극을 인지하지 못했다면, 어떻게 이 피험자들은 이 정보를 이용해서 예견된 목표자극을 생성할 수 있고 혹은 차폐된 점화자극이 목표자극과 관련되어 있는지를 결정할 수 있을까? 차폐된 점화자극과는 다르게 의식선상에서 인지할 수 있는 점화자극에 의해 나타난 의미점화효과는 자동적 의미점화 처리 과정 혹은 전략적 의미점화 처리 과정에 의해서 발생될 수 있다. 자동적 의미점화효과와 전략적 의미점화효과를 설명하기 위해 각각 다른 과정이 관여한다고 가정하는 것처럼 무의식 의미점화와 의식선상에서의 의미점화효과를 설명하기 위해서도 각각 다른 종류의 정보 처리 과정이 관여한다고 가정해야 할 필요가 있다.

요약해 보면, 의미점화 현상은 단일 정보 처리 과정으로 설명할 수 없다. 다중 정보 처리 원리가 도입되어야 한다. 의미점화를 설명하는 모델들은 자동적 의미점화와 전략적 의미점화를 구분해서 설명하는 정보 처리기재를 필요로 한다; 단기간의 의미점화효과와 장기간의 의미점화효과를 발생시키는 구분된 정보 처리 과정 설명이 필요하고, 차폐된 점화자극에 의한 의미점화가 순수하게 자동적 정보 처리 과정에 의한 것인지의 여부에 따라, 의식 수준의 의미점화와 무의식 수준의 의미점화가 다른 종류의 구분된 정보 처리기재로 설명하여야 하는지가 결정된다.

■ 자동적 정보 처리와 전략적 정보 처리

자동 및 전략 처리의 이중 과정 이론은 의미점화의 여러 모델의 기초를 형성하였으며 지난 30년 동안의 대부분의 실험 작업의 배경이 되었다. 여러 번 지적한 것처럼 이중과정 이론에 대한 여러 수준에서의 도전이 있었다.

이론적 수준에서는 자동 및 전략 처리의 구분에 대해 의문을 제기한 두 종류의 모델이 제안되었다. 플라우트와 부스(Plaut & Booth, 2000; 5장과 17장 참조)는 어떤 종류의 억제효과는 기대 혹은 의미매칭과 같은 전략 처리 개념을 사용하지 않고서도 분산네트워크모델로 설명 가능하다고 제안하였다. 이런 설명과는 정반대로, 스톨츠와 베스너(Stolz & Besner, 1996; Stolz & Besner, 1999, 6장 15장 17장 참고)는 단어의 의미활성화는 주의가 필요하고 그리고 일반적으로 단어재인 과정에서의 모든 정보 처리 단계는 주의에 의해 통제된다고 주장하였다. 이들 두 모델은 의미점화의 원리를 이해하는 데에 유용한 정보를 제공하지만, 자동 및 전략 의미점화의 구분을 대체하는 설명 모델은 아니다. 플라우트와 부스는 본인들이 제안한 모델이 모든 종류의 전략적 정보 처리의 효과를 설명할 수 없으며, 또한 단어재인의 모델들은 반드시 하향 정보 처리의 영향을 설명해야 한다고 시인한다. 유사하게 스톨츠와 베스너의 주의 개념은 의미점화와 단어재인 문헌에서 사용되는 표준적인 개념과는 차이가 있다. 스톨츠와 베스너가 사용한 주의는 정보 처리가 의식적인지 아닌지 여부, 정보 처리의 속도, 또한 주의 개입이 정보 처리에 어느 정도의 도움을 주고 손해를 입히는지에 대해 어떤 종류의 단서도 제공하지 않는다.

실험 결과를 고려한 논의에서도, 자동 및 전략 의미점화의 이중 과정 모델에 대해 의문점이 제기되었다. 예를 들면, 점화자극과 목표자극 간의 관련성, 기대, 그리고 SOA 간의 상호작용이 문제가 되었다. 이들 상호작용을 구체적으로 나열하면, 차폐 점화 실험에서의 관련 쌍 비율의 효과(9장 참조), 차폐점화효과에서의 반응 일치성이 주의 여부에 따라서 변하는 현상(14장 참고), 점화자극-과제효과(15장 참고), 그리고 항목-문맥 효과(16장 참조) 등이다. 이들 실험 결과들은 자동 및 전략 처리 구분의 이중 과정 모델로 의미점화 현상을 설명하는 데 있어서의 한계점을 제시하기도 한다. 그렇다고 해서 이들의 결과가 이중 과정 모델을 포기하게 하는 충분한 이유는 아니다.

위에서 지적한 변인들 간의 상호작용 중에 이론적인 함의점을 갖는 연구 결과는 관련성, 기대, 그리고 SOA 간의 상호작용에 관련된 것이다 이런 상호작용은 기대 혹은 관련성으로 기술될 수 있다. 기대 변인으로 이들 상호작용을 기술하면, 무관련점화자극에 의한 기대효과가 관련된 점화자극에 의한 기대효과보다 SOA가 길어짐에 따라서 더 증가하는 현상을 의미한다. 또는 관련성으로 기술해 보면, SOA가 증가할수록 기대되지 않은 목표자극에서보다는 기대된 목표자극에서의 관련성 효과가 감소한다는 것이다. 이런 상호작용은 네 종류의 독립적으로 발표된 연구 결과에서 관찰된다(9장 참고). 밸로타 등(Balota et a, 1992)은 이들 상호작용을 전통적인 이중 처리이론으로 어떻게 설명할 수 있을지를 대략적으로 제시하였다. 예를 들어, 무관련 점화자극과 목표자극에 대한 기대효과는 SOA의 길이에 따라서 변하게 되는데, 그 이유는 새로 배운 단어들 간의 관련성을 인출하고 사용하는 데에는 시간이 필요하기 때문이다. 예를 들어, 점화자극이 "금속(metal)"인 경우에, 목표자극이 "나무(tree)"의 종류이어야 하는 경우를 생각해 보면, 이런 설명을 쉽게 이해할 수 있다. 반면에, 관련된 점화자극과 목표자극에 대한 기대효과는 SOA에 의해서 거의 영향을 받지 않는데, 그 이유는 이미 단어들 간에 존재하는 관련성은 매우 효과적으로 인출되고 정보 처리되기 때문이다. 예를 들어, 점화자극이 "꽃(flower)"이고 목표자극은 "꽃(flower)"의 한 종류인 경우를 생각해보면, 위의 설명을 쉽게 이해할 수 있을 것이다. 이들 상호작용이 궁극적으로 어떻게 설명되든 관련 없이 어쨌든 위에서 지적된 기대, 관련성, 그리고 SOA 변인들 간의 상호작용 연구 결과는 자동처리와 전략처리가 완전히 독립적이지는 않다는 것을 의미한다.

다른 연구 결과들과 이중처리모델과의 관련성:

(a) 9장에서 논의하였듯이, 차폐점화 패러다임에서 발견되는 관련조건 비율효과를 수용하는 데에 있어서 주의를 기울여야 한다. 관련조건 비율효과가 사실이라고 가정하고 그 원인을 생각해 보면, 이 효과는 의미 수준의 표상에서 어휘 수준의 표상으로 하향처리되어 내려오는 피드백에 의한 것일 수 있다(Bodner & Masson, 2003). 의미 수준의 표상에서 어휘 수준의 표상으로 하향처리되어 내려오는 피드백 때문으로 관련조건 비율효과를 설명하는 논리는 다단계활성화모델에서 의미 문맥과 자극품질 사이의 상호작용을 설명하는 논리로 이미 사용된 적이 있다(17장 참조). 이런 논리는 이중처리모델에서의 전략처리 원리와 서로 충돌하지 않는다. 그래서, 관련조건 비율효과는 기대와 의미 매칭과 같은 상위 수준의 인지정보 처리에 영향을 줄 수도 있고 또한

어휘-의미 표상의 수준 간의 정보흐름과 같은 하위-수준의 인지정보 처리에도 영향을 줄 수 있다.

(b) 14장에서 설명하였듯이, 차폐점화에서의 반응-일치성 효과는 "사자(lion)-호랑이(tiger)" 같은 관련 쌍의 모든 종류의 차폐점화로는 일반화되지 않고 제한적으로 나타난다는 것이다.

(c) 마지막으로, 점화자극-과제효과와 항목-문맥 효과를 이중처리모델으로 설명하는데 다소 어려움이 있는 것은 사실이지만 이런 증거들이 이중처리모델을 정면으로 반박하는 증거는 아니다.

하지만 소수 의견을 존중해서, 위의 모든 발견들을 있는 그대로 수용해 보자. 이런 결과들은 의미점화의 기제에 대해 무엇을 말해 주고 있는가? 전체적으로 이들 결과는 (a) 기대, 목표, 그리고 문맥에 대한 해석 같은 상위-수준 인지정보 처리는 단어재인의 여러 단계 간의 상호작용을 매개하는 활성화 흐름과 같은 하위-수준 처리에 영향을 줄 수 있고 또 영향을 받을 수도 있다는 사실을 지적하고 있으며, (b) 주의통제는 반드시 의식선상에서만 나타나지는 않는다는 사실을 지적하고 있다.

이 책에서 검토된 여러 발견들을 설명하기 위해서는 이중처리이론을 수정하여 자동 및 전략적 정보 처리 과정이 상호작용할 수 있도록 하는 것이 필요한 것으로 보인다. 이 관점의 중요한 방법론적 함의는 짧은 SOA 혹은 단어명명과제처럼 하향처리를 덜 받는 조건을 사용하는 경우에도 위의 변인들의 효과는 완화된다고 가정할 수 없다는 것이다. 예를 들어, 높은 관련성 비율로 설정된 실험 세팅은, 하향처리의 영향을 덜 받도록 짧은 SOA를 사용하는 것처럼 실험설계의 다른 특성을 조정하더라도, 이런 조정과는 관계없이 의미점화효과의 패턴에 영향을 미칠 수 있다.

이중처리이론에 대해 두 번째로 제안된 수정은 모든 인지 과정이 주의제어 아래에 있는지, 아니면 의식적이고 무의식적인 주의 과정이 자각에서 차이가 나는 것 외에도 다른 측면에서도 차이가 있는지에 대한 질문이다. 예를 들어, 무의식적인 주의 과정이 억제를 일으키는지는 아직 알려져 있지 않다.

자동적 및 전략적 처리 과정의 이중처리이론은 행동 반응 시간 연구에서 상관 관계가 있는 특징을 기반으로 두 가지 카테고리의 인지 과정을 구분하였다(예: 빠른 의미점화 시작과 적은 억제). 오랫동안 다음과 같은 차원에서의 값들 간의 상관이 높은 것을 기준으로 자동 및 전략 정보 처리를 구분해 왔다: 의미점화 시작시간, 의식적인 자각의 정도, 주의 제어에 영향을 받는 정도, 그리고 촉진과 억제를 생성하는 경향. 이 책에 요약된 실험 결과 중에 의식적인 자각과 주의 제어는 인지행동 반응 시간 결과에서 상관을 보이지 않는다.[28] '자동'과 '전략적'이라는 개념은 이러한 발견에 맞게 업데이트되어야 하며, 이중처리이론은 상당한 변화를 겪게 될 것이다. 그러나, 특히 의미점화모델 및 단어재인모델은 여전히 인지과정을 의미점화 시작시간, 의식적 자각의 정도, 주의 제어에 영향을 받는 정도, 그리고 촉진과 억제를 생성하는 경향 등의 차원들로 특성화할 필요가 있다. 이러한 차원들은 의미점화모델이 미래에도 발전, 진화해 가는 데 있어서 기본이 되는 것들이다.

■ 의미점화모델의 현황

의미점화에 대한 실험 증거는 매우 다양하고 복잡해져서 활성화확산, 복합단서 또는 기대와 의미매칭과 이러한 메커니즘의 조합과 같은 간단한 몇 가지 과정으로는 더 이상 이들 현상을 설명할 수 없게 되었다. 포괄적이며 명시적으로 이들 현상을 설명할 수 있는 모델이 필요하다. 이런 요구 조건을 충족하려면 어떤 모델이 미래에 가장 적합할까? 이 질문에 대한 답변은 베커와 조든스(Becker & Joordens)의 장기 의미점화효과의 성질에 따라 결정될 수 있다.

장기 의미점화효과가 성공적이고 지속적으로 재현될 수 있으며, 그 연구가 그것들이 어휘-의미 과정에 의해 생성된다는 것을 밝힌다면, 분산 네트워크 학습모델이 이 분야에서 독보적으로 선두에 서게 될 것이다. 의미점화나 단어재인의 다른 모델 중 어느 것도 이러한 장기 의미점화효과를 설명할 수 있는 메커니즘이 없다. 학습모델의 지지자들에게 도전이 되는 것은 이 책에서 검토된 단기 의미점화에 대한 복잡한 연구 결과에 대한 해당 설명을 개발하는 것이다. 그러나, 장기 의미점화가 월츠(Woltz)와 휴즈(Hughes), 그리고 휘틀시(Whittlesea)에 의해 제기된 장기 의미전이효과(long-term semantic transfer effects)의 한 종류로 판명된다면, 다른 모델들도 경쟁할 기회가 있게 될 것이다.

점화자극-과제효과, 목록문맥 효과 및 의미맥락, 자극품질, 자극반복, 단어빈도, RP 간의 복잡한 상호작용에 관한 결과는 의미점화 및 단어재인모델에 강력한 제약을 둔다. 첫째, 이러한 결과는 모델이 특징, 글자, 단어, 의미 등 어휘-의미 표상의 레벨을 구별해야 한다는 것을 나타낸다. 둘째, 모델은 정보 처리의 목표에 맞도록 레벨 간의 정보 흐름이 일어나도록 설계되어야 한다. 지금까지 이러한 제약 조건을 만족시키는 것은 다단계활성화모델뿐이다. 다단계활성화모델을 적용하는 데 있어서의 주요한 제한점은 다단계활성화모델의 설명이 질적이고 서술적이라는 것이다. 다단계활성화모델이 의미점화 현상의 광범위한 양적 측면을 설명할 수 있는지 여부는 아직 미정이다.

두 가지 유망한 모델이 추가로 있다. 플라우트의 분산네트워크모델(e.g., Plaut & Booth, 2000) 및 ROUSE(e.g., Huber, Shiffrin, Lyle, & Ruys, 2001) 등이다. 플라우트의 모델은 전략 정보 처리를 가정하지 않고도 단일 기본 메커니즘으로 광범위한 의미점화 현상을 설명하려는 시도로 특히 흥미롭다. 이 모델은 컴퓨터 시뮬레이션 모델로 구현되었으며, 의미점화 결과의 질적패턴 예측에서 상당히 잘 수행되었지만, 모델의 매개 변수는 데이터로부터 추정되지 않았다. 플라우트의 모델은 또한 위에서 설명된 제약 조건에 맞도록 여러 표상의 레벨을 구별하였다. ROUSE의 주요 강점은 명확한 수학적 형태로 구성되어 있고, 그래서 다른 모델에게 심각한 도전을 던지는 결과의 양적 특성을 설명하는 능력이 있다는 것이다(예: 점화된 지각-식별 과제[primed perceptual-identification task]에서 점화자극이 얕게 처리될 때에는 점화자극 관련 단어를 선호하지만 깊게 처리될 때에는 점화자극 관련 단어를 선호하지 않는 경우). 이 모델의 수정된 가장 최근 버전, nROUSE(예: Huber & O'Reilly, 2003)에서도 위의 제약조건을 만족하도록 어휘-의미 표상의 레벨을 구별한다. ROUSE의 주요 제한점은 의미점화 분야에서의 많은 중요한 문제와 패러다임에 적용되지 않았다는 것이다.

과학적으로 의미점화에 대한 이해는 지난 30년 동안 엄청나게 발전했다. 연구 결과가 간단하고 쉽게 이해할 수 있는 것은 아니지만, 몇 가지 중요한 문제에 대한 합의를 보았으며, 의미점화 현상을 설명하는 데 있어 일관된 주제들이 나타났다. 앞으로의 의미점화에 대한 연구는 단어재인, 기억 또는 둘 다에 관한 모델의 넓은 맥락에서 접근해야 할 것으로 보인다. 이러한 노력의 결실을 기대하며, 앞으로도 더욱 놀라운 과학적 진보가 있을 것으로 기대한다.

옮긴이의 말

여러분을 의미기억 연구의 세계로 안내합니다.

오랜 시간 언어와 인지과학을 탐구해 온 독자 여러분께, 의미기억(Semantic Memory)이라는 핵심 주제를 깊이 있게 다루는 이 책을 소개하게 되어 매우 기쁩니다. 이 책은 인간이 지식을 저장하고, 조직하며, 활용하는 방식에 대한 체계적인 설명을 제공하는 동시에, 언어와 사고가 어떻게 상호작용하는지를 이해할 수 있는 중요한 이론적 토대를 제시합니다.

저자는 오랜 기간 심리학과에서 인지신경과학 및 언어심리학 연구를 수행하며 의미기억 연구를 선도해 왔습니다. 의미기억은 우리가 세상을 이해하고 타인과 소통하며, 사회적 유대를 형성하고, 언어의 작동 원리를 학습하는 데 필수적인 인지 체계입니다. 단어의 의미를 아는 것에서 출발하여, 개념 간의 관계를 추론하고, 맥락에 맞는 지식을 빠르게 활성화하는 능력은 모두 의미기억에 기반합니다. 이 책은 바로 이러한 지식 체계와 그것을 뒷받침하는 인지·신경 시스템에 대해 깊이 있고 균형 잡힌 이해를 제공하고자 합니다.

인간의 장기 기억은 흔히 일화기억(episodic memory), 의미기억(semantic memory), 그리고 반복점화(repetition priming)나 절차 학습과 같은 암묵기억(implicit memory)으로 구분됩니다. 이들 모두 인간 인지에서 중요한 역할을 담당하지만, 그중에서도 의미기억은 특히 독특한 위상을 차지합니다. 의미기억은 개인의 특정 경험에 직접적으로 묶이지 않으면서도, 언어 이해, 개념 형성, 추론, 범주화 등 고차 인지 기능의 중심에 위치해 있기 때문입니다. 일화기억이 '언제, 어디서, 무엇을 경험했는가'를 저장한다면, 의미기억은 그러한 개별 경험을 추상화하여 '세상에 대해 무엇을 알고 있는가'를 구성합니다. 또한 암묵기억이 의식적 접근 없이 수행의 변화를 통해 드러나는 반면, 의미기억은 명시적 판단과 자동적 처리 모두에 관여하며, 언어 처리와 사고 전반에 지속적으로 관여합니다. 이러한 이유로 의미기억은 장기 기억 체계 중에서도 언어와 인지과학을 연결하는 핵심적 매개체라 할 수 있습니다.

의미기억 연구는 인지심리학, 언어학, 신경과학, 인공지능 연구에 이르기까지 다양한 학문 분야와 긴밀하게 연결되어 있습니다. 특히 최근에는 뇌영상 기법의 발전과 계산모형의 정교화로 인해, 의미기억이 단일한 저장소가 아니라 분산적이고 역동적인 시스템이라는 점이 더욱 분명해지고 있습니다. 이러한 변화 속에서 이 책은 고전적 연구 성과를 충실히 정리하는 동시에, 현대적 관점에서 의미기억을 재조명하고 있습니다.

이 책은 인지과학 및 심리학을 공부하는 학부·대학원생들에게는 견고한 이론적 기초를 제공하고, 이미 연구 현장에서 활동하고 있는 연구자들에게는 실질적인 참고 자료와 연구 아이디어를 제공하는 것을 목표로 합니다. 의미기억 분야는 활발한 학문적 논의가 이루어지는 영역으로, 서로 다른 이론과 방법론이 공존하고 때로는 경쟁하고 있습니다. 이 책은 이러한 다양한 관점을 무작위로 나열하는 데 그치지 않고, 연구 흐름과 논리적 연결성을 중심으로 체계적으로 조직하여 독자들이 이 분야를 하나의 응집력 있는 지식 체계로 이해할 수 있도록 돕습니다.

구체적으로, 이 책은 활성화확산모델(spreading activation model), 검증모델(verification model), 의미네트워크 접근법, 특징기반모델, 분산표상모델 등 의미기억 연구의 주요 이론적 틀을 폭넓게 다룹니다. 또한 점화효과(priming effect), 의미적 유사성 판단, 범주화, 의미 접근 속도와 같은 핵심 실험 패러다임을 통해 이론이 실제 자료와 어떻게 연결되는지를 명확히 보여 줍니다.

의미점화 현상은 종종 "관련된 의미가 미리 활성화되었기 때문"이라는 간단한 설명으로 소개됩니다. 그러나 실제로 이러한 점화가 어떤 신경 기제와 계산 원리를 통해 구현되는지에 대해서는 충분히 이해되지 않은 경우가 많습니다. 의미 정보는 어떤 수준에서 표상되는가, 활성화는 뇌의 어느 영역에서 어떻게 확산되는가, 그리고 이러한 과정이 자동적 처리와 통제적 처리로 어떻게 구분되는가는 여전히 중요한 연구 질문으로 남아 있습니다. 저는 바로 이러한 이론적 설명과 신경 메커니즘 사이의 간극을 메우는 작업이 필요하다고 느꼈고, 그 문제의식을 독자들과 공유하고자 이 책의 번역을 결심하게 되었습니다.

더 나아가, 이 책은 의식적·무의식적 점화, 의미기억과 작업기억 및 일화기억 간의 상호작용, 그리고 의미기억의 인지신경과학적 기반을 다룸으로써, 의미기억을 단순한 '개념 사전'이 아닌, 뇌 속에서 실제로 작동하는 처리 시스템으로 이해하도록 안내합니다. 이는 언어 처리 연구뿐만 아니라, 교육, 임상 심리, 노화 연구, 인공지능 연구 등 다양한 응용 분야에도 중요한 시사점을 제공합니다.

이 책을 통해 독자들은 다음과 같은 학문적 역량을 기를 수 있을 것입니다.

- 이론적 이해: 의미기억의 주요 이론 모델들을 비교하고, 각 모델의 장점과 한계를 비판적으로 평가하는 능력
- 연구 방법론: 행동 실험, 반응시간 분석, 신경인지학적 방법론(ERP, fMRI 등)을 포함한 다양한 연구 접근법에 대한 통찰
- 심층 주제 탐구: 점화 효과, 자동적 처리와 통제적 처리, 의미기억의 신경 기반 등 고급 주제에 대한 체계적 이해

옮긴이로서 저는 이 책이 한국어 독자들에게 최대한 정확하면서도 자연스럽게 전달될 수 있도록 노력하였습니다. 원문의 이론적 정밀성을 유지하는 동시에, 국내 독자들에게 익숙한 용어와 표현을 사용하여 가독성을 높이고자 했습니다. 특히 의미기억 연구에서 핵심이 되는 개념과 용어들은 일관성 있게 번역하여, 학습과 연구에 혼란이 없도록 주의를 기울였습니다.

끝으로, 이 책의 출간을 위해 많은 도움을 주신 고려대학교출판문화원 관계자 여러분과 언어정보처리연구실 구성원들에게 깊이 감사드립니다. 또한 원고를 꼼꼼히 읽고 유익한 조언을 아끼지 않았던 동료 연구자 여러분께도 진심 어린 감사를 전합니다. 이 책이 의미기억과 언어 연구에 관심을 가진 모든 독자들에게 지적 자극과 새로운 연구의 출발점이 되기를 기대합니다.

2025년 12월

옮긴이 남기춘

이 부록은 이 책을 쓰면서 떠오른 여러 실험 아이디어들을 적은 것이다. 아래의 아이디어들 중에서 한두 개의 논문 주제가 발견될 수도 있다.

- 의미점화(semantic priming)에 주의가 관여하는 원리를 점화자극-마스크 SOA(가려진 프라임과 보이는 프라임이 사용되도록), RP, 점화자극-목표자극 SOA, 그리고 점화자극의 유형(관련, 무관, 중립)을 조작하여 보다 심도 있게 탐구해야 한다. NR은 0.5로 일정하게 유지하거나 조작되어야 한다. 주요 질문은 가려진 프라임에 대한 억제가 발생하는지 여부와 마스킹, RP, SOA에 의해 촉진 및 억제패턴이 어떻게 영향을 받는지에 대한 것이다.
- 기대(expectancy)와 의미매칭(semantic matching)이 촉진과 억제를 생성하는 상대적 경향성에 대한 이해는 SOA, RP, NR을 동시에 조작하는 어휘판단과제와 명명과제 실험을 통해 더 깊어질 것이다. 점화자극-목표자극 관련성 유형에 따라 촉진 및 억제패턴이 영향을 받는다는 점을 고려할 때, 실험은 연합어(associates)와 범주-예시 쌍을 실험재료로 사용해야 한다.
- 기대를 명시적으로 전략적으로 조절한 것처럼 의미매칭을 조절하면, 어휘판단과 명명에서의 의미매칭의 역할을 더 잘 이해할 수 있게 될 것이다. 하나의 접근 방법은 목표자극이 점화자극과 관련이 있는지를 판단하도록 피험자에게 요구하고, 의미매칭에 영향을 미칠 것으로 추정

되는 요인들, 예를 들어 RP, NR, SOA를 조작하는 것이다. 표준 어휘판단과제 또는 명명과제를 시행하는 시행들 도중에 목표자극이 점화자극과 어떤 관련성이 있는지를 명시적으로 판단하도록 의미매칭을 요구하는 시행을 혼합하여 표준적인 어휘판단이나 명명에서 의미매칭을 장려하는 것이다.

- 플라우트(Plaut)의 모델은 RP가 의미점화에 미치는 효과에 대해, RP가 낮은 목록에서 RP가 높은 목록보다 전반적인 응답 시간이 더 빨라야 한다고 예측한다. 이 예측은 대상 내에서 검증되어야 한다. 내가 알기로, RP를 대상 내에서 조작한 연구는 단 하나뿐이다. 그 연구는 예측과 일관된 증거를 제공했지만, 그것을 검증하기 위해 설계된 것은 아니다.
- 매개점화는 점화자극들과 목표자극들이 잔존 의미적 관계 또는 연합 관계를 공유하지 않는다는 추가적인 증거를 제공할 수 있다면 강력한 이론적 함의를 가질 것이다. 이 문제에 접근하는 하나의 가능한 방법은 기존 데이터 세트를 수집한 다음 (a) 항목의 부분 집합이 HAL과 LSA에 따라 의미적으로 무관한 기준을 충족하는지, (b) 해당 항목들이 점화를 나타내는지를 결정하는 것이다. 물론, 다른 접근 방법은 HAL이나 LSA에 따라 의미적으로 관련이 없는 새로운 매개점화자극들과 목표자극들을 구성한 다음, 그러한 재료가 점화를 생성하는지 여부를 결정하는 것이다.
- 장기적 의미점화는 엄청난 이론적 영향을 미칠 수 있다. 따라서 베커(Becker), 조든스(Joordens) 및 그들의 동료들에 의해 발견된 장기적 의미점화효과는 재현되어야 하며, 그 효과와 단기적 의미점화 및 장기적 의미전달 효과 간의 관계가 더욱 정밀하게 결정되어야 한다. 한 가지 접근 방법은 장기적 의미점화가 단어 빈도, 자극의 질, 및 자극 반복과 어떻게 결합되는지 검토하는 것이다.
- 여러 점화모델들은 전략적 처리를 제한하는 조건(예: 짧은 SOA, 낮은 RP,

중립적 NR 0.5)에서 비대칭적으로 연합된, 의미적으로 관련된 점화자극과 목표자극들(예: 램프-빛)에 대한 비대칭 점화가 설득력 있게 시연될 경우 도전을 받을 것이다.

- 명명과제에서의 역행성의미점화 결과는 다소 혼란스럽게 여러 발견들을 제시한다. 짧은 SOA에서는 점화가 관찰되나 긴 SOA에서는 관찰되지 않으며, 특정 재료 유형에서는 나타나지만 다른 유형에서는 나타나지 않는다. 이 연구 분야는 SOA(최소 200ms에서 최소 500ms까지), RP 그리고 비대칭적으로 연합된, 의미적으로 관련된 항목과 복합어를 비교하는 점화자극-목표자극 관계 유형을 조작하는 실험에서 이득을 얻을 수 있을 것이다. 초기 단계에서는 비단어를 포함시키지 않아 연구를 단순화하고자 하나, 비단어가 전략적 처리에 영향을 미칠 수 있으므로 결국에는 NR도 조작될 필요가 있다.
- 차폐된 점화와 회상 점화(즉, 점화자극-목표자극 관련성이 점화자극 식별에 미치는 효과) 사이의 관계를 조사한 실험 결과들은 서로 모순되는데, 일부 연구에서는 정적 상관관계를 보고하는 반면 다른 연구에서는 부적 상관관계를 보고한다. 이 모순을 해결하는 것은 의미점화와 단어 인식에서 주의의 역할을 이해하는 데 도움이 될 것이다.
- 시각적 단어재인과 청각적 단어재인 간의 관계를 탐구하기 위해, 점화자극의 제시 방식과 목표자극의 제시 방식(시각적 대 청각적)이 교차되는 점화과제 실험을 수행해야 한다.
- 스톨츠와 베스너(Stolz and Besne)의 IA 모델 해석에 따르면, 점화자극에서의 글자 탐색은 어휘판단과제(그리고 추정컨대 명명과제에서도)에서 단어빈도 효과를 제거할 것이라 예측한다. 이 예측은 아직 검증된 적이 없다.
- RP는 의미 맥락과 자극의 질 사이의 상호작용을 조절한다. 그렇다면 RP는 의미 맥락과 단어 빈도 사이의 상호작용도 조절하는가? NR이 이

러한 상호작용을 조절하는 데 역할을 하는가?

- 자극 반복 효과는 몇 초간 지속되는 단기 효과와 며칠이나 몇 주간 지속될 수 있는 장기 효과의 두 가지 구성 요소를 가진다. 단기 반복 효과, 의미 맥락, 그리고 자극의 질 사이의 관계에 대해서는 거의 알려진 바가 없다.
- 사건 관련 전위와 fMRI는 의미점화를 조사하는 방법으로 크게 활용되지 않았다. 예를 들어, N400은 점화자극에서의 글자 탐색이 점화자극의 의미 표상 활성화를 차단하는지 여부를 검사하는 데 사용될 수 있다(예: Luck, Vogel & Shapiro, 1996). 기능적 신경 영상학 문헌은 너무 부족하여 거의 모든 조사가 유익할 것이지만, 행동 문헌에서의 경험적 및 이론적 논쟁에 의해 동기를 부여받고 행동 실험에서 확립된 높은 기준(특히 자극 상호보완)을 충족하는 방법을 사용하는 미래 연구가 이루어진다면 희망적일 것이다.

주

1 "사자"와 "호랑이"가 강력한 상호 연관을 가지고 있다는 것이 주어졌을 때(Nelson, McEvoy & Schreiber, 1991), 왜 그들이 <그림 2.1>에서 직접적으로 연결되어 있지 않은지 궁금할 수 있다. 자유 연상에서 경험적으로 도출된 연관 네트워크(McNamara, 1992b)와 기억의 가설적 모델인 의미 네트워크를 구별하는 것이 중요하다. <그림 2.1>의 링크들은 개념들 사이의 명제적 관계에 해당한다(Anderson, 1983a). 추가적인 명제적 관계가 분명히 존재한다(사자는 포유류다, 호랑이는 포유류다, 사자는 호랑이와 유사하다 등). 아마도 자유 연상은 개념들 사이의 연결의 강도와 수에 민감하다. 이 문제는 또한 10장에서도 제기된다.

2 콜린스와 로프터스(Collins & Loftus, 1975)는 처리와 활성화 방출의 지속 기간 사이의 관계에 대해 매우 명확하지 않았다. 그들은 가정 #1에서 "개념이 처리되면...활성화가 네트워크의 경로를 따라 퍼진다"고 하였고, 가정 #2에서는 "개념이 지속적으로 처리될수록...활성화는 고정된 비율로 개념의 노드에서 더 오랫동안 방출된다"고 하였다(p. 411). 이러한 진술을 내가 읽은 바로는, 활성화의 방출은 개념이 처리될 때 시작되고 결국 멈추지만, 개념이 활성적으로 처리되지 않을 때도 계속될 수 있다는 것이다. 다른 해석도 가능하다.

3 이것은 내가 콜린스와 로프터스(Collins & Loftus, 1975)의 가정 #1, p. 411에 대해 해석한 것이다.

4 다른 유닛으로부터의 입력은 로지스틱 변환을 거쳐 활성화 수준을 산출하며, 이는 17장에서 논의되었다.

5 스톨츠와 베스너(Stolz & Besner, 1996)는 촉진이 일어나는 장소로 오직 의미 및 어휘 수준만을 지적한다. 그러나 어휘 수준에서 글자 수준으로의 피드백 때문에 글자 표상의 처리 역시 촉진되어야 한다.

6 노리스(Norris, 1986)에 따르면, 후보 집합의 각 구성원은 "그 빈도에 따라 가중치가 매겨진다". 그러나 단어 빈도가 후보 집합을 설정하는 데 어떻게, 또는 심지어 사용되는지 여부는 명확하지 않다.

7 자극이 고정효과(fixed effect)로 처리되는 경우, 폴라체크와 웰(Pollatsek & Well)이 제시한 방법은 라이메이커스(Raaijmakers)가 주장하는 것보다 단순하며 충분할 수 있지만, 실험재료의 주 효과(main effect)와 처리효과 상호작용(treatment interaction)에 의한 실험재료의 피험자내 성분(within subject component)을 별도의 통계적 검정을 통해 분석할 수 없다(그러나 폴라체크와 웰[Pollatsek & Well, 1995, 부록 A 및 표 A2 참조]). 이러한 검정이 언제 필요할지 상상하기 어렵다. 그러나 자극이 무선효과(random effect)로 처리되는 경우, 라이메이커스(Raaijmakers)가 제시한 방법이 필요할 수도 있어 처리 효과의 편향되지 않은 통계적 검정을 얻을 수 있다.

8 레네 질렌버그(René Zeelenberg)와 다이앤 페처(Diane Pecher)는 1995년 3월 각각의 실험실을 방문하고 실험에 참여함으로써 지시사항의 차이를 발견했다. 과학에서의 다른 논쟁들이 조사자들이 하루 동안 실험실을 교환함으로써 얼마나 해결될 수 있는지 궁금하다! 과학적 논쟁을 해결하기 위한 보다 형식적이고 체계적인 접근 방식에 대해서는 래덤, 에레즈, 로크(Latham, Erez, and Locke, 1988)와 멜러스, 허트비그, 칸맨(Mellers, Hertwig, and Kahneman, 2001)을 참조하라.

9 물론, 한 실험과제(task)의 한 구성요소에서 이득이 있을 때 다른 구성요소에서는 비용이 발생할 수 있으며, 이는 스트룹 간섭 현상에서 볼 수 있다.

10 푸엔테스(Fuentes)의 실험에 참여한 피험자들은 적어도 일부 시행들에서는 부중심와(parafoveal) 점화자극에 주의를 기울였을 수도 있다(Lachter, Forster, Ruthruff, 2004). 그러나 그러한 조건에서 피험자들이 점화자극을 전략적으로 사용했을 가능성은 낮다.

11 안토스(Antos, 1979)는 200ms의 SOA에서 유의미한 억제효과를 관찰했다. 해당 실험에서는 제한된 재료 세트가 여러 번 반복되었으며, 관련된 시행들에서는 점화자극으로부터 목표를 고유하게 예측할 수 있었다. 왜냐하면 그것은 범주 예시-범주 이름 쌍으로 구성되었기 때문이다. 피험자들은 실험 과정에서 점화자극-목표자극 쌍을 학습했을 가능성이 높다. 안토스의 실험은 의미점화보다는 일화기억기반 학습과 의사결정 과정에 대해 더 많은 정보를 제공할 것이다.

12 나는 닐리(Neely et al., 1989)의 RP와 NR 정의를 따르고, 중립적인 점화자극 시행들을 제외한다. 중립적인 점화자극이 단어가 아닌 경우(예: XXXXX), 이러한 실천은 매우 합리적이다. 중립적인 점화자극이 'blank'나 'ready'와 같은 단어인 경우, 중립적인 점화자극 시행들을 무관한 점화자극 시행들로 취급하는 것이 유익하다고 본다. 그러나 그러한 시행들이 충분한 빈도로 나타나면, 피험자들은 거의 확실히 그것을 단어 점화자극 시행들과 다르게 분류할 것이다. 이러한 이유로, 그리고 실험에서 사용된 중립적인 점화자극의 종류에 따라 RP와 NR을 다르게 계산해야 하는 필요성을 피하기 위해, 나는 무관한 단어 점화자극 시행들과 중립적인 점화자극 시행들을 다르게 취급하고 후자를 RP와 NR의 계산에서 제외한다.

13 기록을 위해 지적하자면, 데 헤이어(den Heyer et al., 1985)의 닐리(Neely, 1991)의 표 6에서의 점화효과는 정확하지 않다. 데 헤이어의 그림 1에서 추정된 값들은 다음과 같다(+는 촉진, -는 억제): +12ms 및 -3ms(범주/200 SOA); +6ms 및 -26ms (범주/1000 SOA); +2ms 및 -1ms (연합/200 SOA); +14ms 및 -1ms(연합/1000 SOA). 이러한 수정은 닐리의 전반적인 결론에 대해 촉진과 억제의 우세에 상당한 영향을 주지 않는다.

14 베커(Becker, 1980)는 또한 범주-예시 쌍이 반의어 목록을 따르는 목록(실험 3)에 포함되거나 범주-예시 쌍이 반의어 및 의미 연관어와 함께 단일 목록에서 혼합될 때(실험 5), 점화가 더욱 촉진 우세가 되는 것을 발견했다. 이 결과는 16장에서 논의될 현상의 한 예이다.

15 차폐된 점화와 회상 점화(즉, 점화자극-목표자극 관련성이 점화자극 식별률에 미치는 효과) 사이의 관계에 대한 문헌은 모순되는 내용을 담고 있다. 여러 연구에서는 차폐된 점화와 회상 점화가 긍정적으로 상관되어 있다고 지적하는 반면, 다른 연구들은 두 현상이 독립적이거나 부정적으로 상관되어 있다고 보고하고 있다(참고문헌은 본문에서 확인).

16 점화자극의 음절 수를 판단하는 효과는 일관성이 없는 것으로 보인다. 파킨(Parkin, 1979)은 피험자들이 점화자극의 음절 수를 판단할 때 스트룹 간섭이 제거되었다고 발견했지만, 스미스 등(Smith et al., 1983)은 유사한 점화자극 과제를 사용하여 어휘판단에서 신뢰할 수 있는 의미점화를 얻었다. 프리드리히, 헤닉, 츨고프(Friedrich, Henik & Tzelgov, 1991)는 파킨의 결과와 일치하는 미발표 결과를 인용하고 있다.

17 내가 알기로, 점화자극에 대한 모든 글자 탐색 과제는 시각적 제시를 포함하고 있다. 읽기와 듣기가 별개의 '영역'으로 간주된다면, 청각적으로 제시된 점화자극에서 글자/음소 탐색은 시각적 어휘판단 과제에서의 의미점화와 간섭하지 않아야 한다. 마찬가지로, 점화자극에서 글자를 시각적으로 탐색하는 것은 목표에 대한 청각적 어휘판단과 간섭하지 않아야 한다.

18 이 실험들에서 RP와 비단어 비율(NR)이 혼동되었으므로, 어떤 변수가 점화-과제효과를 조절하는 데 책임이 있는지 알 수 없다.

19 노리스(Norris, 1984)와 와일딩(Wilding, 1988)은 시행 간격이 길고(3-4초) 채워지지 않은 경우, 단어빈

도와 자극의 질 사이의 상호작용을 얻었다. 이 효과는 비어 있는 간격 동안 주의 경계의 손실에 의해 발생할 가능성이 높다(논의는 Wilding, 1988 참조).

20 이 실험들에서 RP와 NR이 혼입(confounding)되었다. RP = 0.50 조건에서 NR = 0.50이었고, RP = 0.25 조건에서 NR = 0.39였다. 따라서 어떤 변수가 자극의 질에 따른 맥락 상호작용을 조절하는지 알 수 없다. 설명을 간단히 하기 위해, 스톨츠(Stolz)와 닐리(Neely)의 방식을 따라 결정적인 변수가 RP라고 가정하겠다.

21 SOA = 200ms이고 강한 연관성을 가진 경우, 34 대 46은 통계적으로 신뢰할 수 없었지만, 31 대 52는 신뢰할 수 있었다. 검정력 민감성 분석(power analysis)은 전자의 결과가 2형 오류일 가능성이 낮다고 나타냈다.

22 보로우스키(Borowsky)와 베스너(Besner, 1993, p. 816)는 모델이 단어빈도효과를 처리하는 방식을 비판했다. 그들의 비판의 근거는 감각세트가 실제로 자극의 철자 이웃들(orthographic neighbors)의 집합이라는 것이다. 그러나 베커(Becker, 1980)에 따르면, 감각세트는 철자속성(즉, 글자와 그 조합)을 사용하여 구성된 것이 아니라, 오히려 원시적인 시각적 특성(예: 선, 곡선)을 사용하여 구성된다.

23 관련점화자극 조건에서의 성능이 의미세트의 검증이 실패하고 감각세트가 검증되어야 하는 시행들에 의해 부분적으로 결정된다면, 그것 역시 나쁜 자극의 질에 영향을 받을 것이다. 이러한 시행들의 비율이 작다고 가정하면, 관련점화자극 조건에서 나쁜 자극의 질의 효과는 작을 것이다. 의미 검증의 상대적 성공률은 관련 및 무관한 점화자극 조건에서 의미점화효과와 의미맥락과 자극의 질 사이의 상호작용의 크기를 결정한다. RP가 전략적인 기대 과정이 작동하지 않는 경우, 이러한 상대적 성공률이 RP에 의해 영향을 받을 이유를 생각할 수 없다. 스톨츠와 닐리의 200-ms SOA 조건에서 그런 경우가 있었던 것으로 보인다.

24 플라우트(Plaut, 1995; 또한 Plaut & Booth, 2000, 각주 4 참조)는 단어빈도와 자극의 질 사이에 가산적 관계를 입증했다고 주장한다. 실제로는, 단어빈도, 자극의 질, 그리고 맥락(즉, 점화) 사이의 상호작용을 입증하지 않았다. 이것은 단어빈도에 의한 자극의 질 관계가 가산적일 수도 있고 그렇지 않을 수도 있지만, 각 맥락 수준(관련 대 무관한 점화자극)에 대해 동일하다는 것만을 보여준다.

25 내가 아는 한, 올드필드(Oldfield)와 윙필드(Wingfield, 1965)는 사물들의 선 그림을 명명하는 과정에서 단어 빈도와 상호작용하는 자극 반복 효과를 처음으로 발표했다.

26 왜 그런지는 분명하지 않지만, 디콘 등(Deacon et al., 1990)은 무관한 중간 항목이 의미점화를 제거했다고 결론지었다. 그러나 데이터는 그렇지 않다는 것을 명확히 보여준다(예를 들어, 디콘 등의 논문 Figure 2 및 Table 1 참조).

27 표준 fMRI 실험들은 블록 디자인을 사용하는데, 이는 특정 유형의 시행들 블록 내에서의 혈중 산소 레벨 의존성(BOLD) 활동을 평균화한다. efMRI 디자인에서는 개별 시행에 대한 BOLD 활동이 평가되고 특정 유형의 시행들에 대해 평균화된다.

28 주의를 통제받는 과정은 의식적이거나 무의식적일 수 있으며, 주의가 필요 없는 과정(그러한 과정이 존재한다면)은 아마도 무의식적일 수 있다. 유일하게 비어 있는 셀은 주의 통제를 받지 않는 의식적 과정을 포함한다. 강박적인 생각들이 이 범주에 속할 수도 있다.

참고 문헌

Abernethy, M., & Coney, J. (1993). Associative priming in the hemispheres as a function of SOA. *Neuropsychologia, 31*, 1397–1409.

Abrams, R. L., & Greenwald, A. G. (2000). Parts outweigh the whole (word) in unconscious analysis of meaning. *Psychological Science, 11*, 118–124.

Abrams, R. L., Klinger, M. R., & Greenwald, A. G. (2002). Subliminal words activate semantic categories (not automated motor responses). *Psychonomic Bulletin & Review, 9*, 100–106.

Adams, J. K. (1957). Laboratory studies of behavior without awareness. *Psychological Bulletin, 54*, 383–405.

Agresti, A. (1990). *Categorical data analysis.* New York: John Wiley & Sons.

Anderson, J. R. (1976). *Language, memory, and thought.* Cambridge, MA: Harvard University Press.

Anderson, J. R. (1983a). *The architecture of cognition.* Cambridge, MA: Harvard University Press.

Anderson, J. R. (1983b). A spreading activation theory of memory. *Journal of Verbal Learning and Verbal Behavior, 22*, 261–295.

Anderson, J. R. (1993). *Rules of the mind.* Hillsdale, NJ: Erlbaum.

Antos, S. J. (1979). Processing facilitation in a lexical decision task. *Journal of Experimental Psychology: Human Perception and Performance, 5*, 527–545.

Balota, D. A. (1983). Automatic semantic activation and episodic memory encoding. *Journal of Verbal Learning and Verbal Behavior, 22*, 88–104.

Balota, D. A., Black, S. R., & Cheney, M. (1992). Automatic and attentional priming in young and older adults: Reevaluation of the two-process model. *Journal of Experimental Psychology: Human Perception and Performance, 18*, 485–502.

Balota, D. A., & Chumbley, J. I. (1984). Are lexical decisions a good measure of lexical access? The role of word frequency in the neglected decision stage. *Journal of Experimental Psychology: Human Perception and Performance, 10*, 340–357.

Balota, D. A., & Lorch, R. F., Jr. (1986). Depth of automatic spreading activation: Mediated priming effects in pronunciation but not in lexical decision. *Journal of Experimental Psychology: Learning, Memory, and Cognition, 12*, 336–345.

Balota, D. A., & Paul, S. T. (1996). Summation of activation: Evidence from multiple primes that converge and diverge within semantic memory. *Journal of Experimental Psychology: Learning, Memory, and Cognition, 22*, 827–845.

Battig, W. F., & Montague, W. E. (1969). Category norms for verbal items in 56 categories: A replication and extension of the Connecticut category norms. *Journal of Experimental Psychology Monograph, 80*, 1–46.

Becker, C. A. (1976). Allocation of attention during visual word recognition. *Journal of Experimental Psychology: Human Perception and Performance, 2*, 556–566.

Becker, C. A. (1979). Semantic context and word frequency effects in visual word recognition. *Journal of Experimental Psychology: Human Perception and Performance, 5*, 252–259.

Becker, C. A. (1980). Semantic context effects in visual word recognition: An analysis of semantic strategies. *Memory & Cognition, 8,* 493–512.

Becker, C. A. (1985). What do we really know about semantic context effects during reading? In D. Besner, T. G. Waller, & E. M. MacKinnon (Eds.), *Reading research: Advances in theory and practice* (Vol. 5, pp. 125–166). San Diego, CA: Academic Press.

Becker, C. A., & Killion, T. H. (1977). Interaction of visual and cognitive effects in word recognition. *Journal of Experimental Psychology: Human Perception and Performance, 3,* 389–401.

Becker, S., Moscovitch, M., Behrmann, M., & Joordens, S. (1997). Long-term semantic priming: A computational account and empirical evidence. *Journal of Experimental Psychology: Learning, Memory, and Cognition, 23,* 1059–1082.

Beeman, M., Friedman, R. B., Grafman, J., Perez, E., Diamond, S., & Lindsay, M. B. (1994). Summation priming and course semantic coding in the right hemisphere. *Journal of Cognitive Neuroscience, 6,* 26–45.

Bentin, S., McCarthy, G., & Wood, C. C. (1985). Event-related potentials associated with semantic priming. *Electroencephalography and Clinical Neurophysiology, 60,* 343–355.

Bernstein, I., Bissonnette, V., Vyas, A., & Barclay, P. (1989). Semantic priming: Subliminal perception or context? *Perception & Psychophysics, 45,* 153–161.

Besner, D., & Roberts, M. A. (2003). Reading nonwords aloud: Results requiring change in the dual route cascaded model. *Psychonomic Bulletin & Review, 10,* 398–404.

Besner, D., & Smith, M. C. (1992). Models of visual word recognition: When obscuring the stimulus yields a clearer view. *Journal of Experimental Psychology: Learning, Memory, and Cognition, 18,* 468–482.

Besner, D., & Swan, M. (1982). Models of lexical access in visual word recognition. *Quarterly Journal of Experimental Psychology, 34A,* 313–325.

Besner, D., Twilley, L., McCann, R. S., & Seergobin, K. (1990). On the association between connectionism and data: Are a few words necessary? *Psychological Review, 97,* 432–446.

Bjorkman, M., Juslin, P., & Winman, A. (1993). Realism of confidence in sensory discrimination: The underconfidence phenomenon. *Perception & Psychophysics, 54,* 75–81.

Blum, T. L., & Johnson, N. F. (1993). The effect of semantic priming on the detection of letters within words. *Memory & Cognition, 21,* 389–396.

Bodner, G. E., & Masson, M. E. J. (2003). Beyond spreading activation: An influence of relatedness proportion on masked semantic priming. *Psychonomic Bulletin & Review, 10,* 645–652.

Bodner, G. E., & Masson, M. E. J. (2004). Beyond binary judgments: Prime validity modulates masked repetition priming in the naming task. *Memory & Cognition, 32,* 1–11.

Borowsky, R., & Besner, D. (1993). Visual word recognition: A multistage activation model. *Journal of Experimental Psychology: Learning, Memory, and Cognition, 19,* 813–840.

Bourassa, D. C., & Besner, D. (1998). When do nonwords activate semantics? Implications for models of visual word recognition. *Memory & Cognition, 26,* 61–74.

Bracewell, R. (1978). *The Fourier transform and its applications* (2nd ed.). New York: McGraw-Hill. Briand, K., den Heyer, K., & Dannenbring, G. L. (1988). Retroactive semantic priming in a lexical decision task. *Quarterly Journal of Experimental Psychology, 40A,* 341–359.

Brown, C. M., & Hagoort, P. (1993). The processing nature of the N400: Evidence from masked priming. *Journal of Cognitive Neuroscience, 5,* 34–44.

Brown, C. M., Hagoort, P., & Chwilla, D. J. (2000). An event-related brain potential analysis of visual word priming effects. *Brain and Language, 72,* 158–190.

Brown, M. S., Roberts, M. A., & Besner, D. (2001). Semantic processing in visual word recognition: Activation blocking and domain specificity. *Psychonomic Bulletin & Review, 8,* 778–784.

Burgess, C., & Lund, K. (2000). The dynamics of meaning in memory. In E. Dietrich & B. Arthur (Eds.), *Cognitive dynamics: Conceptual and representational change in humans and machines* (pp. 117-156). Mahwah, NJ: Erlbaum.

Burgess, C., & Simpson, G. B. (1988). Cerebral hemispheric mechanisms in the retrieval of ambiguous word meanings. *Brain and Language, 33,* 86–103.

Burke, D. M., White, H., & Diaz, D. L. (1987). Semantic priming in young and older adults: Evidence for age constancy in automatic and attentional processses. *Journal of Experimental Psychology: Human Perception and Performance, 13,* 79–88.

Bushell, C. M. (1996). Dissociated identity and semantic priming in Broca's aphasia: How controlled processing produces inhibitory semantic priming. *Brain and Language, 55,* 264–288.

Canas, J. J. (1990). Associative strength effects in the lexical decision task. *Quarterly Journal of Experimental Psychology, 42A,* 121–145.

Carr, T. H., McCauley, C., Sperber, R. D., & Parmelee, C. M. (1982). Words, pictures, and priming: On semantic activation, conscious identification, and the automaticity of information processing. *Journal of Experimental Psychology: Human Perception and Performance, 8,* 757–777.

Cheesman, J., & Merikle, P. M. (1984). Priming with and without awareness. *Perception & Psychophysics, 36,* 387–395.

Cheesman, J., & Merikle, P. M. (1986). Distinguishing conscious from unconscious perceptual processes. *Canadian Journal of Psychology, 40,* 343–367.

Chiappe, P. R., Smith, M. C., & Besner, D. (1996). Semantic priming in visual word recognition: Activation blocking and domains of processing. *Psychonomic Bulletin & Review, 3,* 249–253.

Chiarello, C. (1985). Hemisphere dynamics in lexical access: Automatic and controlled priming. *Brain and Language, 26,* 146–172.

Chiarello, C. (1998). On codes of meaning and the meaning of codes: Semantic access and retrieval within and between hemispheres. In M. Beeman & C. Chiarello (Eds.), *Right hemisphere language comprehension: Perspectives from cognitive neuroscience* (pp. 141–160). Mahwah, NJ: Erlbaum.

Chiarello, C. (2003). Parallel systems for processing language: Hemispheric complementarity in the normal brain. In M. T. Banich & M. Mack (Eds.), *Mind, brain, and language: Multidisciplinary perspectives.* Mahwah, NJ: Erlbaum.

Chiarello, C., Burgess, C., Richards, L., & Pollock, A. (1990). Semantic and associative priming in the cerebral hemispheres: Some words do, some words don't . . . sometimes, some places. *Brain and Language, 38,* 75–104.

Chiarello, C., Liu, S., Shears, C., Quan, N., & Kacinik, N. (2003). Priming of strong semantic relations in the left and right visual fields: a time-course investigation. *Neuropsychologia, 41,* 721–732.

Chiarello, C., & Richards, L. (1992). Another look at categorical priming in the cerebral hemispheres. *Neuropsychologia, 30,* 381–392.

Chiarello, C., Richards, L., & Pollock, A. (1992). Semantic additivity and semantic inhibition: Dissociable processes in the cerebral hemispheres? *Brain and Language, 42,* 52–76.

Chwilla, D. J., Hagoort, P., & Brown, C. M. (1998). The mechanism underlying backward priming in a lexical decision task: Spreading activation versus semantic matching. *Quarterly Journal of Experimental Psychology, 51A,* 531–560.

Chwilla, D. J., & Kolk, H. H. J. (2002). Three-step priming in lexical decision. *Memory &*

Cognition, 30, 217–225.
Chwilla, D. J., Kolk, H. H. J., & Mulder, G. (2000). Mediated priming in the lexical decision task: Evidence from event-related potentials and reaction time. *Journal of Memory and Language, 42,* 314–341.
Clark, H. H. (1973). The language-as-fixed-effect fallacy: A critique of language statistics in psychological research. *Journal of Verbal Learning and Verbal Behavior, 12,* 335–359.
Cohen, J. (1976). Random means random. *Journal of Verbal Learning and Verbal Behavior, 15,* 261–262.
Cohen, J. (1977). *Statistical power analysis for the behavioral sciences.* New York: Academic Press.
Collins, A. M., & Loftus, E. F. (1975). A spreading-activation theory of semantic processing. *Psychological Review, 82,* 407–428.
Collins, M. (1999). Differences in semantic category priming in the left and right cerebral hemispheres under automatic and controlled processing conditions. *Neuropsychologia, 37,* 1071–1085.
Coltheart, M., Rastle, K., Perry, C., Langdon, R., & Ziegler, J. (2001). DRC: A dual route cascaded model of visual word recognition and reading aloud. *Psychological Review, 08,* 204–256.
Cree, G. S., McRae, K., & McNorgan, C. (1999). An attractor model of lexical conceptual processing: Simulating semantic priming. *Cognitive Science, 23,* 371–414.
Dagenbach, D., Carr, T. H., & Wilhelmsen, A. (1989). Task-induced strategies and nearthreshold priming: Conscious influences on unconscious perception. *Journal of Memory and Language, 28,* 412–443.
Dalrymple-Alford, E. C., & Marmurek, H. H. C. (1999a). More on semantic priming in a fully recurrent network: A response to Masson (1999). *Journal of Experimental Psychology: Learning, Memory, and Cognition, 25,* 795–803.
Dalrymple-Alford, E. C., & Marmurek, H. H. C. (1999b). Semantic priming in fully recurrent network models of lexical knowledge. *Journal of Experimental Psychology: Learning, Memory, and Cognition, 25,* 758–775.
Damian, M. F. (2001). Congruity effects evoked by subliminally presented primes: Automaticity rather than semantic processing. *Journal of Experimental Psychology: Human Perception and Performance, 27,* 154–165.
Dark, V. J. (1988). Semantic priming, prime reportability, and retroactive priming are independent.*Memory & Cognition, 16,* 299–308.
Dark, V. J., & Benson, K. (1991). Semantic priming and identification of near threshold primes in a lexical decision task. *Quarterly Journal of Experimental Psychology, 43A,* 53–78.
de Groot, A. M. B. (1983). The range of automatic spreading activation in word priming. *Journal of Verbal Learning and Verbal Behavior, 22,* 417–436.
de Groot, A. M. B. (1984). Primed lexical decision: Combined effects of the proportion of related prime-target pairs and the stimulus-onset asynchrony of prime and target. *Quarterly Journal of Experimental Psychology, 36A,* 253–280.
de Groot, A. M. B., Thomassen, A. J. W. M., & Hudson, P. T. W. (1982). Associative facilitation of word recognition as measured from a neutral prime. *Memory & Cognition, 10,* 358–370.
De Houwer, J., Hermans, D., Rothermund, K., & Wentura, D. (2002). Affective priming of semantic categorization responses. *Cognition and Emotion, 16,* 643–666.
Deacon, D., Hewitt, S., & Tamny, T. (1998). Event-related potential indices of semantic priming following an unrelated intervening item. *Cognitive Brain Research, 6,* 219–225.
Deacon, D., Hewitt, S., Yang, C.-M., & Nagata, M. (2000). Event-related potential indices

of semantic priming using masked and unmasked words: evidence that the N400 does not reflect a post-lexical process. *Cognitive Brain Research, 9,* 137–146.

Dehaene, S., Naccache, L., Le Clec'H, G., Koechlin, E., Mueller, M., Dehaene-Lambertz, G., van de Moortele, P.-F., & Le Bihan, D. (1998). Imaging unconscious semantic priming. *Nature, 395,* 597–600.

den Heyer, K., & Benson, K. (1988). Constraints on the additive relationship between semantic priming and word repetition and on the interactive relationship between semantic priming and stimulus clarity. *Canadian Journal of Psychology, 42,* 399–413.

den Heyer, K., Briand, K., & Dannenbring, G. L. (1983). Strategic factors in a lexical-decision task: Evidence for automatic and attention-driven processes. *Memory & Cognition, 11,* 374–381.

den Heyer, K., Briand, K., & Smith, L. (1985). Automatic and strategic effects in semantic priming: An examination of Becker's verification model. *Memory & Cognition, 13,* 228–232.

den Heyer, K., Goring, A., & Dannenbring, G. L. (1985). Semantic priming and word repetition: The two effects are additive. *Journal of Memory and Language, 24,* 699–716.

Donchin, E. (1981). Surprise! . . . Surprise? *Psychophysiology, 18,* 493–513.

Dosher, B. A. (1998). The response-window method—Some problematic assumptions: Comment on Draine and Greenwald. *Journal of Experimental Psychology: General, 127,* 311–317.

Dosher, B. A., & Rosedale, G. (1989). Integrated retrieval cues as a mechanism for priming in retrieval from memory. *Journal of Experimental Psychology: General, 118,* 191–211.

Draine, S. C., & Greenwald, A. G. (1998). Replicable unconscious semantic priming. *Journal of Experimental Psychology: General, 127,* 286–303.

Durante, R., & Hirshman, E. (1994). Retrospective priming and masked semantic priming: The interfering effects of prime activation. *Journal of Memory and Language, 33,* 112–127.

Durgunoglu, A. Y. (1988). Repetition, semantic priming, and stimulus quality: Implications for the interactive-compensatory reading model. *Journal of Experimental Psychology: Learning, Memory, and Cognition, 14,* 590–603.

Eisenberg, P., & Becker, C. A. (1982). Semantic context effects in visual word recognition, sentence processing, and reading: Evidence for semantic strategies. *Journal of Experimental Psychology: Human Perception and Performance, 8,* 739–756.

Eriksen, C. W. (1960). Discrimination and learning without awareness: A methodological survey and evaluation. *Psychological Review, 67,* 279–300.

Farah, M. J. (1989). Semantic and perceptual priming: How similar are the underlying mechanisms? *Journal of Experimental Psychology: Human Perception and Performance, 15,* 188–194.

Farah, M. J., & McClelland, J. L. (1991). A computational model of semantic memory impairment: Modality specificity and emergent category specificity. *Journal of Experimental Psychology: General, 120,* 339–357.

Faust, M., & Chiarello, C. (1998). Constraints on sentence priming in the cerebral hemispheres: Effects of intervening words in sentences and lists. *Brain and Language, 63,* 219–236.

Favreau, M., & Segalowitz, N. S. (1983). Automatic and controlled processes in first- and second-language reading of fluent bilinguals. *Memory & Cognition, 11,* 565–574.

Feldman, L. B., & Moskovljevic, J. (1987). Repetition priming is not purely episodic in origin. *Journal of Experimental Psychology: Learning, Memory, and Cognition, 13,* 573–581.

Feustel, T. C., Shiffrin, R. M., & Salasoo, A. (1983). Episodic and lexical contributions to the repetition effect in word identification. *Journal of Experimental Psychology:*

General, 112, 309–346.
Fischler, I. (1977a). Associative facilitation without expectancy in a lexical decision task. *Journal of Experimental Psychology: Human Perception and Performance, 3,* 18–26.
Fischler, I. (1977b). Semantic facilitation without association in a lexical decision task. *Memory & Cognition, 5,* 335–339.
Fischler, I., & Goodman, G. O. (1978). Latency of associative activation in memory. *Journal of Experimental Psychology: Human Perception and Performance, 4,* 455–470.
Fodor, J. A., & Pylyshyn, Z. W. (1988). Connectionism and cognitive architecture: A critical analysis. *Cognition, 28,* 3–71.
Forbach, G. B., Stanners, R. F., & Hochhaus, L. (1974). Repetition and practice effects in a lexical decision task. *Memory & Cognition, 2,* 337–339.
Forster, K. I. (1976). Accessing the mental lexicon. In R. J. Wales & E. C. T. Walker (Eds.), *New approaches to language mechanisms.* Amsterdam: North-Holland.
Forster, K. I. (1979). Levels of processing and the structure of the language processor. In W. E. Cooper & E. C. T. Walker (Eds.), *Sentence processing: Psycholinguistic studies presented to Merrill Garrett.* Hillsdale, NJ: Erlbaum.
Forster, K. I. (1981). Priming and the effects of sentence and lexical contexts on naming time: Evidence for autonomous lexical processing. *Quarterly Journal of Experimental Psychology, 33A,* 465–495.
Forster, K. I. (1999). The microgenesis of priming effects in lexical access. *Brain and Language, 68,* 5–15.
Forster, K. I., & Davis, C. (1984). Repetition priming and frequency attenuation in lexical access. *Journal of Experimental Psychology: Learning, Memory, and Cognition, 10,* 680–698.
Fowler, C. A. (1986). An operational definition of conscious awareness must be responsible to subjective experience. *Behavioral and Brain Sciences, 9,* 33–34.
Fowler, C. A., Wolford, G., Slade, R., & Tassinary, L. (1981). Lexical access with and without awareness. *Journal of Experimental Psychology: General, 110,* 341–362.
Franks, J. J., Bilbrey, C. W., Lien, K. G., & McNamara, T. P. (2000). Transfer-appropriate processing (TAP) and repetition priming. *Memory & Cognition, 28,* 1140–1151.
Friedrich, F. J., Henik, A., & Tzelgov, J. (1991). Automatic processes in lexical access and spreading activation. *Journal of Experimental Psychology: Human Perception and Performance, 17,* 792–806.
Fuentes, L. J., Carmona, E., Agis, I. F., & Catena, A. (1994). The role of the anterior attention system in semantic processing of both foveal and parafoveal words. *Journal of Cognitive Neuroscience, 6,* 17–25.
Fuentes, L. J., & Tudela, P. (1992). Semantic processing of foveally and parafoveally presented words in a lexical decision task. *Quarterly Journal of Experimental Psychology, 45A,* 299–322.
Garner, W. R., Hake, H. W., & Eriksen, C. W. (1956). Operationism and the concept of perception. *Psychological Review, 63,* 149–159.
Gillund, G., & Shiffrin, R. M. (1984). A retrieval model for both recognition and recall. *Psychological Review, 91,* 1–67.
Grainger, J., & Jacobs, A. M. (1996). Orthographic processing in visual word recognition: A multiple read-out model. *Psychological Review, 103,* 518–565.
Greenwald, A. G., & Draine, S. C. (1998). Distinguishing unconscious from conscious cognition—Reasonable assumptions and replicable findings: Reply to Merikle and Reingold (1998) and Dosher (1998). *Journal of Experimental Psychology: General, 127,* 320–324.
Greenwald, A. G., Draine, S. C., & Abrams, R. L. (1996). Three cognitive markers of unconscious semantic activation. *Science, 273,* 1699–1702.

Greenwald, A. G., Klinger, M. R., & Schuh, E. S. (1995). Activation by marginally perceptible ("subliminal") stimuli: Dissociation of unconscious from conscious cognition. *Journal of Experimental Psychology: General, 124,* 22–42.

Hagoort, P., Brown, C. M., & Swaab, T. Y. (1996). Lexical-semantic event-related potential effects in patients with left hemisphere lesions with aphasia and patients with righthemisphere lesions without aphasia. *Brain, 119,* 627–650.

Hebb, D. O. (1949). *The organization of behavior.* New York: Wiley.

Hellige, J. B. (1993). *Hemispheric asymmetry: What's right and what's left.* Cambridge: Harvard University Press.

Henik, A., Friedrich, F. J., & Kellogg, W. A. (1983). The dependence of semantic relatedness effects upon prime processing. *Memory & Cognition, 11,* 366–373.

Henik, A., Friedrich, F. J., Tzelgov, J., & Tramer, S. (1994). Capacity demands of automatic processes in semantic priming. *Memory & Cognition, 22,* 157–168.

Hess, D. J., Foss, D. J., & Carroll, P. (1995). Effects of global and local context on lexical processing during language comprehension. *Journal of Experimental Psychology: General, 124,* 62–82.

Hill, H., Strube, M., Roesch-Ely, D., & Weisbrod, M. (2002). Automatic vs. controlled processes in semantic priming—differentiation by even-related potentials. *International Journal of Psychophysiology, 44,* 197–218.

Hines, D., Czerwinski, M., Sawyer, P. K., & Dwyer, M. (1986). Automatic semantic priming: Effect of category exemplar level and word association level. *Journal of Experimental Psychology: Human Perception and Performance, 12,* 370–379.

Hino, Y., & Lupker, S. J. (1996). Effects of polysemy in lexical decision and naming: An alternative to lexical access accounts. *Journal of Experimental Psychology: Human Perception and Performance, 22,* 1331-1356.

Hinton, G. E., & Shallice, T. (1991). Lesioning an attractor network: Investigations of acquired dyslexia. *Psychological Review, 98,* 74–95.

Hintzman, D. L. (1986). "Schema abstraction" in a multiple-trace memory model. *Psychological Review, 93,* 411–428.

Hirshman, E., & Durante, R. (1992). Prime identification and semantic priming. *Journal of Experimental Psychology: Learning, Memory, and Cognition, 18,* 255–265.

Holcomb, P. J. (1988). Automatic and attentional processing: An event-related brain potential analysis of semantic priming. *Brain and Language, 35,* 66–85.

Holcomb, P. J. (1993). Semantic priming and stimulus degradation: Implications for the role of the N400 in language processing. *Psychophysiology, 30,* 47–61.

Holender, D. (1986). Semantic activation without conscious identification in dichotic listening, parafoveal vision, and visual masking: A survey and appraisal. *Behavioral and Brain Sciences, 9,* 1–66.

Holender, D., & Duscherer, K. (2004). Unconcious perception: The need for a paradigm shift. *Perception & Psychophysics, 66,* 872-881.

Hopfield, J. J. (1982). Neural networks and physical systems with emergent collective computational abilities. *Proceedings of the National Academy of Sciences, 79,* 2554–2558.

Hopfield, J. J., & Tank, D. W. (1986). Computing with neural circuits: A model. *Science, 233,* 625–633.

Huber, D. E., & O'Reilly, R. C. (2003). Persistence and accommodation in short-term priming and other perceptual paradigms: temporal segregation through synaptic depression. *Cognitive Science, 27,* 403–430.

Huber, D. E., Shiffrin, R. M., Lyle, K. B., & Quach, R. (2002). Mechanisms of source confusion and discounting in short-term priming 2: Effects of prime similarity and target duration. *Journal of Experimental Psychology: Learning, Memory, and Cognition, 28,* 1120–1136.

Huber, D. E., Shiffrin, R. M., Lyle, K. B., & Ruys, K. I. (2001). Perception and preference inshort-term word priming. *Psychological Review, 108,* 149–182.

Huber, D. E., Shiffrin, R. M., Quach, R., & Lyle, K. B. (2002). Mechanisms of source confusion and discounting in short-term priming: 1. Effects of prime duration and prime recognition. *Memory & Cognition, 30,* 745–757.

Hughes, A. D., & Whittlesea, B. W. A. (2003). Long-term semantic transfer: An overlappingoperations account. *Memory & Cognition, 31,* 401–411.

Hutchison, K. A. (2002). The effect of asymmetrical association on positive and negative semantic priming. *Memory & Cognition, 30,* 1263–1276.

Hutchison, K. A. (2003). Is semantic priming due to association strength or featural overlap? *A microanalytic review. Psychonomic Bulletin & Review, 10,* 785–813.

Jobard, G., Crivello, F., & Tzourio-Mazoyer, N. (2003). Evaluation of the dual-route theory of reading: A meta-analysis of 35 neuroimaging studies. *NeuroImage, 20,* 693–712. Jonides, J., & Mack, R. (1984). On the cost and benefit of cost and benefit. *Psychological Bulletin, 96,* 29–44.

Joordens, S., & Becker, S. (1997). The long and short of semantic priming effects in lexical decision. *Journal of Experimental Psychology: Learning, Memory, and Cognition, 23,* 1083–1105.

Joordens, S., & Besner, D. (1992). Priming effects that span an intervening unrelated word: Implications for models of memory representation and retrieval. *Journal of Experimental Psychology: Learning, Memory, and Cognition, 18,* 483–491.

Kahan, T. A., Neely, J. H., & Forsythe, W. J. (1999). Dissociated backward priming effects in lexical decision and pronunciation tasks. *Psychonomic Bulletin & Review, 6,* 105–110.

Kahana, M. J. (2002). Associative symmetry and memory theory. *Memory & Cognition, 30,* 823–840.

Kawamoto, A. H., Farrar, W. T., & Kello, C. T. (1994). When two meanings are better than one: Modeling the ambiguity advantage using a recurrent distributed network. *Journal of Experimental Psychology: Human Perception and Performance, 20,* 1233–1247.

Keefe, D. E., & Neely, J. H. (1990). Semantic priming in the pronunciation task: The role of prospective prime-generated expectancies. *Memory & Cognition, 18,* 289–298.

Kellenbach, M. L., Wijers, A. A., & Mulder, G. (2000). Visual semantic features are activated during the processing of concrete words: event-related potential evidence for perceptual semantic priming. *Cognitive Brain Research, 10,* 67–75.

Kiefer, M. (2002). The N400 is modulated by unconsciously perceived masked words: further evidence for an automatic spreading activation account of N400 priming effects. *Cognitive Brain Research, 13,* 27–39.

Kiefer, M., Weisbrod, M., Kern, I., Maier, S., & Spitzer, M. (1998). Right hemisphere activation during indirect semantic priming: Evidence from event-related potentials. *Brain and Language, 64,* 377–408.

Kintsch, W. (1988). The role of knowledge in discourse comprehension: A construction-integration model. *Psychological Review, 95,* 163–182.

Kirk, R. E. (1995). *Experimental design: Procedures for the behavioral sciences* (3rd ed.). Pacific Grove, CA: Brooks/Cole.

Kirsner, K., & Smith, M. C. (1974). Modality effects in word identification. *Memory & Cognition, 2,* 637–640.

Klauer, K. C., & Greenwald, A. G. (2000). Measurement error in subliminal perception experiments: Simulation analyses of two regression methods—Comment on Miller (2000). *Journal of Experimental Psychology: Human Perception and Performance, 26,* 1506–1508.Klinger, M. R., Burton, P. C., & Pitts, G. S. (2000). Mechanisms of unconscious priming:

I. Response competition, not spreading activation. *Journal of Experimental Psychology: Learning, Memory, and Cognition, 26,* 441–455.

Koivisto, M. (1997). Time course of semantic activation in the cerebral hemispheres. *Neuropsychologia, 35,* 497–504.

Koivisto, M. (1998). Categorical priming in the cerebral hemispheres: automatic in the left hemisphere, postlexical in the right hemisphere? *Neuropsychologia, 36,* 661–668.

Koivisto, M. (1999). Hemispheric dissociations in controlled lexical-semantic processing. *Neuropsychology, 13,* 488–497.

Koivisto, M., & Hämäläinen, H. (2002). Hemispheric semantic priming in the single word presentation task. *Neuropsychologia, 40,* 978–985.

Koivisto, M., & Laine, M. (2000). Hemispheric asymmetries in activation and integration of categorical information. *Laterality, 5,* 1–21.

Koivisto, M., & Revonsuo, A. (2001). Cognitive representations underlying the N400 priming effect. *Cognitive Brain Research, 12,* 487–490.

Kolers, P. A. (1973). Remembering operations. *Memory & Cognition, 1,* 347–355.

Kolers, P. A. (1976). Reading a year later. *Journal of Experimental Psychology: Learning, Memory, and Cognition, 2,* 554–565.

Koriat, A. (1981). Semantic facilitation in lexical decision as a function of prime-target association. *Memory & Cognition, 9,* 587–598.

Kouider, S., & Dupoux, E. (2004). Partial awareness creates the "illusion" of subliminal semantic priming. *Psychological Science, 15,* 75–81.

Kroll, J. F., & Potter, M. C. (1984). Recognizing words, pictures, and concepts: A comparison of lexical, object, and reality decisions. *Journal of Verbal Learning and Verbal Behavior, 23,* 39–66.

Kunimoto, C., Miller, J., & Pashler, H. (2001). Confidence and accuracy of near-threshold discrimination responses. *Consciousness and Cognition, 10,* 294–340.

Kutas, M., & Hillyard, S. A. (1980). Reading senseless sentences: Brain potentials reflect semantic incongruity. *Science, 207,* 203–205.

Kutas, M., & Van Petten, C. K. (1994). Psycholinguistics electrified: Event-related brain potential investigations. In M. A. Gernsbacher (Ed.), *Handbook of Psycholinguistics* (pp.83–143). San Diego, CA: Academic Press.

Lachter, J., Forster, K. I., & Ruthruff, E. (2004). Forty-five years after Broadbent (1958): Still no identification without attention. *Psychological Review, 111,* 880–913.

Landauer, T. K. (1998). Learning and representing verbal meaning: The Latent Semantic Analysis Theory. *Current Directions in Psychological Science, 7,* 161–164.

Landauer, T. K., & Dumais, S. T. (1997). A solution to Plato's problem: The latent semantic analysis theory of acquisition, induction, and representation of knowledge. *Psychological Review, 104,* 211–240.

Latham, G. P., Erez, M., & Locke, E. A. (1988). Resolving scientific disputes by the joint design of crucial experiments by the antagonists: Application to the Erez-Latham disputeregarding participation in goal setting. *Journal of Applied Psychology, 73,* 753–772.

Livesay, K., & Burgess, C. (1998). Mediated priming in high-dimensional semantic space: No effect of direct semantic relationships or co-occurrence. *Brain and Cognition, 37,* 102–105.

Livesay, K., & Burgess, C. (2003). Mediated priming in the cerebral hemispheres. *Brain and Cognition, 53,* 283–286.

Logan, G. D. (1980). Attention and automaticity in Stroop and priming tasks: Theory and data. *Cognitive Psychology, 12,* 523–553.

Lorch, R. F., Jr. (1982). Priming and search processes in semantic memory: A test of three models of spreading activation. *Journal of Verbal Learning and Verbal Behavior, 21,*

468–492.
Lorch, R. F., Jr., Balota, D. A., & Stamm, E. G. (1986). Locus of inhibition effects in the priming of lexical decisions: pre- or postlexical access? *Memory & Cognition, 14,* 95–103. Lucas, M. (2000). Semantic priming without association: A meta-analytic review. *Psychonomic Bulletin & Review, 7,* 618–630.
Luchins, A. S. (1942). Mechanization in problem solving. *Psychological Monographs, 54.*
Luck, S. J., Vogel, E. K., & Shapiro, K. L. (1996). Word meanings can be accessed but not reported during the attentional blink. *Nature, 383,* 616–618.
Lupker, S. J. (1984). Semantic priming without association: A second look. *Journal of Verbal Learning and Verbal Behavior, 23,* 709–733.
Lupker, S. J. (1986). Conscious identification: Where do you draw the line? *Behavioral and Brain Sciences, 9,* 37–38.
Lupker, S. J., Brown, P., & Colombo, L. (1997). Strategic control in a naming task: Changing routes or changing deadlines? *Journal of Experimental Psychology: Learning, Memory, and Cognition, 23,* 570-590.
MacLeod, C. M. (1991). Half a century of research on the Stroop effect: An integrative review. *Psychological Bulletin, 109,* 163–203.
Macmillan, N. A. (1986). The psychophysics of subliminal perception. *Behavioral and Brain Sciences, 9,* 38–39.
Macmillan, N. A., & Creelman, C. D. (2005). *Detection theory: A user's guide* (2nd ed.). Mahwah, NJ: Erlbaum. MacNevin, C., & Besner, D. (2002). When are morphemic and semantic priming observed in visual word recognition? *Canadian Journal of Experimental Psychology, 56,* 112–119.
Marcel, A. J. (1983). Conscious and unconscious perception: Experiments on visual masking and word recognition. *Cognitive Psychology, 15,* 197–237.
Marí-Beffa, P., Fuentes, L. J., Catena, A., & Houghton, G. (2000). Semantic priming in the prime task effect: Evidence of automatic semantic processing of distractors. *Memory &Cognition, 28,* 635–647.
Marí-Beffa, P., Houghton, G., Estévez, A. F., & Fuentes, L. J. (2000). Word-based grouping affects the prime-task effect on semantic priming. *Journal of Experimental Psychology: Human Perception and Performance, 26,* 469–479.
Masson, M. E. J. (1991). A distributed memory model of context effects in word identification. In D. Besner & G. W. Humphreys (Eds.), *Basic processes in reading: Visual word recognition* (pp. 233–263). Hillsdale, NJ: Erlbaum.
Masson, M. E. J. (1995). A distributed memory model of semantic priming. *Journal of Experimental Psychology: Learning, Memory, and Cognition, 21,* 3–23.
Masson, M. E. J. (1999). Semantic priming in a recurrent network: Comment on Dalrymple-Alford and Marmurek (1999). *Journal of Experimental Psychology: Learning, Memory, and Cognition, 25,* 776–794.
Masson, M. E. J., & Borowsky, R. (1998). More than meets the eye: Context effects in word identification. *Memory & Cognition, 26,* 1245–1269.
Maxfield, L. (1997). Attention and semantic priming: A review of prime task effects. *Consciousness and Cognition, 6,* 204–218.
McCauley, C., Parmelee, C. M., Sperber, R. D., & Carr, T. H. (1980). Early extraction of meaning from pictures and its relation to conscious identification. *Journal of Experimental Psychology: Human Perception and Performance, 6,* 265–276.
McClelland, J. L. (1987). The case for interactionism in language processing. In M. Coltheart(Ed.), *Attention and performance XII: The psychology of reading* (pp. 3–35). Hillsdale, NJ: Elbaum.
McClelland, J. L., & Rumelhart, D. E. (1981). An interactive activation model of context effects in letter perception: Part 1. An account of basic findings. *Psychological Review,*

88, 375–407.

McClelland, J. L., & Rumelhart, D. E. (1985). Distributed memory and the representation of general and specific information. *Journal of Experimental Psychology: General, 114*, 159–188.

McClelland, J. L., & Rumelhart, D. E. (Eds.). (1986). *Parallel distributed processing: Explorations in the microstructure of cognition: Vol. 2. Psychological and biological models.* Cambridge, MA: MIT Press.

McKone, E. (1995). Short-term implicit memory for words and nonwords. *Journal of Experimental Psychology: Learning, Memory, and Cognition, 21*, 1108–1126.

McKoon, G., & Ratcliff, R. (1992). Spreading activation versus compound cue accounts of priming: Mediated priming revisited. *Journal of Experimental Psychology: Learning, Memory, and Cognition, 18*, 1155–1172.

McKoon, G., & Ratcliff, R. (1995). Conceptual combinations and relational contexts in free association and in priming in lexical decision and naming. *Psychonomic Bulletin & Review, 2*, 527–533.

McNamara, T. P. (1986). Mental representations of spatial relations. *Cognitive Psychology, 18*, 87–121.

McNamara, T. P. (1992a). Priming and constraints it places on theories of memory and retrieval. *Psychological Review, 99*, 650–662.

McNamara, T. P. (1992b). Theories of priming: I. Associative distance and lag. *Journal of Experimental Psychology: Learning, Memory, and Cognition, 18*, 1173–1190.

McNamara, T. P. (1994). Theories of priming: II. Types of primes. *Journal of Experimental Psychology: Learning, Memory, and Cognition, 20*, 507–520.

McNamara, T. P., & Altarriba, J. (1988). Depth of spreading activation revisited: Semantic mediated priming occurs in lexical decisions. *Journal of Memory and Language, 27*, 545–559.

McNamara, T. P., & Diwadkar, V. A. (1996). The context of memory retrieval. *Journal of Memory and Language, 35*, 877–892.

McNamara, T. P., & Healy, A. F. (1988). Semantic, phonological, and mediated priming in reading and lexical decisions. *Journal of Experimental Psychology: Learning, Memory, and Cognition, 14*, 398–409.

McNamara, T. P., & Holbrook, J. B. (2003). Semantic memory and priming. In A. F. Healy and R. W. Proctor (Eds.), *Experimental psychology* (pp. 447-474). Vol. 4 in I. B. Weiner (Editor-in-chief), *Handbook of psychology*. New York: Wiley.

McRae, K., & Boisvert, S. (1998). Automatic semantic similarity priming. *Journal of Experimental Psychology: Learning, Memory, and Cognition, 24*, 558–572.

McRae, K., de Sa, V. R., & Seidenberg, M. S. (1997). On the nature and scope of featural representations of word meaning. *Journal of Experimental Psychology: General, 126*, 99–130.

Mellers, B., Hertwig, R., & Kahneman, D. (2001). Do frequency representations eliminate conjunction effecs? An exercise in adversarial collaboration. *Psychological Science, 12*, 269–275.

Merikle, P. M., & Reingold, E. M. (1998). On demonstrating unconscious perception: Comment on Draine and Greenwald. *Journal of Experimental Psychology: General, 127*, 304–310.

Meyer, D. E., & Schvaneveldt, R. W. (1976). Meaning, memory structure, and mental processes. *Science, 192*, 27–33.

Meyer, D. E., Schvaneveldt, R. W., & Ruddy, M. G. (1975). Loci of contextual effects on visual word recognition. In P. M. A. Rabbitt & S. Dornic (Eds.), *Attention and performance V* (pp. 98–118). New York: Academic Press.

Miller, J. (2000). Measurement error in subliminal perception experiments: Simulation analyses of two regression methods. *Journal of Experimental Psychology: Human*

Perception and Performance, 26, 1461–1477.

Morris, C. D., Bransford, J. D., & Franks, J. J. (1977). Levels of processing versus transfer appropriate processing. *Journal of Verbal Learning and Verbal Behavior, 16,* 519–533.

Morton, J. (1969). Interaction of information in word recognition. *Psychological Review, 76* 165–178.

Moss, H. E., Ostrin, R. K., Tyler, L. K., & Marslen-Wilson, W. D. (1995). Accessing different types of lexical semantic information: Evidence from priming. *Journal of Experimental Psychology: Learning, Memory, and Cognition, 21,* 863–883.

Mummery, C. J., Shallice, T., & Price, C. J. (1999). Dual-process model in semantic priming: A functional imaging perspective. *NeuroImage, 9,* 516–525.

Murdock, B. B. (1982). A theory for the storage and retrieval of item and associative information. *Psychological Review, 89,* 609–626.

Naccache, L., Blandin, E., & Dehaene, S. (2002). Unconscious masked priming depends on temporal attention. *Psychological Science, 13,* 416–424.

Naccache, L., & Dehaene, S. (2001). Unconscious semantic priming extends to novel unseen stimuli. *Cognition, 80,* 223–237.

Nakagawa, A. (1991). Role of anterior and posterior attention networks in hemisphericasymmetries during lexical decisions. *Journal of Cognitive Neuroscience, 3,* 313–321.

Neely, J. H. (1976). Semantic priming and retrieval from lexical memory: Evidence for facilitatory and inhibitory processes. *Memory & Cognition, 4,* 648–654.

Neely, J. H. (1977). Semantic priming and retrieval from lexical memory: Roles of inhibitionless spreading activation and limited-capacity attention. *Journal of Experimental Psychology: General, 106,* 226–254.

Neely, J. H. (1991). Semantic priming effects in visual word recognition: A selective review of current findings and theories. In D. Besner & G. W. Humphreys (Eds.), *Basic processes in reading: Visual word recogni tion* (pp. 264–336). Hillsdale, NJ: Erlbaum.

Neely, J. H., & Kahan, T. A. (2001). Is semantic activation automatic? A critical re-evaluation. In H. L. Roediger, III, J. S. Nairne, I. Neath & A. M. Surprenant (Eds.), *The nature of remembering: Essays in honor of Robert G. Crowder* (pp. 69–93). Washington, DC: American Psychological Association.

Neely, J. H., & Keefe, D. E. (1989). Semantic context effects on visual word processing: A hybrid prospective-retrospective processing theory. In G. H. Bower (Ed.), *The psychology of learning and motivation: Advances in research and theory* (Vol. 24, pp. 207–248). New York: Academic Press.

Neely, J. H., Keefe, D. E., & Ross, K. L. (1989). Semantic priming in the lexical decision task: Roles of prospective prime-generated expectancies and retrospective semantic matching. *Journal of Experimental Psychology: Learning, Memory, and Cognition, 15,* 1003–1019.

Nelson, D. L., McEvoy, C. L., & Pointer, L. (2003). Spreading activation or spooky action at a distance? *Journal of Experimental Psychology: Learning, Memory, and Cognition, 29,* 42–52.Nelson, D. L., McEvoy, C. L., & Schreiber, T. A. (1991). *The University of South Florida word association, rhyme, and word fragment norms.* Unpublished manuscript.

Nelson, D. L., & Zhang, N. (2000). The ties that bind what is known to the recall of what is new. *Psychonomic Bulletin & Review, 7,* 604–617.

Nelson, D. L., Zhang, N., & McKinney, V. M. (2001). The ties that bind what is known to the recognition of what is new. *Journal of Experimental Psychology: Learning, Memory, and Cognition, 27,* 1147–1159.

Newell, A. (1973). Production systems: Models of control structures. In W. G. Chase (Ed.), *Visual information processing.* New York: Academic Press.

Newell, A., & Simon, H. (1972). *Human problem solving.* Englewood Cliffs, NJ: Prentice Hall.

Norman, D. A., & Rumelhart, D. E. (1975). *Explorations in cognition.* San Francisco: Freeman.
Norris, D. (1984). The effects of frequency, repetition and stimulus quality in visual word recognition. *Quarterly Journal of Experimental Psychology, 36A,* 507–518.
Norris, D. (1986). Word recognition: Context effects without priming. *Cognition, 22,* 93–136.
Norris, D. (1995). Signal detection theory and modularity: On being sensitive to the power of bias models of semantic priming. *Journal of Experimental Psychology: Human erception and Performance, 21,* 935–939.
Oldfield, R. C., & Wingfield, A. (1965). Response latencies in naming objects. *Quarterly Journal of Experimental Psychology, 17,* 273–281.
Ortells, J. J., Abad, M. J. F., Noguera, C., & Lupiáñez, J. (2001). Influence of prime-probe stimulus onset asynchrony and prime precuing manipulations on semantic priming effects with words in a lexical-decision task. *Journal of Experimental Psychology: Human Perception and Performance, 27,* 75–91.
Osterhout, L., & Holcomb, P. J. (1995). Event-related potentials and language comprehension. In M. D. Rugg & M. G. H. Coles (Eds.), *Electrophysiology of mind* (pp. 171–215). Oxford: Oxford University Press.
Paap, K. R. (1986). The pilfering of awareness and guilt by association. *Behavioral and rain`Sciences, 9,* 45–46.
Paap, K. R., Newsome, S. L., McDonald, J. E., & Schvaneveldt, R. W. (1982). An activationverification model for letter and word recognition: The word superiority effect. *Psychological Review, 89,* 573–594.
Parkin, A. J. (1979). Specifying levels of processing. *Quarterly Journal of Experimental Psychology, 31,* 175–195.
Pastore, R. E., Crawley, E., Skelly, M. A., & Berens, M. S. (2003). Signal detection theory nalyses of semantic priming in word recognition. *Journal of Experimental Psychology: Human Perception and Performance, 29,* 1251–1266.
Pastore, R. E., Crawley, E. J., Berens, M. S., & Skelly, M. A. (2003). "Nonparametric" *A′* and other modern misconceptions about signal detection theory. *Psychonomic Bulletin & Review, 10,* 556–569.
Pecher, D. (2001). Perception is a two-way junction: Feedback semantics in word recognition. *Psychonomic Bulletin & Review, 8,* 545–551.
Pecher, D., & Raaijmakers, J. G. W. (1999). Automatic priming effects for new associations in lexical decision and perceptual identification. *Quarterly Journal of Experimental Psychology, 52A,* 593–614.
Pecher, D., Zeelenberg, R., & Raaijmakers, J. G. W. (1998). Does pizza prime coin? Perceptual priming in lexical decision and pronunciation. *Journal of Memory and Language, 38,* 401–418.
Perea, M., & Lupker, S. J. (2003). Does *jugde* activate COURT? Transposed-letter similarity effects in masked associative priming. *Memory & Cognition, 31,* 829-841.
Perea, M., & Rosa, E. (2002). Does the proportion of associatively related pairs modulate the associative priming effect at very brief stimulus-onset asynchronies? *Acta Psychologica, 110,* 103–124.
Peterson, R. R., & Simpson, G. B. (1989). Effect of backward priming on word recognition in single-word and sentence contexts. *Journal of Experimental Psychology: Learning, Memory, and Cognition, 15,* 1020–1032.
Pexman, P. M., Lupker, S. J., & Hino, Y. (2002). The impact of feedback semantics in visual word recognition: Number-of-features effects in lexical decision and naming tasks. *Psychonomic Bulletin & Review, 9,* 542-549.
Plaut, D. C. (1995). Semantic and associative priming in a distributed attractor network. In *Proceedings of the 17th Annual Conference of the Cognitive Science Society* (pp. 37–42). Hillsdale, NJ: Erlbaum.

Plaut, D. C. (1997). Structure and function in the lexical system: Insights from distributed models of word reading and lexical decision. *Language and Cognitive Processes, 12,* 765–805.

Plaut, D. C., & Booth, J. R. (2000). Individual and developmental differences in semantic priming: Empirical and computational support for a single-mechanism account of lexical processing. *Psychological Review, 107,* 786–823.

Plaut, D. C., McClelland, J. L., Seidenberg, M. S., & Patterson, K. (1996). Understanding normal and impaired word reading: Computational principles in quasi-regular domains. *Psychological Review, 103,* 56–115.

Pollatsek, A., & Well, A. D. (1995). On the use of counterbalanced designs in cognitive research: A suggestion for a better and more powerful analysis. *Journal of Experimental Psychology: Learning, Memory, and Cognition, 21,* 785–794.

Posner, M. I., & Snyder, C. R. R. (1975a). Attention and cognitive control. In R. L. Solso (Ed.), *Information processing and cognition: The Loyola symposium* (pp. 55–85). Hillsdale, NJ: Erlbaum.

Posner, M. I., & Snyder, C. R. R. (1975b). Facilitation and inhibition in the processing of signals. In P. M. A. Rabbitt (Ed.), *Attention and performance V* (pp. 669–682). London: Academic Press.

Postman, L., & Keppel, G. (Eds.). (1970). *Norms of word association.* New York: Academic Press. Protter, M. H., & Morrey, C. B., Jr. (1964). *Modern mathematical analysis.* Reading, MA: Addison-Wesley. Quillian, M. R. (1967). Word concepts: A theory and simulation of some basic semantic capabilities. *Behavioral Science, 12,* 410–430.

Raaijmakers, J. G. W. (2003). A further look at the "Language-as-Fixed-Effect Fallacy". *Canadian Journal of Experimental Psychology, 57,* 141–151.

Raaijmakers, J. G. W., Schrijnemakers, J. M. C., & Gremmen, F. (1999). How to deal with "The Language-as-Fixed-Effect Fallacy": Common misconceptions and alternative solutions. *Journal of Memory and Language, 41,* 416–426.

Ratcliff, R. (1978). A theory of memory retrieval. *Psychological Review, 85,* 59–108.

Ratcliff, R., Hockley, W., & McKoon, G. (1985). Components of activation: Repetition and priming effects in lexical decision and recognition. *Journal of Experimental Psychology: General, 114,* 435–450.

Ratcliff, R., & McKoon, G. (1981). Does activation really spread? *Psychological Review, 88,* 454–462.

Ratcliff, R., & McKoon, G. (1988). A retrieval theory of priming in memory. *Psychological Review, 95,* 385–408.

Ratcliff, R., & McKoon, G. (1995). Sequential effects in lexical decision: Tests of compound cue retrieval theory. *Journal of Experimental Psychology: Learning, Memory, and Cognition, 21,* 1380–1388.

Ratcliff, R., & McKoon, G. (1996). Bias effects in implicit memory tasks. *Journal of Experimental Psychology: General, 125,* 403–421.

Ratcliff, R., & McKoon, G. (2001). A multinomial model for short-term priming in word identification. *Psychological Review, 108,* 835–846.

Reingold, E. M., & Merikle, P. M. (1988). Using direct and indirect measures to study perception without awareness. *Perception & Psychophysics, 44,* 563–575.

Reynolds, M., & Besner, D. (2002). Neighbourhood density effects in reading aloud: New: insights from simulations with the DRC model. *Canadian Journal of Experimental Psychology, 56,* 310–318.

Reynolds, M., & Besner, D. (2004). Neighbourhood density, word frequency, and spellingsound regularity effects in naming: Similiarities and differences between skilled readers and the dual route cascaded computational model. *Canadian Journal of Experimental Psychology, 58,* 13–31.

Rhodes, G., Parkin, A. J., & Tremewan, T. (1993). Semantic priming and sensitivity in lexical decision. *Journal of Experimental Psychology: Human Perception and Performance, 19,* 154–165.

Richards, L., & Chiarello, C. (1995). Depth of associated activation in the cerebral hemispheres: mediated versus direct priming. *Neuropsychologia, 33,* 171–179.

Rissman, J., Eliassen, J. C., & Blumstein, S. E. (2003). An event-related fMRI investigation of implicit semantic priming. *Journal of Cognitive Neuroscience, 15,* 1160–1175.

Rosenblatt, F. (1962). *Principles of neurodynamics.* New York: Spartan.

Rossell, S. L., Bullmore, E. T., Williams, S. C. R., & David, A. S. (2001). Brain activation during automatic and controlled processing of semantic relations: a priming experiment using lexical-decision. *Neuropsychologia, 39,* 1167–1176.

Rossell, S. L., Price, C. J., & Nobre, A. C. (2003). The anatomy and time course of semantic priming investigated by fMRI and ERPs. *Neuropsychologia, 41,* 550–564.

Rubenstein, H., Garfield, L., & Millikan, J. A. (1970). Homographic entries in the internal lexicon. *Journal of Verbal Learning and Verbal Behavior, 9,* 487–494.

Rugg, M. D. (1985). The effects of semantic priming and word repetition on event-relate potentials. *Psychophysiology, 22,* 642–647.

Rumelhart, D. E., & McClelland, J. L. (1982). An interactive activation model of context effects in letter perception: Part 2. The contextual enhancement effect and some tests and extensions of the model. *Psychological Review, 89,* 60–94.

Rumelhart, D. E., & McClelland, J. L. (Eds.). (1986). *Parallel distributed processing: Explorations in the microstructure of cognition: Vol. 1. Foundations.* Cambridge, MA: MIT Press.

Ryle, G. (1949). *The concept of mind.* London: Hutchinson.

Scarborough, D. L., Cortese, C., & Scarborough, H. S. (1977). Frequency and repetition effects in lexical memory. *Journal of Experimental Psychology: Human Perception and Performance, 3,* 1–17.

Schneider, W., & Shiffrin, R. M. (1977). Controlled and automatic human information processing: I. Detection, search, and attention. *Psychological Review, 84,* 1–66.

Schvaneveldt, R. W., & McDonald, J. E. (1981). Semantic context and the encoding of words: Evidence for two modes of stimulus analysis. *Journal of Experimental Psychology: Human Perception and Performance, 7,* 673–687.

Seidenberg, M. S., & McClelland, J. L. (1989). A distributed, developmental model of word recognition and naming. *Psychological Review, 96,* 523–568.

Seidenberg, M. S., Waters, G. S., Sanders, M., & Langer, P. (1984). Pre- and postlexical loci of contextual effects on word recognition. *Memory & Cognition, 12,* 315–328.

Shears, C., & Chiarello, C. (2003). No go on neutrals? An interhemispheric account of semantic category priming. *Laterality, 8,* 1–23.

Shelton, J. R., & Martin, R. C. (1992). How semantic is automatic semantic priming? *Journal nof Experimental Psychology: Learning, Memory, and Cognition, 18,* 1191–1210.

Shiffrin, R. M., & Schneider, W. (1977). Controlled and automatic human information processing: II. Perceptual learning, automatic attending, and a general theory. *Psychological Review, 84,* 127–190.

Silva-Pereyra, J., Harmony, T., Villanueva, G., Fernández, T., Rodríguez, M., Galán, L., Díaz-Comas, L., Bernal, J., Fernández-Bouzas, A., Marosi, E., & Reyes, A. (1999). N400 and lexical decisions: automatic or controlled processing? *Clinical Neurophysiology, 110,* 813–824.

Simpson, G. B. (1994). Context and the processing of ambiguous words. In M. A. Gernsbacher (Ed.), *Handbook of psycholinguistics* (pp. 359–374). San Diego, CA: Academic Press. Smith, J. E. K. (1976). The assuming-will-make-it-so fallacy. *Journal of Verbal Learning and Verbal Behavior, 15,* 262–263.

Smith, L. C., Briand, K., Klein, R. M., & den Heyer, K. (1987). On the generality of Becker's verification model. *Canadian Journal of Psychology, 41,* 379–386.

Smith, M. C. (1979). Contextual facilitation in a letter search task depends on how the prime is processed. *Journal of Experimental Psychology: Human Perception and Performance, 5,* 39–251.

Smith, M. C., Bentin, S., & Spalek, T. M. (2001). Attentional constraints of semantic activation during visual word recognition. *Journal of Experimental Psychology: Learning, Memory, and Cognition, 27,* 1289–1298.

Smith, M. C., & Besner, D. (2001). Modulating semantic feedback in visual word recognition. *Psychonomic Bulletin & Review, 8,* 111–117.

Smith, M. C., Besner, D., & Miyoshi, H. (1994). New limits to automaticity: Context modulates semantic priming. *Journal of Experimental Psychology: Learning, Memory, and Cognition, 20,* 104–115.

Smith, M. C., Meiran, N., & Besner, D. (2000). On the interaction between linguistic and pictorial systems in the absence of semantic mediation: Evidence from a priming paradigm. *Memory & Cognition, 28,* 204–213.

Smith, M. C., Theodor, L., & Franklin, P. E. (1983). The relationship between contextual facilitation and depth of processing. *Journal of Experimental Psychology: Learning, Memory, and Cognition, 9,* 697–712.

Sperling, G. (1960). The information available in brief visual presentations. *Psychological Monographs, 74.*

Squire, L. R. (1987). *Memory and brain.* New York: Oxford University Press.

Stanovich, K. E., & West, R. F. (1983). On priming by a sentence context. *Journal of Experimental Psychology: General, 112,* 1–36.

Stenberg, G., Lindgren, M., Johansson, M., Olsson, A., & Rosen, I. (2000). Semantic processing without conscious identification: Evidence from event-related potentials. *Journal of Experimental Psychology: Learning, Memory, and Cognition, 26,* 973–1004.

Sternberg, S. (1969). The discovery of processing stages: Extensions of Donders' method. In W. G. Koster (Ed.), *Attention and performance II* (pp. 276–315). Amsterdam: North-Holland. Stolz, J. A., & Besner, D. (1996). Role of set in visual word recognition: Activation and activation blocking as nonautomatic processes. *Journal of Experimental Psychology: Human Perception and Performance, 22,* 1166–1177.

Stolz, J. A., & Besner, D. (1997). Visual word recognition: Effort after meaning but not (necessarily) meaning after effort. *Journal of Experimental Psychology: Human Perception and Performance, 23,* 1314–1322.

Stolz, J. A., & Besner, D. (1998). Levels of representation in visual word recognition: A dissociation between morphological priming and semantic processing. *Journal of Experimental Psychology: Human Perception and Performance, 24,* 1642–1655.

Stolz, J. A., & Besner, D. (1999). On the myth of automatic semantic activation in reading *Current Directions in Psychological Science, 8,* 61–65.

Stolz, J. A., & Neely, J. H. (1995). When target degradation does and does not enhance semantic context effects in word recognition. *Journal of Experimental Psychology: Learning, Memory, and Cognition, 21,* 596–611.

Stone, G. O., & Van Orden, G. C. (1992). Revolving empirical inconsistencies concerning priming, frequency, and nonword foils in lexical decision. *Language and Speech, 35,* 295–324.

Stroop, J. R. (1935). Studies of interference in serial verbal reactions. *Journal of Experimental Psychology, 18,* 643–662.

Swinney, D. A. (1979). Lexical access during sentence comprehension: (Re)consideration of context effects. *Journal of Verbal Learning and Verbal Behavior, 18,* 645–659.

Taylor, T. E., & Lupker, S. J. (2001). Sequential effects in naming: A time-criterion account. *Journal of Experimental Psychology: Learning, Memory, and Cognition, 27,* 117-138.

Thompson-Schill, S. L., Kurtz, K. J., & Gabrieli, J. D. E. (1998). Effects of semantic and associative relatedness on automatic priming. *Journal of Memory and Language, 38,* 440–458.

Tweedy, J. R., Lapinski, R. H., & Schvaneveldt, R. W. (1977). Semantic-context effects on word recognition: Influence of varying the proportion of items presented in an appropriate context. *Memory & Cognition, 5,* 84–89.

Tyler, L. K., & Moss, H. E. (1997). Functional properties of concepts: Studies of normal and brain-damaged patients. *Cognitive Neuropsychology, 14,* 511–545.

Usher, M., & McClelland, J. L. (2001). The time course of perceptual choice: The leaky, competing accumulator model. *Psychological Review, 108,* 550–592.

VanVoorhis, B. A., & Dark, V. J. (1995). Semantic matching, response mode, and response mapping as contributors to retroactive and proactive priming. *Journal of Experimental Psychology: Learning, Memory, and Cognition, 21,* 913–932.

Versace, R., & Nevers, B. (2003). Word frequency effect on repetition priming as a function of prime duration and delay between the prime and the target. *British Journal of Psychology, 94,* 389–408.

Weber, E. U. (1988). Expectation and variance of item resemblance distributions in a convolution-correlation model of distributed memory. *Journal of Mathematical Psychology, 32,* 1–43.

Wechsler, D. (1991). *Wechsler intelligence scale for children* (3rd ed.). San Antonio, TX: Harcourt Brace.

Weisbrod, M., Kiefer, M., Winkler, S., Maier, S., Hill, H., Roesch-Ely, D., & Spitzer, M. (1999). Electrophysiological correlates of direct versus indirect semantic priming in normal volunteers. *Cognitive Brain Research, 8,* 289–298.

Whitney, P. (1998). *The psychology of language.* Boston: Houghton Mifflin.

Whittlesea, B. W. A., & Jacoby, L. L. (1990). Interaction of prime representation with visual degradation: Is priming a retrieval phenomenon? *Journal of Memory and Language, 29,* 546–565.

Wickelgren, W. A. (1977). Speed-accuracy tradeoff and information processing dynamics. *Acta Psychologica, 41,* 67–85.

Wickens, T. D., & Keppel, G. (1983). On the choice of design and of test statistic in the analysis of experiments with sampled materials. *Journal of Verbal Learning and Verbal Behavior, 22,* 296–309.

Wilding, J. M. (1986). Joint effects of semantic priming and repetition in a lexical decision task: Implications for a model of lexical access. *Quarterly Journal of Experimental Psychology, 38A,* 213–228.

Wilding, J. M. (1988). The interaction of word frequency and stimulus quality in the lexical decision task: Now you see it, now you don't. *Quarterly Journal of Experimental Psychology, 40A,* 757–770.

Winer, B. J. (1971). *Statistical principles in experimental design* (2nd ed.). New York: McGraw- Hill.

Woltz, D. J. (1990). Repetition of semantic comparisons: Temporary and persistent priming effects. *Journal of Experimental Psychology: Learning, Memory, and Cognition, 16,* 392–403.

Woltz, D. J. (1996). Perceptual and conceptual priming in a semantic reprocessing task. *Memory & Cognition, 24,* 429–440.

Zeelenberg, R., & Pecher, D. (2002). False memories and lexical decision: Even twelve primes do not cause long-term semantic priming. *Acta Psychologica, 109,* 269–284.

Zeelenberg, R., Pecher, D., de Kok, D., & Raaijmakers, J. G. W. (1998). Inhibition from nonword primes in lexical decision reexamined: The critical influence of instructions. *Journal of Experimental Psychology: Learning, Memory, and Cognition, 24,* 1068–1079.

ㅅ

ㅇ

ㅈ

의미점화

기억과 단어 인식의 관점으로 본 인지심리학

초판 발행 2025년 12월 29일
초판 1쇄 2025년 12월 29일

지은이 티모시 P. 맥너마라
옮긴이 남기춘
펴낸곳 고려대학교출판문화원
www.kupress.com
kupress@korea.ac.kr
(02841) 서울특별시 성북구 안암로 145
Tel 02-3290-4230, 4232
Fax 02-923-6311
찍은곳 네오프린텍(주)

ISBN 979-11-6956-130-3 93180

값 24,000원